기승전결식 이야기 학급운영

폭력 교실에 맞서는 용기

기승전결식 이야기 학급운영

폭력 교실에 맞서는 용기

초판 1쇄 발행 2018년 12월 28일
초판 2쇄 발행 2020년 9월 29일

옮긴이 따돌림사회연구모임 학급운영팀
지은이 김승희
펴낸곳 도서출판 살림터

기획 정광일
편집 조현주
표지 디자인 우소영

인쇄·제본 (주)신화프린팅
종이 월드페이퍼(주)

주소 서울시 양천구 목동동로 293, 22층 2215-1호
전화 02-3141-6553
팩스 02-3141-6555
출판등록 2008년 3월 18일 제313-1990-12호
이메일 gwang80@hanmail.net
블로그 http://blog.naver.com/dkffk1020

ISBN 979-11-5930-084-4 03370

*가격은 뒤표지에 있습니다.
*잘못된 책은 바꾸어 드립니다.
*이 책은 저작권법에 따라 보호를 받는 저작물이므로 무단 전재와 복제를 금합니다.

이 도서의 국립중앙도서관 출판예정도서목록(CIP)은
서지정보유통지원시스템 홈페이지(http://seoji.nl.go.kr)와
국가자료공동목록시스템(http://www.nl.go.kr/kolisnet)에서 이용하실 수 있습니다.
(CIP제어번호: CIP2018041369)

기승전결식 이야기 학급운영

폭력 교실에 맞서는 용기

따돌림사회연구모임 학급운영팀 지음

살림터

서문을 대신하여 – 독자들께

신자유주의적 사회 변화와 7차 교육과정으로 대변되는 신자유주의 교육 광풍에 의해 1990년대 후반부터 우리나라 학교는 무참히 파괴되었습니다. 학교 구성원들은 인간관계 상실을 넘어 폭력적인 인간관계 속에 살고 있습니다. 기존의 재미난 학급운영 또는 자유주의적인 학급운영들이 더 이상 유효하지 않은 상황에서 우리(따돌림사회연구모임)는 학급 구성원들이 평화롭게 생활하는 것을 제일 목표로 하는 새로운 학급운영의 길을 찾게 되었습니다.

그때그때 의미와 재미를 위해 수시로 도입되는 프로그램 나열식 학급운영이나, 학사일정에 따라 기계적으로 답습하는 관료주의적 학급운영을 넘어서려면, 각각의 학급 활동들이 '인간관계 만들기'라는 학급의 집단적 목표에 직간접적으로 연관을 맺도록 조직화하고 체계화해야 했습니다. 교사는 학급운영을 회피할 수 없으며 학교폭력을 없애는 길, 즉 평화교육에서 교사의 새로운 꿈을 찾을 수 있다고 보았습니다. 학급을 평화롭게 만드는 것이야말로 교사의 지상 과제라고 생각한 것입니다.

이를 위해 우리는 2001년부터 인정이론에 입각하여 새로운 학생관과 공교육관을 중심으로 하는 새로운 교육철학을 세웠습니다. 새로운 교육철학에 따르면, 공교육은 학생 중심이나 교사 중심, 교육과정 중심이 아닌 인간관계, 즉 학생과 학생, 교사와 학생의 관계 중심 교육이 되어야 합니다.

학급은 인간관계를 배우는 장입니다. 평화로운 주권자로 키우는 것이 교육의 최고 목표가 되어야 합니다. 사람과 사람의 관계에서 가장 중요한 것은 서로를 인정하는 것이며, 상호인정의 인간관계를 위해서는 학생들 간에 권리를 존중하는 가운데 평화, 화목, 우정이 이루어져야 합니다. 따라서 학급운영은 권리, 평화, 화목, 우정을 배우는 장이 되어야 합니다.

우리는 공동체가 붕괴되는 현대사회에서 새로운 공동체를 구성하려면 서사적 인간관, 인간의 서사적 정체성이 중요하다는 사실을 발견했습니다. 인간은 서사적 존재입니다. '서사'는 갈등이 생성, 발전, 소멸 또는 파국으로 끝나는 것을 그리는 것입니다. 집단 간의 전쟁과 평화에 대한 이야기입니다. 교사는 학사일정에 의해 흐르는 기계적인 시간이나 혼란과 무질서로 이루어진 카오스적 시간을 기승전결의 서사적 시간으로 만들어야 합니다. 1년의 학급살이를 기승전결을 지닌 서사적 시간으로 바꾸어야 합니다.

교육학은 실천과학입니다. 우리는 평화로운 학급을 만들기 위한 이야기 학급운영을 구체화하기 위해 이론을 실천하고 실천을 다시 이론화하는 기나긴 과정을 겪었습니다. 창조적 실천, 새로운 학급 활동과 함께 창조적 이론도 요구되었습니다. 실천한 것을 끊임없이 분석·종합했고, 교차 검증도 거쳐야 했습니다. 끊임없는 글쓰기와 대화와 토론을 통해 이를 더욱 공고하게 만들었습니다. 기존 학급운영의 이론과 실천의 일부를 교체하는 것이 아니라 전체적으로 바꿔야 했습니다. 우리는 새로운 생각과 실천을 개념화하고 기존 개념을 재개념화했습니다. 나아가 이 모든 것을 일관된 체계로 구축하는 데 많은 시간이 걸렸습니다. 체계화의 의지, 새로운 학급운영의 틀 만들기에 대한 욕구와 의지가 없었다면, 우리의 결집력이 없었다면 이 책은 나오지 못했을 것입니다.

따돌림사회연구모임이 기획한 『교실평화 프로젝트』가 담임교사를 위한 일종의 입문서라면 이 책은 교실평화 프로젝트에서 제안했던 학급운영의 구체적인 모형을 담고 있습니다. 또한 『이 선생의 학교폭력 평정기』, 『이 선생의 학교폭력 평정기 특수전』의 대표적인 주인공인 이 선생(소설 등장인물 이경원은 이 책에는 필자인 곽은주로 되어 있습니다)이 평화로운 학급을 만들기 위해 수년간 노력하고 실천하고 풍부하게 발전시킨 학급운영을 중심으로 몇몇 교사들의 실천 사례를 융합했습니다.

원고를 본격적으로 쓰기 시작한 것은 2016년 따돌림사회연구모임에 학급운영팀을 만들면서부터입니다. 자료집에 지나지 않았던 글들을 출판을 위한 글쓰기로 바꾸고 수정·보완하는 데 3년이 걸렸습니다. 우리는 축적된 이론과 실천을 종합하고 체계화하면서 이론과 새로운 실천을 만들어 갔습니다. 2001년에 구상해서 출판에 이르기까지 거의 20년 만에 이 책이 나왔다고 할 수 있습니다.

독자들은 학급을 평화로운 세계로 만들기 위한 따돌림사회연구모임의 전략과 전술을 세세한 데까지 통째로 받아들이거나, 기존 이야기 학급운영 방법에 일부 끼워 넣거나 나열식으로 받아들이기보다는, 우리가 모형으로 제시하는 이야기 학급운영의 전체 틀은 수용하되 구체적인 프로그램이나 활동은 우리가 제시하는 것들을 참고하여 나름대로 수정·보완하면서 창의적으로 학급운영을 해 가기 바랍니다. 자신이 해 온 학급운영이나 학급 활동을 한꺼번에 바꿀 수도 있겠지만 이 책이 제시하는 것을 조금씩 실천하며 나름대로 수정·보완하다 보면 각자에게 맞는 새로운 학급운영을 만들어 내리라 봅니다. 평화로운 학급을 만들기 위한 이야기 학급운영에는 우리의 철학, 교육관, 교사관이 들어 있습니다. 부디 독자들이 실천을 통해 우리의 철학, 교육관, 교사관을 더욱 심화·발전시켜 주기를 바랍니다.

학급운영의 모형 다음으로 요구되는 것이 학교 모형이라고 할 것입니다. 학교 모형을 만들기 위한 경험들이 쌓이고 있지만 아직 많이 부족합니다. 이것이 빨리 출판되어 우리 교육계에 이 책보다 더 큰 희망을 주기 바랍니다. 사실 학급운영도 학교 모형이 뒷받침되지 않으면 효과를 내기 어렵고, 교사가 실천하려는 의지가 있어도 실행하기는 어려울 것입니다. 그렇지만 학교 모형도 없고 학교 환경이 바뀌지 않더라도 이 책이 교사들께 새로운 용기와 지혜와 희망을 주기를 바랍니다. 교사가 아이들과 함께 이야기를 만들어 갈 수 있다면, 새로운 이야기를 만들어 갈 수 있다면 우리 교육에는 아직 희망이 있습니다. 교사들이 살아 있다는 뜻입니다. 죽음의 길에서 벗어날 수 있다는 뜻입니다.

끝으로 우리를 신뢰하며 원고 수정과 보완을 위한 오랜 노력을 말없이 기다려 주신 살림터에 감사드립니다.

2018년 12월
따돌림사회연구모임 대표 김경욱

차례

1부

평화교육 이해하기

1장
학교는 평화로운가?

지금, 교실은 평화로운가?

소사고등학교에서는 교사, 학생이 함께 평화교육헌장을 만들고 있다. 소사고등학교 평화교육헌장 만들기 대회에서 학생들이 작성한 내용 몇 가지를 살펴보면 아래와 같다.

우리는 평화로워 보이는 척, 알게 모르게 타인을 배척하고 그 정적 속 작은 평화가 마치 전부인 양 그 위에 군림한다. 그것이 학교의 평화다. '모두가 평화로울 수는 없어'라는 그럴싸한 핑곗거리를 방패 삼아 세워 놓은 채 서로에게 친절한 척 앞에선 웃음 짓고 뒤에선 이간질과 뒷담화를 일삼는다. 서로가 서로에게 칼날을 세우고 욕설이 난무하는데도 마치 감정을 느끼지 못하는 로봇이라도 된 것처럼 "이건 우리 우정의 상징이다"라고 말한다. 학교의 구성원들은 아무렇지 않게 서로를 멸시하고 상처 준다. 그러나 그 누구도 상처받지 않는다. 고통받지 않는다. 어쩌면 '그런 척'하는 것을 정말 '그렇다'고 착각한다. 우리는 언제부터 이것을 자각하지 못하게 되었을까?

대화를 할 때 말끝마다 욕설을 하며 상대방의 기분을 상하게 하지만 이를 인지하지 못하는 학생이 있다. 맡은 일을 소홀히 하며 다른 친구들에게 피해를 주고 있음에도 당연하다는 듯이 행동하는 학생이 있다. 자신을 돌아보지 않고 남의 탓부터 하는 학생이 있다. 비난, 뒷담화, 소문내기 등의 방법으로 다른 학생들이 한 학생으로부터 멀어지게 만드는 학생이 있다. 상대방의 입장은 생각하지 않고 자신의 의견을 강요하는 학생이 있다. 빈정거리는 말을 하고 조롱하면서 즐거워하는 학생이 있다. 교사의 말을 듣고도 못 들은 척하거나 대답만 하고 따르지 않거나 교사를 모욕하는 행동을 하며 교사의 명예권을 침해하는 학생이 있다. 수업에 참여하지 않고 잠을 자거나 책을 읽는 등 수업과는 전혀 관련 없는 행동으로 수업의 분위기를 흐리고 교사의 의욕을 떨어뜨리는 학생이 있다. 사소한 일에도 분노를 참지 못하며 감정적으로 행동하는 학생이 있다.

수업 시간에는 수업을 받아야 함에도 불구하고 아무렇지 않게 자는 학생이 있고 그것을 내버려 두고 수업을 계속하는 교사도 있다. 선생님께 대들거나 모르는 체 무시하며 수업에 참여하지 않는 학생도 있다. 또 친구라는 이름 아래 뒤돌아서면 친구의 뒷담화를 하고 무시하고 따돌릴 뿐만 아니라 친구를 놀리면서 다른 아이들 앞에서 웃음거리로 만들기도 한다. 또 친구들 간에 다툼이 생기면 잘잘못을 가리지 않고 누가 더 잘못했을 거라고 선입견을 가지고 생각하는 교사와 편을 나누는 학생들이 있다.

1. 괴롭힘과 폭행이 없다면 평화로운가?

많은 담임교사들이 '올해도 무사히'를 원한다. 학교폭력이 발생하면 해결하기도 힘들고 피해자뿐만 아니라 담임교사도 어려움을 겪기 때문이다.

눈에 띄는 괴롭힘이나 폭행이 없다면 교실은 평화로운 것일까? 교사가 무사하다고 해서 학생들도 무사한 걸까?

따돌림사회연구모임에서는 학교폭력을 심각성에 따라 아래와 같이 분류한다.

유사 따돌림, 고립 전체적으로 학생들 간에 교류가 없는 경우, 소집단에 속해 있지만 소외되는 경우, 공격적인 학생을 회피하는 것, 스스로 고립되는 경우, 규율이나 질서를 어기는 학생에 대해 부당하다고 느끼지만 참는 경우 등이 이에 해당한다.

따돌림 배제하기, 어울리지 않기, 비난 여론 형성하기, 무시하기 등이 따돌림이다. 이는 싫어하는 아이를 고의적으로 상대하지 않는 것이다. 교사가 이에 대해 지적할 경우에 가해 학생은 다만 싫어서 피할 뿐이라고 답하기 때문에 지도하기가 쉽지 않다.

괴롭힘 욕하기, 심부름 시키기, 나쁜 소문 퍼뜨리기, 아이들 앞에서 모욕 주기, 툭툭 치며 장난하기, 골탕 먹이기, 성희롱, 육체적 수치감 주기 등이 괴롭힘에 해당한다. 흔히 학생들은 이를 장난이나 놀이로 합리화하기 때문에 잘 드러나지 않으며 지도하기도 쉽지 않다.

폭행 때리거나 훔치거나 기물을 파괴하거나 빼앗는 행위, 성폭행, 법적 처벌을 받을 수 있는 가혹 행위 등이 이에 해당한다. 이는 형사법적 처벌 대상으로서의 범죄적 폭행과 기타 방법으로 처벌 가능한 폭행으로 나눌 수도 있다.

유사 따돌림이나 고립에 해당하는 상황은 학교폭력예방및대책에관한법률(이하 학교폭력법)상의 학교폭력은 아니다. 따돌림의 경우에도 학교폭력법의 적용이 가능한지 판단하기 애매할 때가 많다. 이런 상황들은 교사의 눈에도 문제로 인식되지 않을 때가 많다. 그러나 이런 상황들을 방치하면 더 심각한 상황이 초래될 수 있기 때문에 관심을 갖고 지도할 필요가 있다. 눈에 띄는 문제가 없으니 우리 반은 평화롭다고 생각한다면 작은 폭력이 더 큰 폭력으로 심화되는 것을 놓칠 수 있다.

2. 모른 척하고 싶은, 사소해 보이지만 사소하지 않은 일들

눈에 띄는 괴롭힘이나 폭행은 몇 년 전에 비해 줄어들었다는 것을 느낄 수 있다. 매년 두 차례 발표되는 학교폭력 실태 조사 결과를 통해서도 확인된다. 하지만 "교실이 평화로워지고 있는가?"라는 질문에는 선뜻 "그렇다"고 답하기가 꺼려진다. 왜 그럴까? 통계에는 잡히지 않는 아래와 같은 문제들이 많이 발생하고 있기 때문이다.

가) 여학생 사이의 뒷담화와 대립

새 학년이 시작되어 3월 중순이 넘어가면 또래 집단이 형성된다. 각 집단이 다른 집단에 대해 호의적이라면 참 좋겠지만 그렇지 않은 경우가 자주 발생한다. 특히 여학생 집단 사이에서 이런 일이 발생하는 경우가 많다.

A그룹 여학생들은 소위 센 캐릭터를 가진 아이들이다. 학교생활인권규정에서 염색을 금하고 있긴 하지만 선생님들이 거의 지도를 하지 않는다는 걸 알고는 염색을 하고 다니며, 색조화장 역시 금지되어 있긴 하지만 어디까지가 색조화장이고 어디까지가 아닌지 애매한 상황에서 눈에 확 띌 정도로 짙은 화장을 하고 다닌다. 이들은 쉬는

시간이면 모여서 큰 소리로 떠들어 대며 다른 그룹 여학생들과 눈이 마주치면 깔보는 듯한 표정을 짓는다.

반면에 B그룹 여학생들은 위축된 아이들이다. 쉬는 시간에 모여 앉으면 조용히 속닥거리며 수시로 다른 아이들의 눈치를 살핀다. B그룹에 속한 여학생 중 몇몇은 과거에 따돌림 피해를 당한 적이 있다.

B그룹에 속한 소영이는 역시 B그룹에 속한 채림이에게 A그룹 아이들의 험담을 했다. 유진이는 중학교 다닐 때 찌질했던 아이라는 둥 예림이는 센 아이들의 비위를 맞추며 비굴하게 산다는 둥의 이야기를 했다. 채림이는 소영이가 평소에 다른 아이들을 험담하는 것을 듣기가 거북했지만 그런 마음을 표현하지는 않았다. 어느 날 채림이는 유진, 예림이를 카톡방에 초대하여 채림이가 했던 말을 전했다. 다음 날 등교한 유진이와 예림이는 담임교사를 찾아가 격앙된 목소리로 소영이를 학교폭력으로 신고하겠다고 했다. 담임교사는 이 문제를 어떻게 해결해야 할지 난감했다.

나) 남학생 사이의 협박과 위협적인 신체 접촉

남학생들 중에는 약해 보이는 학생을 말로 위협하거나 신체 접촉을 통해 겁먹게 하는 학생이 있다. 엄밀히 말하면 학교폭력이라고 할 수 있지만 학교폭력대책자치위원회를 열어 처벌하기에는 폭력의 정도가 약해 보이기 때문에 대부분 훈계만 하고 넘어간다. 이런 학생들은 처벌받지 않는 선에서 주변 학생들과 선생님을 괴롭게 한다. 처벌받지 않는다는 사실을 알고 반복적으로 비슷한 문제를 일으킨다.

지철이는 제멋대로인 학생이다. 무단지각, 무단결석이 잦았고, 수업 시간에는 잠만 자다가 담임교사에게 조퇴시켜 달라고 하는 경우도 많았다. 담임교사가 조퇴시켜 주기를 거부하면 무단조퇴라도 하겠다고 우겼다. 스스로 분노조절장애라고 말하면서 선생님들과 주변 학생들을 힘들게 하였다.

같은 반 여학생인 수지와 티격태격하며 마찰이 있었는데 어느 날은 "네 남자친구를 가만두지 않겠다"라고 말했다. 며칠 뒤 수지의 남자친구를 복도에서 우연히 만났는데 여자친구 교육 똑바로 하라며 위협했다.

어느 날 복도에서 옆 반 남학생과 부딪혔다. 그 남학생을 벽으로 밀어붙이더니 "너 죽고 싶냐? 똑바로 안 보고 다녀?"라고 말했다. 그 남학생은 그 뒤로 지철이와 마주치면 두려워하며 고개를 숙였다.

다) 이기적인 고립아와 그 아이를 싫어하는 다수

고립아들은 대개 위축되어 있다. 말수가 적고 주변 학생들의 눈치를 본다. 그런데 때로는 공격적인 성향을 가진 고립아들도 있다. 이런 학생은 분위기를 봐 가면서 말할 줄 모른다. 자기 것을 확실히 챙기려 하는 반면 다른 학생이 규칙을 어기는 데 대해서는 엄격하다. 위축된 고립아는 교사에게 요구할 게 있을 때 부모를 통해 요구 사항을 전하는 경우가 많지만 이기적 고립아는 교사에게 수시로 찾아가서 직접 요구한다. 위축된 고립아는 수련회나 수학여행을 가지 않으려 하지만 이기적 고립아는 함께 있을 친구가 없더라도 간다.

수학 선생님은 과제를 해 온 학생이 얼마나 되는지 확인하였다.
"요즘 과제를 못 해 온 사람이 많네. 그래서 제출 기한을 3일간 연장해 주려 해."
아이들은 환호했다. 이때 하영이가 억울한 듯 말했다.
"선생님, 저는 해 왔는데요?"

하영이가 말하자 다른 아이들이 여기저기에서 수군거리는 소리가 들렸다.

"야, 쟤 왜 저러냐?"

선생님이 말씀하셨다.

"하영이 말도 일리 있는 말이야. 기한을 지키려고 없는 시간을 쪼개서 과제를 했을 테니까. 그런데 과제를 하기에 시간이 부족했던 것도 사실이잖아. 선생님이 과제를 내준 이유는 공부를 시키기 위함이지 점수를 깎기 위한 건 아니니까 하영이가 이해를 좀 해 주면 좋겠다."

2박 3일간의 수련회를 떠나는 날 아침, 하영이가 지각했다. 담임선생님께서는 전날 종례 때 8시 20분까지 꼭 오라고 신신당부하셨다. 선생님은 10분가량 지각한 하영이에게 이런 날 늦으면 어떻게 하느냐고 훈계하셨다. 하영이는 이렇게 말했다.

"어차피 8시 40분에 출발이잖아요."

기존의 해결 방법들 돌아보기

1. 카리스마로 제압하기

과거 체벌이 가능하던 시절에는 카리스마가 없는 교사도 체벌을 통해 학생을 어느 정도 통제할 수 있었다. 그러나 이제는 체벌이 불가능하다. 이런 시대에는 눈빛, 말투 등의 카리스마와 집요함을 통해 학생을 지도하는 것이 바람직하다고 생각하는 교사들이 있다. 학생들은 이런 교사들 앞에서 꼼짝 못한다. 고개를 숙이고 인상을 찡그릴지언정 교사 앞에서는 교사의 지도에 따른다.

카리스마로 제압할 때 생기는 부작용에는 무엇이 있을까? 학생이 자기 행동에 대해 돌아보고 반성하기보다는 '걸리지 말아야겠다'는 생각을 하게 된다. 자기 행동으로 인해 피해를 입은 교사와 학생에게 미안한 마음을 갖기보다는 피해자 때문에 자기가 불이익을 겪게 됐다고 생각한다.

카리스마 있는 교사들 중에는 자기 방법에 대해 확신을 갖는 교사들이 많은데, 그렇지 못한 교사들에게 "애들은 꾹 눌러 줘야 해"라고 말하며 주눅 들게 하기도 한다. 때때로 카리스마 있는 교사가 담임을 맡은 학급 학생들이 담임교사 시간에는 태도가 바르지만 순한 선생님 시간에는 난장판을 만들기도 한다는 점, 순한 선생님이 어려움을 호소할 때 이해할 수 없다는 반응을 보인다는 점은 이 방법의 문제점을 잘 보여 준다.

2. 피해자에게 원인을 돌리기

학교폭력 사안을 확인하다 보면 피해자에게서 문제점이 발견되기도 한다. 피해자가 빌미를 제공하거나 가해자를 자극하는 일은 흔하다. 이런 사안은 어떻게 해결하는 것이 좋을까? 피해자의 문제를 해결하는 것도 필요하지만 이것이 우선순위는 아니다. 문제를 해결하려는 교사가 가져야 할 관점은 '피해자에게 문제가 있다고 해서 가해 행위가 정당화되는 것은 아니다'이다.

피해자에게도 문제가 있다는 식의 접근 방식이 초래하는 상황을 극명하게 보여 주는 사건이 얼마 전 보도되었다.

지효는 약 두 달 동안 같은 반 학생 4명으로부터 괴롭힘을 당했다. 가해 학생들은 지효의 등이나 머리를 수시로 때렸다. 지효는 "쉬는 시간이나 점심시간에 찾아와서 뺨을 수차례 때리기도 했다. 무섭고 두려웠다"고 말했다.

A초등학교는 학폭위를 열어 가해 학생들에게 서면 사과와 교내 봉사활동 150분, 특별교육 2시간 이수를 결정했다.

그 후에 가해 학생과 부모에게서 제대로 된 사과를 받지 못한 지효 가족들은 결국 가해 학생을 경찰서에 신고했다. 경찰은 이 사건을 서울가정법원에 넘겼다. 얼마 뒤 지효 가족은 학교로부터 지효가 가해 학생 신분으로 학폭위가 열린다는 통보를 받았다. 피해자는 지효를 괴롭혔던 네 명이었다. 이유는 지효가 3~4차례 욕설을 했다는 것. 결국 지효의 서면 사과가 결정됐다.

지효의 변호사 삼촌이 학폭위에 참여해 "가해 학생들로부터 괴롭힘을 받을 당시에 한 소극적인 저항이다. 이런 저항조차 인정되지 않는다면, 앞으로도 어떤 일을 당해도 '가만히 있으라'는 교훈밖에 남길 수 없다"고 항변했지만 받아들여지지 않았다.

"'절 괴롭힌 애들한테 사과하래요.' 황당한 '학폭위' 결정"(『노컷뉴스』, 2016. 9. 9.)

피해자에게도 문제가 있다면 어떻게 해야 할까? 피해자의 문제 행동으로 인해 가해자가 기분이 나빴을 수 있다는 점을 인정하면서도 그것이 폭력을 정당화하지는 못한다는 점을 분명히 해야 한다. 피해자와 직접 대화를 하거나 선생님께 도움을 요청하는 등 폭력적이지 않은 방법으로도 해결할 수 있기 때문이다.

3. 부모 간의 합의 유도하기

학교폭력이 발생했을 때 양측 학부모가 합의하기를 원하는 경우도 많지만 학교에서 합의를 유도하는 경우도 많다. 피해자의 학부모는 처벌받은 가해자가 자기 아이를 더욱 고립시킬 것을 걱정하여 합의를 원하고, 가해자의 학부모는 생활기록부에 가해 사실이 기록되는 것을 막고 처벌을 피하기 위해서 합의하려 한다.

학교가 합의를 유도하는 이유는 무엇일까? 우선 사실관계를 명확히 밝히는 것이 어렵기 때문이다. 정황상 가해자가 피해자에게 폭력을 썼다는 것이 예상이 되더라도 증거가 없는 상황에서 가해자가 발뺌을 하면 가해 사실을 증명하기가 어렵다. 그럴 때 학교폭력대책자치위원회는 어떤 조치를 취하기가 힘들다. 가해자 측도 피해자 측도 학교 측의 조치에 대해 반발할 것이 예상되면 학교는 합의를 유도한다. 그런데 결국 합의라는 것은 가해자에 대한 조치를 하지 않는 것이므로 대부분 가해자에게 유리하게 작용하게 된다. 두 번째 이유는 합의를 통해 학교가 책임 공방에서 벗어날 수 있기 때문이다. 학교폭력대책자치위원회의 결정에 대해 가해자와 피해자 양측 모두가 수긍한다면 좋겠지만, 그런 경우보다는 어느 한쪽 또는 양쪽 모두가 반발하는 경우가 더 많다. 양측이 어떤 식으로든 합의를 한다면 학교가 책임 공방에서 벗어날 수 있게 되므로 학교 입장에서 보면 합의가 좋다.

합의는 교육적으로 바람직할까? 합의를 하게 되면 학교에서는 가해자에게 별다른 조치를 취하지 않는다. 가해자는 합의를 통해 책임을 회피할 수 있게 되었다고 생각하며 자기 행동을 반성하지 않게 된다. 잘못의 인정, 진심 어린 반성, 피해자에 대한 사과, 책임지기를 통해 가해자가 성숙해지도록 하는 것이 교육이라면 합의는 대체로 비교육적이라고 할 수 있다.

4. 엄격한 처벌을 예고했다가 봐주기

교칙을 어기거나 학교폭력을 저질렀을 경우 엄격하게 처벌하겠다고 말하는 교사들이 많다. 경고의 메시지를 전함으로써 문제 발생을 예방하려는 이유에서 그렇게 말한다. 그러나 경고에도 불구하고 몇 건의 문제는 발생한다. 아무 문제도 발생하지 않기를 바랐지만 문제가 발생했다면 어떻게 해야 할까? 예고한 대로 책임을 물어야 하는데, 이런저런 이유를 들어 책임을 면해 주는 경우가 종종 있다.

만약 잘못을 했다면 잘못에 대해 책임지게 하는 것이 교육적이다. 잘못을 했다는 것은 누군가에게 피해를 주었다는 것이다. 누군가에게 피해를 주었음에도 책임지지 않는다면 학생은 자기가 무엇을 잘못했는지, 그 잘못으로 누구에게 피해를 주었는지, 앞으로 어떻게 생활해야 할지 성찰하지 않게 된다. 학생의 처지도 이해가 되는 면이 있거나 스스로 잘못을 고백한다면 정상참작 수준에서 책임을 감해 주는 것은 가능할 것이다. 학생의 처지를 고려하여 책임을 감해 줄 경우 학생은 책임지는 일에 대해 반감 없이 받아들일 것이다. 스스로 고백한 잘못에 대해 책임을 감해 줄 경우 학생은 자신에게 부끄럽지 않은 삶을 살아야겠다고 생각하게 될 것이다. 그러나 책임을 감해 줄 만한 상황이더라도 책임을 아예 면제해 주는 것은 바람직하지 않다.

　　"누구는 봐줬다는데 선생님만 왜 그러세요? 이런 일로 징계하는
　　건 학교가 아이를 지도하지 않고 밀어내는 거 아닌가요?"
　　"중학교 때는 이런 일로 징계받은 적 없어요. 이게 징계받을 일이
　　에요?"

학생이나 학부모에게 이런 말을 들어 본 교사가 꽤 있을 것이다. 안 그래도 학생 지도가 점점 더 어려워지고 있다는 말들을 한다. 때로는 담당 부서나 관리자들이 적당히 봐줄 것을 유도하기도 한다. 이런 상황에서 교사 스스로 학생에게 책임을 가르치는 것을 포기한다면 학생을 바르게 이끄는 것은 더욱 어려워질 것이다. 그리고 이것은 교사들 스스로가 학교와 교사의 권위를 깎는 일이 될 수 있다.

5. 개인 상담으로 생활지도를 대체하기

교사와의 개인 상담으로 해소될 수 있는 영역도 있지만, 대부분 학생들이 일으키는 문제 행동은 또래 집단으로부터 인정받고 싶은 욕망 때문

에 생긴다. 이런 경우 교사와의 개인 상담을 반복하는 것만으로 문제 행동이 개선되지 않는다. 집단의 문화가 그대로이기 때문이다. 학생들은 단순히 심리적으로 불안정해서, 또는 교사에 대한 신뢰가 부족해서 문제를 일으키는 것이 아니다. 나무가 아닌 숲의 토양을 바꾸어야 한다.

대부분의 교사들이 아이를 설득하거나 훈계하거나 입장을 들어 보는 등 문제 행동이 반복되기를 바라지 않는 마음을 전달하려고 무척 애를 쓴다. 그러나 충분히 상담을 진행해도 학생이 변화의 기미를 보이지 않으면 '내 노력이 부족했나, 신뢰 관계를 만들지 못했나?' 하고 고민하다가도 "부모가 이상하더라", "걔가 거짓말을 잘하더라", "그 아이 병원가 봐야 하는 것 아니야"라는 식의 이야기를 주변 교사들과 나누기도 한다.

개인 상담만 반복하다가는 '나는 최선을 다했지만 쟤는 어쩔 수 없다'는 결론에 빠지기 쉽다.

학생의 가정환경이나 부모와의 관계가 문제 행동의 원인이 될 수도 있다. 하지만 교사는 학생의 가정환경이나 부모의 양육 태도를 바꿀 수 없다. 따라서 가정 탓을 하는 것은 교사가 이 문제에서 손을 떼겠다는 말과 같다. 교사의 역할은 교실에서 학생이 건강한 인간관계를 맺도록 돕는 것이다. 학교의 역할은 모자란 아이들도 공적인 환경에서 어느 정도까지는 잘 어울려 지낼 수 있게 만드는 것이다.

이 가운데는 정말 심리적인 치료가 필요한 아이들도 있을 수 있다. 그러나 교실에서의 부적응이나 폭력, 따돌림의 경험으로 심리적인 문제가 생긴 아이들도 많다. 이런 경우 심리 치료를 받고 교실에 돌아와도 문제 행동이 반복되기도 한다.

개인의 문제에만 집중하여 교육활동을 개인 상담에 국한하는 것이 아니라, 평화의 가치 아래 개인의 문제를 학급의 문제로 성찰하는 학급운영에서라면, 이상행동을 보이는 학생의 문제를 해결할 수 있는 지혜를 찾을 수 있다.

오래된 문제나 습관이 당장 좋아지지는 않겠지만, 해당 학생과 주변 학생 모두 개인적 문제가 아니라 우리 학급의 평화를 위한 과제로 인식하고 다양한 방식으로 노력하다 보면 문제 행동이 상당한 수준으로 줄어들기도 한다. 학생들의 문제 행동은 대부분의 경우 학급(또래 집단)에서 인정받고자 하는 욕망에서 비롯되기 때문이다. 개인이 아닌 집단의 문화를 변화시키는 데 초점을 두고, 아이들이 학급에서의 다양한 활동을 통해 상호 존중하며 주체적으로 갈등과 문제를 해결해 나갈 수 있도록 돕는 것이다. 교사는 어차피 상담과 치료의 전문가가 아니다. 교사의 역할은 교육이며, 학급을 평화롭게 만들기 위한 다양한 활동을 통해 차츰 해결책을 모색하는 게 바람직하다.

2장
평화교육은 뭐지?

공교육의 목표와 평화교육

교사를 교육의 전문가라 한다면 교사의 전문성은 어느 부문에서 발휘되어야 할까? 흔히들 교과 수업 전문성을 으뜸으로 꼽는다. 물론 틀린 말은 아니다. 그런데 매우 중요하면서도 우리가 간과하기 쉬운 것이 있다. 교사가 생활교육의 전문가여야 한다는 점이다.

이는 공교육의 목표가 무엇인지 고찰함으로써 더욱 분명해진다. 사람들은 흔히 교육의 목표와 공교육의 목표를 구별하지 않는다. 누군가는 지덕체를 골고루 발달시키는 것, 즉 '전인교육'이 교육의 목표라고 한다. 한편 학생 개개인이 능력과 개성을 충실하게 발전시킬 수 있도록 돕는 '자아실현'을 교육의 목표로 보기도 한다.

'전인교육' 또는 '자아실현'은 공교육의 목표로 적합한 것일까? 이는 시대를 초월한 보편적인 교육 목표일 수는 있어도 당대 사회가 추구해야 하는 구체적인 교육 목표, 특히 공교육의 목표로 삼기에는 부족하다. 특정 연령대의 인간을 한데 모아 공통된 교육과정을 가르치는 것은 당대 사회가 지향하는 가치를 실현할 수 있는 인간으로 길러 내기 위해서이다. '전인교육'은 가치 지향을 담고 있지 않기 때문에 공교육의 목표로 적합하지 않고, '자아실현'이 공교육의 목표라면 학생들을 학교에 한데 모아 공통된 교육과정을 배우게 해서는 안 된다.

공교육의 목표는 좀 더 가치 지향이 뚜렷하며 당대 사회의 문제점을 해소하기 위한 것이어야 한다. 그런 점에서 공교육의 목표는 '평화롭고 민주적인 사회의 주인공을 체계적으로 양성하는 것'[1]이라고 규정하는 것이 적절하다고 할 수 있다. 여기에서 '평화'란 민주적 사회 질서와 다원적 평등을 전제로 하는 것이다. 민주적이지 않아도 겉으로는 평화로워 보일 수 있다. 그러나 그 평화는 권력에 의해 강제로 유지되는 것으로 우리가 지향해야 할 평화라고 할 수 없다. 그러므로 평화는 민주적 사회 질서를 전제로 한다. '다원적 평등'이란 마이클 왈쩌가 제안한 개념으로 현대사회에는 다양한 가치가 존재하며 어느 하나의 가치가 독점적인 사회적 인정을 획득하는 것이 아니라 각각의 가치들이 동등한 인정을 분배받아야 한다는 것을 의미한다.

공교육의 목표를 이처럼 설정하면 이에 따른 교사의 전문성도 자연스럽게 도출된다. 즉, 교사는 학생이 평화롭고 민주적인 사회의 주인공으로 성숙할 수 있도록 지도하는 전문가인 것이다. 학교에서의 배움은 지식을 전수받는 것에 국한되지 않는다. 타인과 평화롭게 살기 위한 가치관과 방법, 자신의 의사를 표현하고 타인의 의견을 존중하는 자세, 같은 의견을 가진 사람들을 조직하여 사회에 반영하는 방법 등을 배우는 것이 중요하다.

---

1. 김경욱, 「교권론을 정립하기 위한 예비적 고찰」, 2011. 11.

평화교육 어디서부터 시작해야 하나?

문화다양성교육, 국제이해교육, 전쟁과 폭력에 대한 반대, 배제와 차별에 대한 반대, 인권교육 등 평화교육의 범주에 포함될 수 있는 것들은 광범위하다. 모두 필요한 내용들이지만, 학생들의 생활 속에서 가장 직접적이고도 지속적으로 평화를 위협하는 것은 학교폭력이다. 그러므로 학교폭력을 근절하기 위한 교육이 가장 기본이 되어야 한다. 평화교육은 교실평화를 만드는 데서 시작해야 하는 것이다. 국제 문제, 전쟁 등은 피부로 느낄 수 있는 것들은 아니다. 다문화교육도 다문화가정의 학생이 학교나 학급에 없는 경우에는 생활 속에서 부딪히는 주제가 아니다. 그러므로 이러한 주제들에 대한 교육이 생활과 동떨어진다고 느낄 수 있다. 반면에 고립, 따돌림, 괴롭힘, 폭행 등 학교폭력은 어느 학교 어느 교실에도 존재하며 삶 속에서 직접 부딪히는 문제이므로 교육과 생활이 직접 연결된다.

〈사진 1〉은 '평화를 만드는 여성회' 부설 '갈등해결센터'에서 만든 『청소년을 위한 갈등 해결 교안집』에 실린 것이다. 이 활동의 목적은 사람마다 가치관, 취향, 경험, 타고난 조건 등이 다르다는 것을 이해함으로써 차별과 편견 없는 가치를 기르는 것이라고 한다. 학생들은 이 활동을 통해

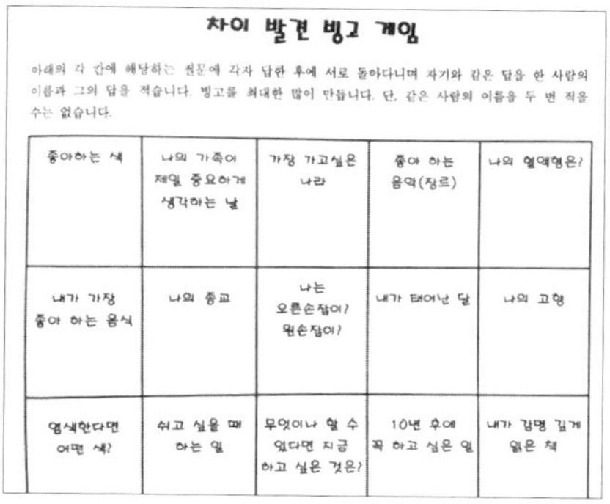

차이 발견 빙고 게임

아래의 각 칸에 해당하는 질문에 각자 답한 후에 서로 돌아다니며 자기와 같은 답을 한 사람의 이름과 그의 답을 적습니다. 빙고를 최대한 많이 만듭니다. 단, 같은 사람의 이름을 두 번 적을 수는 없습니다.

좋아하는 색	나의 가족이 제일 중요하게 생각하는 날	가장 가고싶은 나라	좋아 하는 음악(장르)	나의 혈액형은?
내가 가장 좋아 하는 음식	나의 종교	나는 오른손잡이? 왼손잡이?	내가 태어난 달	나의 고향
염색한다면 어떤 색?	쉬고 싶을 때 하는 일	무엇이나 할 수 있다면 지금 하고 싶은 것은?	10년 후에 꼭 하고 싶은 일	내가 감명 깊게 읽은 책

사진 1
일반적인 인권교육 프로그램

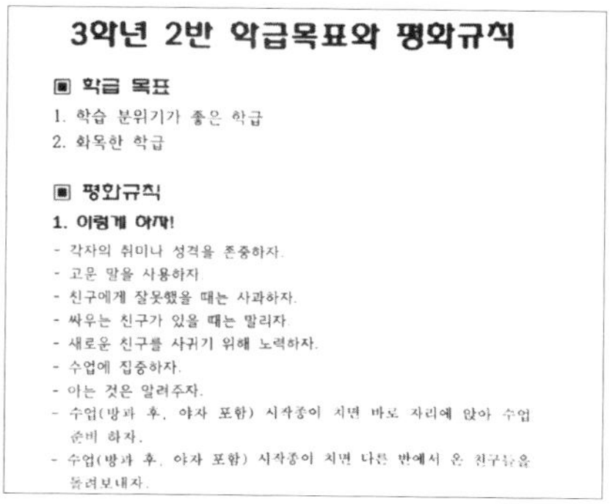

3학년 2반 학급목표와 평화규칙

▣ 학급 목표

1. 학습 분위기가 좋은 학급
2. 화목한 학급

▣ 평화규칙

1. 이렇게 하자!

- 각자의 취미나 성격을 존중하자.
- 고운 말을 사용하자
- 친구에게 잘못했을 때는 사과하자.
- 싸우는 친구가 있을 때는 말리자
- 새로운 친구를 사귀기 위해 노력하자.
- 수업에 집중하자.
- 아는 것은 알려주자.
- 수업(방과 후, 야자 포함) 시작종이 치면 바로 자리에 앉아 수업 준비 하자.
- 수업(방과 후, 야자 포함) 시작종이 치면 다른 반에서 온 친구들을 돌려보내자.

사진 2
생활 속 실천으로 연결되는 평화교육 프로그램

'다르다는 이유로 차별해서는 안 된다'는 교훈을 얻게 될 것이다. 하지만 이 교훈을 바탕으로 학생 자신의 모습과 학급의 모습을 성찰하게 하지 않는다면 교훈은 당위로만 남을 뿐 삶의 변화로까지 이어지지 않을 것이다. 학생들이 실제 생활 속에서 부딪히는 문제를 직접 다루지 않고 이처럼 한정된 회기의 교육 프로그램으로 접근할 경우 학생들은 그것을 자기 문제로 받아들이지 않는다.

〈사진 2〉는 2013년 초에 만든 필자 학급의 '학급목표'와 '학급평화규칙'이다. 학급목표와 학급평화규칙을 정하기 위해서 사전에 설문조사를 하는데 우리 반이 어떤 반이 되면 좋겠는지, 친구들이 하지 않았으면 하는 행동이나 말은 무엇인지, 화목한 학급을 만들기 위해 친구들이 했으면 하는 말이나 행동은 무엇인지 적도록 한다. 학생들이 쓴 것을 수합하여 논의한 후 학급목표와 학급평화규칙을 정하는데, 되도록 구체적인 내용이 담기도록 한다. 정한 뒤에는 잘 지키는지 정기적으로 점검한다. 이 활동은 학생들이 생활 속에서 늘 부딪히는 문제를 직접 다루기 때문에 교육이 곧 생활의 변화로 이어진다.

혹시 오해가 생길 수 있어 강조하자면 문화다양성교육, 국제이해교육, 인권교육 등 평화교육의 범주 안에 포함되는 모든 교육활동은 가치가 있다. 다만 가장 기본은 교실에서 평화를 만드는 것이 되어야 한다. 이와 관련하여 『가르칠 수 있는 용기』의 저자인 파커 J. 파머의 말을 음미해 볼 만하다.

국가적·국제적인 문제는 지역적인 원인, 그리고 결과를 갖고 있음을 잊지 말아야 합니다. 이렇듯 생활 가까이에 있는 인간적 규모의 쟁점을 언급함으로써, 우리는 힘을 회복하기 시작하여 보다 커다란 관심사들에 지렛대 역할을 할 수 있을 것입니다.[2]

평화교육의 구체적인 형태

평화교육은 학교폭력 사안을 잘 처리하는 데만 국한되지 않으며 학급 운영 차원의 접근으로만 끝나지도 않는다. 따돌림사회연구모임은 서사교육, 이야기 학급운영, 권리교육, 진실과 화해 교육, 우정교육, 평화우정동아리를 통해 평화로운 학교를 만들기 위한 노력을 하고 있다.

1. 서사교육

서사교육은 학생들이 자기 삶을 '평화'라는 주제로 의미 있게 엮어 가도록 가르치는 것이다. 우리의 삶 속에는 수많은 갈등들이 있고 숱한 사건들이 생긴다. 사람들 대부분은 이를 단편적인 에피소드로 기억할 뿐이다. 서사교육은 이를 '평화'라는 주제로 엮어 의미 있는 삶을 꾸려 가도록 하는 것이다. 학교폭력에 관한 소설을 읽고 자신과 친구들의 삶을 돌아보기, 학교폭력과 평화에 관한 소설 쓰기, 평화에 대한 시를 감상하고 창작하기, 고전을 평화의 관점에서 다시 읽기 등이 서사교육에 포함된다.

2. 이야기 학급운영

교류분석 이론에서는 인간은 누구나 '인생각본'을 가지고 있다고 말한다. 교류분석 이론을 만든 에릭 번에 의하면 각본이란 "어린 시절에 만들어져 부모에 의해 강화되고, 후속 사건들에 의해 정당화되고, 선택된 과정의 행동으로 절정에 이르는 인생 계획"이다.

사람이 백 명이면 백 가지의 인생각본이 있지만 이를 크게 셋으로 나누면 승리자 각본, 패배자 각본, 평범한 각본으로 분류할 수 있다. 승리자 각본을 가진 사람은 노력하면 이룰 수 있는 목표를 정하고 그 목표를 위

---

2. 파커 J. 파머, 『비통한 자들을 위한 정치학』, 김찬호 옮김, 글항아리, 2012.

해 노력하며 때로 실패를 겪더라도 좌절하지 않는다. 반면 패배자 각본을 가진 사람은 해 봐야 안 된다고 생각하기 때문에 노력하지 않으며 실패를 겪으면 '그럴 줄 알았어'라고 생각한다. 평범한 각본을 가진 사람은 다른 사람만큼만 지낼 수 있으면 만족하면서 사는 사람이다.

몇 년 전 필자의 반에서는 체육대회를 앞두고 반 티셔츠를 맞추기로 했다. 몇몇 아이들은 적극적으로 자기 의견을 밝혔지만 다수의 아이들이 의견이 있으면서도 말을 하지 않았다. 아이들이 구시렁거리는 것을 들은 적극적인 아이들은 '우리 반 아이들은 소극적이다', '우리 반 아이들은 앞에서 말하지 않고 뒤에서 말한다'라는 고정관념을 갖게 되었다. 이 각본은 체육대회 응원단을 꾸리자는 담임의 제안에 대해 적극적인 아이들이 "애들이 응원에 참여하지 않을 거예요. 결국 준비한 사람들만 힘 빠지게 될 걸요?"라고 대답하면서 확인되었다. 각본을 갖게 되면 시작해 보기도 전에 포기하게 되고 부정적인 각본은 더 강화된다.

학급운영은 정해진 각본을 바꾸어 새로운 이야기를 써 내려가는 것이며 새로운 이야기를 만듦으로써 각본을 바꾸는 것이다. 그리해 일정한 시간이 흐른 뒤 그해를 돌아보았을 때 '우정을 쌓아 온 행복한 한 해'로 기억되게 하는 것이다. 이를 '서사적 학급운영' 또는 '이야기 학급운영'이라고 할 수 있다.

교류분석에서는 인간 개인의 인생각본에 초점을 맞추지만 '이야기 학급운영'은 학급 집단이 만드는 서사에 초점을 맞춘다. 반 티셔츠를 맞추는 과정에서 갈등이 있었지만 서로의 마음을 확인한 뒤 합의점을 찾았다. 응원단을 꾸리지는 못했지만 선수로 뛰었던 친구들을 열심히 응원했다. 학기를 마치면서 평가를 받아 보니 이견은 있었지만 갈등이 해결됐으며 화합을 만드는 데 도움이 되었다는 의견이 다수였다.

1년 동안 학급에서는 수많은 사건들이 일어난다. "비록 힘들고 괴로운 기억도 많았지만 그래도 2015년의 우리 반은 따돌림 없는 화목한 반을 만들기 위해 노력했고 그래서 참 좋았다"라고 기억할 수 있다면 그 기억이 승리자 각본이 되어 살아가는 데 힘이 될 수 있다.

3. 권리교육

학교폭력 가해 학생과 대화하다 보면 이런 말을 흔히 듣는다. "걔가 먼저 뒷담화하고 다녔는데요?" 이 학생은 '그 아이가 뒷담화를 했으니 내가 때리는 것도 정당하다'고 생각하는 셈이다. 교사와 학생 사이에 이런 일도 흔히 발생한다. "수업을 방해하려면 교실 뒤에 나가 서 있어라.", "아, 짜증 나. 저야 듣든 말든 수업이나 잘하세요." 이 학생은 수업을 들을지 말지에 대한 결정권이 자기에게 있다고 생각하는 셈이다. 권리교육은 이 같은 행동에 대해 '상대가 뒷담화를 했다고 해서 폭력이 정당한 것은 아니다', '특별한 이유가 없는 한 학생은 수업에 성실히 참여해야 한다. 교사를 모욕하는 행동을 했다면 반성하고 사과해야 한다'고 가르치는 것이다. 즉, 누구에게 어떤 권리가 있고, 그러한 권리가 부여된 이유는 무엇이며, 권리의 보장을 위해서는 누가 어떤 의무를 져야 하는지 가르치는 것이 권리교육이다.

가) 심리학적 접근법과 권리교육적 접근법

위와 같은 문제가 발생하면 교사들은 흔히 학생에게서 심리적인 원인을 찾는다. 대개 경제적 환경, 부모의 양육 태도 등이 학생 심리에 부정적인 영향을 미쳤을 것이라 본다. 이런 접근법을 심리학적 접근법이라고 할 수 있다. 이 관점에서 보면 문제 행동의 원인을 학생이 악해서가 아니라 심리적인 어려움을 겪고 있기 때문이라고 판단하게 된다. 그러므로 훈계로는 학생의 행동 변화를 이끌어 내는 데 한계가 있음을 알게 되고 '심리적 안정을 어떻게 찾아 줄 것인가?'에 해결의 초점을 맞추게 된다. 심리학적 접근의 장점은 학생에 대한 이해의 폭을 넓혀 준다는 점, 일시적 변화보다는 지속적인 변화를 이끌어 낸다는 점이다. 반면에 심리적 도움은 전문가의 영역이라는 인식 때문에 교사가 할 수 있는 일이 별로 없다고 생각하게 된다는 점, 옳고 그름을 가르치는 데 취약하다는 점 등은 단점이다.

권리교육적 접근에서는 그 같은 행동이 타인의 권리를 침해하는 행위로서 옳지 못하다고 본다. 어떤 이유가 있었건 간에 타인의 권리를 침해하는 것이 정당화될 수는 없기 때문이다. 권리교육에서는 위와 같은 행동이 타인의 권리를 침해한 것임을 깨닫게 해 주고 반성하고 사과하는 법, 책임지는 법을 가르친다. 권리교육적 접근에서는 교사의 역할이 중요하다. 교사가 곧 권리교육의 전문가가 되어야 하는 것이다. 이는 권리교육이 전문 영역이 아니어서가 아니라 교사 스스로가 권리 충돌의 장에 늘 노출되기 때문이다. '교권', '학생인권'이라는 말이 자주 등장하는 것만 봐도 이를 알 수 있다.

심리학적 접근과 권리교육적 접근은 모두 중요하다. 어느 한쪽만으로는 온전한 교육이라고 할 수 없다. 그러나 심리학적 접근은 그 중요성이 강조되면서도 전문가의 영역으로 미뤄져 왔고 권리교육적 접근은 아직 시도된 적이 없다. 지시와 통제 위주의 교육 방식은 점점 설 자리를 잃고 있지만 옳고 그름을 가르치기 위한 새로운 방법은 아직 없는 것이다. 옳고 그름을 가르치기는커녕 교권을 '보호'하기에도 버거운 상황이다. 상벌점제, 선도 규정의 엄격한 적용, 교권 보호 등은 학생들이 함부로 행동하지 못하도록 막기 위한 것일 뿐 교육이라고 하기에는 미흡하다. 권리교육적 접근은 바로 이 비어 있는 부분을 채우기 위한 것이다.

나) 평화적 공화주의와 권리교육

최근 공화주의가 다시금 주목받고 있다. '남에게 피해를 끼치지만 않으면 무엇이든 해도 된다'는 자유주의적 세계관이 사람들을 더욱 자유롭게 만드는 것이 아니라 더 고립되게 했고, 이는 권력과 자본이 더욱 욕심을 채우기 쉬운 상황을 만들었다는 판단이 공감대를 형성하는 것과 무관하지 않을 것이다.

공화주의는 "공공선을 담보하는 법의 지배 안에서 시민들이 다른 시민들에게 예속되지 않고, 자유를 누리며, 시민적 덕성을 실천하는 정치 질서를 세우고자 한다."[3] '법의 지배'란 법에 의해 권리를 보장받고 법이 요구하는 의무를 다해야 한다는 것을 의미한다. 다수결의 지배가 아니라 법의 지배를 말하는 이유는 다수의 횡포 또는 다수의 어리석음에 의해 모두가 피해를 입거나 소수가 피해를 입을 수 있기 때문이다. 법의 지배가 정당성을 획득하려면 법은 '공공선'을 담보하는 것이어야 한다. 그렇다면 공공선은 무엇일까? 흔히 사회 구성원 전체에게 공통되는 이익을 일컫는데, 이 개념은 추상적인 개념이기 때문에 전체주의 또는 국가주의에 의해 부정적으로 악용되기도 했다. 따돌림사회연구모임은 '평화'가 이 시대의 공공선이어야 한다고 생각한다. 그리고 우리가 추구해야 할 공화주의는 '평화적 공화주의'가 되어야 한다고 생각한다.

공화주의적 자유는 모든 간섭을 배제하는 자유가 아니다. 일찍이 이사야 벌린은 자유를 '소극적 자유'와 '적극적 자유'로 구분하여 설명했다. '소극적 자유'란 타인이나 집단 또는 국가의 간섭으로부터 자유로운 상태를 말하는 것으로 자유주의에서 강조하는 자유가 바로 이것이다. 즉, 타인에게 피해를 주지 않으면 무엇이든 괜찮다는 것. 반면에 '적극적 자유'란 스스로 자기 삶을 결정한다는 의미에서의 자유를 지칭한다.

그렇다면 공화주의적 자유는 무엇일까? 필립 페팃은 자유 개념을 '비지배 자유'와 '불간섭 자유'로 구분하여 공화주의적 자유 개념을 도출하고 있다.[4] 그에 의하면 불간섭 자유는 모든 간섭을 배제하는 자유를 의미

---

3. 김경희, 『공화주의』, 책세상, 2009.
4. 필립 페팃, 『신공화주의』, 곽준혁 옮김, 나남, 2012.

하는 것으로서 소극적 자유 개념과 유사하다. 반면에 비지배 자유는 타인의 지배 또는 예속을 받지 않되 공공선을 담보하는 법에 의해 간섭받는 것은 문제 삼지 않는다. 페팃은 공화주의적 자유는 비지배 자유를 의미한다고 말한다.

『정의란 무엇인가?』로 우리에게도 많이 알려진 마이클 샌델은 집단과 국가의 결정에 적극적으로 참여하는 것이 '자유'라고 말한다. 이는 개인의 '선택'에 맡기는 벌린의 '소극적 자유'의 개념과는 다르다. 샌델은 또 타인에게 영향을 미치지 않는 행위는 거의 없다고 말한다. 이를테면 수업 시간에 자는 행위가 교사나 다른 학생에게 직접적으로 피해를 끼치는 행위는 아니지만 집단에 영향을 미치는 행위임에는 분명하다는 것이다.

이사야 벌린이 중요시하는 '소극적 자유'를 '자유주의적 자유'라 규정한다면, 페팃이 말하는 '비지배적 자유'와 샌델이 말하는 '참여적 자유'는 '공화주의적 자유'라 할 수 있다. 따돌림사회연구모임은 공화주의적 자유 중에서도 샌델의 '참여적 자유'가 더 중요하다고 본다.

시민적 덕성이란 공공선을 추구하려는 마음을 말한다. 개인의 이익을 앞세우는 것이 아니라 공동의 이익을 추구한다는 것인데, 평화를 공공선으로 본다면 시민적 덕성은 '평화를 추구하려는 마음과 태도'를 가리킨다. 권리교육의 의의를 여기서 찾을 수 있다. 권리교육이란 자신의 권리를 지키고 타인의 권리를 존중함으로써 평화를 추구하는 마음을 길러 주는 것이다.

다) 진실과 화해 교육(학교폭력 해결을 위한 중재 조정)

학교폭력 사안이 발생했을 때 해결하기 어려운 이유 중 하나는 '진실'을 찾기 쉽지 않다는 것이다. 가해 학생은 처벌에 대한 두려움 때문에, 피해자는 가해자의 보복이나 주변 학생들의 비난이 두려워서 곧잘 진실을 감춘다. 진실을 밝히지 못한다면 가해 학생은 학교를 우습게 보면서 피해 학생을 더욱 괴롭힐 것이고 피해 학생은 아무도 자기를 도와주지 못할 거라는 절망에 빠지게 된다. 교사는 가해 학생뿐만 아니라 피해 학생과의 대화에서도 진실을 찾기 위한 숨바꼭질을 해야 하는데 이것이 쉽지 않다. 피해 학생은 폭력에서 벗어나고 싶은 마음과 진실이 밝혀진 이후의 보복 또는 비난을 두려워하는 마음을 함께 가지고 있기 때문이다. 또한 자기가 어떤 일을 당했고 그 일이 어떤 영향을 미치고 있는지 스스로도 모를 때가 있어서이기도 하다. 교사는 진실을 찾을 수 있는 역량을 갖추어야 하고 법은 교사에게 진실을 찾을 수 있는 권한과 책임을 부여해야 한다.

진실을 찾고 나면 가해 학생과 피해 학생을 화해시켜야 하고 관련된 학생 모두(학급 학생 모두)가 폭력에 대해 성찰하고 반성하는 시간을 가져야 한다. 그래야 학교폭력을 해결했다고 할 수 있다. 가해자를 처벌해도 가해자가 반성하지 않으면, 피해자가 치유되지 않으면, 학급 학생 모두가 방관자의 위치에서 벗어나지 않으면 학교폭력이 해결되었다고 할 수 없다. 학교폭력은 아래와 같은 과정을 거쳐 해결된다고 할 수 있다.

진실 찾기

↓

가해자의 반성과 사과

↓

피해자의 수용

↓

화해

↓

학급 전체의 성찰과 반성

라) 우정교육

'우정교육'은 단순히 폭력 없는 상태를 넘어서 우정을 나누는 관계를 지향하는 교육이다. 친밀감, 신뢰감, 평등함, 소중함이라는 토대를 바탕으로 친구의 어려움을 도와줄 수 있는 배려의 기술, 친구의 기쁨이나 슬픔을 함께 나눌 수 있는 공감의 기술을 배운다. 교실에서 학생들이 맺는 관계를 살펴보면 지배-피지배, give and take인 경우가 있다. 고립아인 학생이 자발적으로 자신을 괴롭히는 학생들에게 흰 우유에 타 먹는 초콜릿 가루를 선물하며 괴롭히지 말라고 말하거나, 메신저 프로그램의 친구가 얼마나 많은지 혹은 온라인에 올린 글에 대한 답글을 확인하며 친구가 많은 것을 과시하는 경우도 있다. 폭력적 상황에서 자신을 보호하는 생존 수단으로 친구를 이용하는 등 교실이 진정한 우정을 배울 수 있는 공간이 아닌 생존 투쟁의 장처럼 변해 버린 것이 현실이다. 폭력과 이기심보다 우정의 가치가 소중하다는 것을 전제로 어떤 것이 진정한 우정인지, 우정을 맺기 위해서는 어떤 자질을 갖춰야 하는지에 대한 교육이 절실한 상황이다. 이혜미는 우정교육 프로그램의 의의에 대해 다음과 같이 설명한다.

우정교육 프로그램은 학생들에게 친구를 사귀는 방법을 알려 주거나, 친구가 소중하다는 가치를 전하는 교우관계 증진 프로그램이라기보다는 친구라는 타자를 낯설게 바라봄으로써 인간관계와 우정의 의미를 새롭게 발견해 나가고, 그를 통해 학급 집단 안에 우정의 가치가 폭력의 가치보다 우위를 점하는 새로운 역동이 생겨나기를 바라는 프로그램이라고 할 수 있다.[5]

---

5. 이혜미, 「학교폭력 예방을 위한 우정교육 프로그램」.

마) 평화우정동아리

학생은 폭력 문화 속에서 살고 있다. 권력을 잡기 위해 누군가 희생양을 만들고 따돌림을 당하지 않기 위해 피해자를 외면한다. 다음번엔 내가 따돌림의 대상이 되지 않을지 불안해하며 누군가를 따돌리는 데 동조한다. 방관이 문제라는 걸 안다 해도 용기를 낼 수 없다.

평화우정동아리 활동은 학생들이 주체가 되어 폭력이 지배하는 학교를 평화와 우정의 가치가 지배하는 학교로 바꾸어 가는 것이다. 이는 마치 탁한 공기를 맑은 공기로 바꾸어 주는 것처럼 생활 토대를 바꾸는 것이다. 평화와 우정의 가치가 자리 잡으면 폭력을 거부하는 행동, 피해자를 돕는 행동은 지지받고 인정받는 반면 폭력을 사용하는 학생은 비난받게 된다. 그러므로 학생들은 방관자가 아니라 문제 해결의 주체가 될 수 있다.

학교에서 청소년 단체가 활동하는 것처럼 평화우정동아리도 많은 학교에 조직되면 좋을 것이다. 각 학교 동아리 회원들과 지도교사가 정기적으로 만나 정보를 교류하고 어려움을 극복하기 위한 방안을 모색한다면 개별 학교의 문화가 바뀔 뿐만 아니라 지역 전체, 국가 전체의 학생 문화가 바뀔 수 있을 것이다. 이 사업은 단위 학교 차원에서 할 수도 있지만 시·도 교육청, 교육부 차원에서 접근한다면 더욱 큰 효과를 낼 수

평화우정동아리의 '학교를 바꾸는 퀴즈' 활동

있을 것이다.

　이 책에서는 평화교육의 모든 방향을 다루지 않는다. 이 책은 담임교
사의 역할을 중심으로 '나. 이야기 학급운영'과 '라. 진실과 화해 교육'을
주로 다루고 있다.

2부

이야기 학급운영

1장
이야기 학급운영이란?

이야기의 두 층위와 이야기 학급운영의 필요성

1. 이야기의 두 층위

교육에서 이야기를 활용한다는 것은 주로 소설, 동화 등을 통해 삶을 돌아보게 하거나 삶 자체를 한 편의 이야기로 구성해 보게 하는 것을 의미한다. 최근 주목받고 있는 스토리텔링이 바로 이런 방식으로 이뤄진다. 이는 학생 개인의 삶에 초점을 맞추는 것으로서 이야기 학급운영에서 말하는 이야기와는 다른 개념이다. 따돌림사회연구모임 김경욱은 이를 '1차 이야기'라고 규정한다.

흔히 서사교육론에서 말하는 스토리텔링은 교사가 사용하는 교재로서 다양한 매체나 매체에 대한 분석, 평가, 발표라고 할 수 있다. 1차 이야기에는 아이들의 단편적 삶이나 인생각본이나 학급에서의 창작도 포함된다. 이것을 '삶이 있는 문학' 또는 '생활글'이라고도 했다.

그렇다면 이야기 학급운영에서 말하는 이야기란 무엇일까? 1년간의 학급생활을 한 편의 이야기로 엮는 것을 의미한다. 1년 동안 학급에서는 다양한 일이 일어난다. 따돌림, 괴롭힘, 학급 단합대회, 소풍, 수련회, 체육대회, 그 외에 학급에서 발생하는 소소한 사건 등이 그것인데 이는 그 자체로는 개별적 에피소드로 존재한다. 이야기 학급운영이란 이처럼 개별적으로 존재하는 에피소드들을 하나의 이야기로 엮어 내는 것을 말한다. 김경욱은 이렇게 엮은 이야기를 '2차 이야기'라 하였다.

> 이야기 학급운영이 말하고자 하는 것은 1년간 학급의 구성원들의 삶을 서사화하는 것이다. 만약 이야기로 만들지 못하면 그것은 프로그램 나열식, 학사일정에 따른 기계적 과정이 되며 단지 에피소드가 1차원적으로 시간계열에 따라 일어나는 것이 된다.

2. 이야기 학급운영의 필요성

1년간의 학급생활을 한 편의 이야기('2차 이야기')로 엮어 내야 하는 이유는 무엇일까? 평화롭고 우정이 넘치는 학급을 만들기 위해서이다. 이야기를 만들자면 '주제(목표)'가 있어야 한다. '평화롭고 우정이 넘치는 학급'이라는 주제가 있을 때 각각의 에피소드는 의미를 갖게 된다. 체육대회는 그 자체로는 누군가에게는 즐거웠던 기억일 수도 있고, 누군가에게는 지루한 기억일 수도 있으며, 누군가에게는 고통스러운 기억일 수도 있다. 그러나 이야기 속에서는 '바라는 만큼 재미있지는 않았지만 갈등을 극복하기 위해 노력했던 기억'으로 의미 부여할 수 있다.

학급생활이 함께 만들어 가는 이야기라는 점이 공유되면 교사가 학생들의 집단 각본이나 개인 각본에 개입하는 것이 수월해진다. 현대사회에서 사람들의 삶은 파편화되어 있고 학생들도 "이렇게 살게 내버려 두세요"라고 말한다. 서로의 삶에 영향을 미치면서도, 집단 각본의 영향력 아래 살고 있으면서도 그것을 알지 못한다. 교사의 지도를 '부당한 간섭'으로 여긴다. 학급생활이 함께 만드는 이야기가 될 때 교사는 학생들의 관계에 개입할 수 있고 부정적인 집단 각본을 흔들 수 있다.

2012년 필자의 반에서 있었던 일이다. 필자는 아이들에게 활동지를 한 장씩 나눠 준 뒤 우리 반이 얼마나 평화로운지, 더 평화로워지기 위해서 무엇을 하면 좋을지 적도록 했다. 그런데 한 여학생이 문제를 제기했다.

"선생님, 저는 올해 우리 반에 만족하거든요. 따돌리는 일도 없고 별다른 문제 없이 잘 지내고 있는데 선생님이 이런 거 쓰라고 하실 때마다 우리가 뭔가 잘못하고 있는 것 같다는 느낌이 들어요."

잠시 고민하다가 말했다.

"그래 이 정도면 평화롭다고 생각해. 그런데 선생님은 더 평화롭고 화목한 학급이 됐으면 좋겠어. 너희들도 잘 알겠지만 여학생들 사이에서는 묘한 긴장감이 있지. 누구든 더 편한 친구들과 무리지어 어울리는 건 당연하지만 집단과 집단 사이에 긴장이 있다면 선생님은 충분히 평화롭지 않은 거라고 생각해. 어떤 말을 했을 때 다른 집단 아이들이 어떻게 받아들일지 걱정돼서 눈치 보는 분위기가 있는 건 사실이잖아. 선생님이 문제라고 생각하는 건 바로 그런 분위기야. 선생님이 생각하는 화목한 학급은 이런 거야. 농구를 하고 있는 친구들을 보고 나도 농구를 하고 싶을 때 거리낌 없이 끼워 달라고 말할 수 있고 농구를 하다가 힘들면 거리낌 없이 빠져서 쉬겠다고 말할 수 있는 학급이지. 우리 반이 아직 그런 학급은 아니지 않니?"

이렇게 얘기했을 때 문제 제기했던 아이뿐만 아니라 그 아이의 말에 동의했던 아이들도 고개를 끄덕였다. 물론 이 말만으로 학생들의 태도가 확 바뀌지는 않는다. 그러나 새로운 요소를 투입할 때 긍정적으로 받아들인다.

학급생활을 이야기로 만들어야 하는 또 다른 이유는 평화로운 학급을 만드는 데 실패하더라도 좌절하지 않기 위해서이다. 학급의 이야기는 1년에 끝나지만 학생들은 다음 해에 새로운 친구들과 만나 새로운 이야기를 만들어 간다. 한 해 동안 어떤 노력을 했고 얼마나 성공했으며 어떤 부분이 아쉬웠는지를 공유하면 아쉬움이 있었더라도 실망하거나 좌절하지 않고 다음 해를 맞을 수 있다. 평화롭고 화목한 학급을 만드는 것도 중요하지만 마지막에 이야기를 공유하고 헤어지는 것은 더 중요하다. 이야기는 계속된다.

이야기 학급운영의 단계

흔히 소설의 구성 단계를 발단-전개-위기-절정-결말로 나눈다. 옛날 이야기의 경우엔 기-승-전-결로 구분하기도 한다. 이야기 학급운영도 이와 비슷하게 상상해 보면 좋겠다. 3월은 서로에 대해 파악하고 관계를 맺기 시작하는 시기이며 그 이후엔 본격적으로 문제가 발생한다. 문제는 평화적으로 해결될 수도 있으나 더욱 심각해지기도 한다. 폭력이 평화적으로 해결되지 못한다면 불평등한 위계구조는 고착화되고 폭력은 일상화될 것이다. 학년 말이 되면 1년 동안의 생활을 돌아보면서 평화롭게 매듭지을 수도 있고 그렇지 못할 경우 다음 해의 폭력으로 이어질 수도 있다. 이야기 학급운영은 이와 같은 학생 관계 변화의 흐름 속에서 교사가 평화를 연출해 가는 과정이다. 이 책에서는 이야기 학급운영을 기(이야기의 시작), 승(이야기의 전개), 전(이야기의 심화), 결(이야기의 마무리)로 나누고 있다.

각 장에 대한 소개

1. 기 - 이야기의 시작

'기'는 평화로운 학급의 뼈대를 만드는 일이다. 이 책을 읽는 모든 교사들이 적어도 '기'에 해당되는 활동을 해 주기를 바란다. 평화로운 목표, 규칙, 그리고 이를 어겼을 때 해결할 수 있는 틀을 만든다면 앞으로의 여정이 훨씬 수월할 것이다.

2. 승 - 이야기의 전개

'승'은 학급을 평화롭고, 평등하고, 화목하게 만들기 위한 여러 프로그램들을 소개하고 있다. 각 학급이 처한 상황과 조건이 다르기 때문에 모든 프로그램을 쓸 수는 없다. 각 교사의 판단과 역량에 따라 '승'에 제시된 프로그램을 활용할 수 있으면 좋을 것이다. 각 프로그램은 모두 평화, 평등, 화목이라는 가치에 맞게 기존의 학급운영 프로그램을 변형하거나, 없던 것을 새롭게 만든 것이다.

평화 괴롭힘이 없는 상태, 갈등의 합리적 해결을 지향하는 가치.
평등 각자가 가진 매력이 동등하게 인정받는 상태. 권력의 불균등이
　　　없는 상태.
화목 편견과 차별 없이 누구나 친해지는 것.

3. 전 - 이야기의 심화

'전'은 갈등, 충돌, 위기를 돌파하기 위한 장이며 이 책의 가장 큰 비중을 차지하고 있다. 이 장의 비중이 큰 것은, 평화로운 학급을 만들기 위한 이야기는 쉽게 실패의 이야기로 바뀔 수도 있기 때문이다. 이 장에는 따돌림사회연구모임의 그간 연구 실천의 결과가 가장 많이 녹아 있다.

첫째, 교사의 가치에 공감하는 학생 그룹인 '공감그룹'이 성패의 핵심
　　이다.
둘째, 민주적인 학급운영은 '심의'를 통해서 가능하다.
셋째, 화해의 이상적인 형태를 제시하는 것이 좋다.

　이런 내용을 충실히 반영하기 위해 다양한 사례를 통해 설명했다.
　또한 교사가 학교폭력의 징후를 발견하고, 진실을 찾고, 화해를 만들어
가는 과정을 충실히 제시하고자 했다. 만약 올해의 학급운영에서 특별히
문제가 생기지 않거나, 어려움을 겪지 않는다면 '전'의 내용을 참고하지
않아도 될 것이다. 그러나 그렇게 지나가는 법이 별로 없다. 또한 생활지
도 전문가로서 교사의 역량이 성장해야 평화로운 학급의 이야기를 만들
수 있기 때문에 많은 교사들이 이 장을 통해 실패에서 벗어나 돌파의 힘
을 얻기를 바란다.
　물론 올해의 이야기가 실패로 끝났다 하더라도 올해의 이야기를 비극
으로 정하고 한 해를 마무리하고 다음을 기약할 수도 있다. 그것은 '결'에
해당된다.

　4. 결 – 이야기의 마무리
　인간의 성장 곡선은 완만한 상향 곡선이 아니라 계단 모양의 선이다.
이는 어느 순간 비약적으로 성장할 수 있다는 말이다. 학년 말이 바로 그
런 시기가 될 수 있다. 모든 이야기가 끝난 학년 말, 교사가 마지막으로
자신의 부족함을 드러내며 학생들과 함께 진실된 모습으로 한 해를 되돌
아볼 수 있다. 1년간 모아 온 우리 학급의 이야기를 '평화'를 주제로 정리
하여 학급 서사집을 발행하는 것으로 이야기가 마무리된다. 그러면 교사
와 학생 모두 내년의 새로운 이야기를 시작할 힘을 얻게 된다.

2장
기(起)-이야기의 시작

3월, 교실 문을 열기 전 긴장하기란 교사나 아이들이나 마찬가지일 것이다. 어떤 아이들일까? 어떤 일들이 벌어질까? 아이들은 나를 어떻게 볼까? 혹시 밉보이거나 우습게 보이면 안 되겠지.

긴장하는 3월의 교사들과 달리 이 선생의 3월은 기대와 함께 비장함에 가득 차 있다. 이 선생의 3월은 뚜렷한 목표를 가지고 있다. 학교폭력이 뿌리내릴 수 없는 건강한 반을 만들리라. 이기심과 인정욕망으로 좌충우돌하는 정글같은 반이 아닌 다양한 모습의 아이들이 있는 그대로 공존하며 성장하는 반을 만들리라.

몇몇이 모여서 웅성거리던 교실은 이 선생이 들어서자마자 조용해졌다. 아이들은 올해 우리 반에서 어떤 그룹에 속해 어떤 전략으로 살아갈지 고민하며 서로를 탐색한다. 동시에 담임교사가 어떤 사람이고 어떻게 하면 담임에게 인정받을 수 있는지가 적어도 3월엔 매우 중요하다. 담임이 어떤 가치관을 가지고 있는지를 파악해야 담임교사에 대한 전략도 세울 수 있는데, 괜히 3월에 담임 눈 밖에 났다가는 애들 사이에 자리 잡기도 전에 이상한 애, 나대는 애로 찍힐 수 있어 위험하다.

"반가워요. 여러분의 담임이 된 이 선생이라고 합니다. 저는 국어를 가르치고 있고요. 선생님이 학급운영에서 가장 중요하다고 생각하는 바는 세 가지입니다."

칠판에 판서한다… 평화, 평등, 화목.

몇몇 아이들이 킥킥거린다. "평화… 우… 손발이 오글거려요…."

아랑곳하지 않는 이 선생.

"평화란 우리 반이 학교폭력 없이 서로 안심할 수 있는 반이 되자는 것입니다. 그러기 위해서는 센 아이, 약한 아이 할 것 없이 모두가 동등한 친구여야 해서 평등. 평화롭고 평등한 반이라야 서로 진정한 우정을 쌓을 수 있으니 화목입니다."

"여러분은 어떤 반이 되길 원하나요? 아님 어떤 반이 될까 봐 무서운가요?"

이 선생의 웅변은 이어진다. 학교폭력이 없는 평화로운 반을 만들자는 내용이다.

중간 정도에 앉아 가만히 그 얘기를 듣고 있는 진희. 속으로 생각한다.

'맞는 말이네. 몇몇 애들이 작당하고 계속 선생님한테 개기는 반에서는 웬만한 애들은 걔네들 눈치 보느라 아무 말도 못하고, 찐따로 찍힌 애들은 거의 사람 취급 못 받고. 맨날 돌려 가면서 왕따를 시키고…. 저 말대로 되면 진짜 좋겠다. 근데. 잘될까? 어차피 우리에 대해 잘 모를 테고. 무슨 문제가 생겼을 때 선생님에 의해 해결되는 거 거의 못 봤는데. 아. 일단 들어나 보자.'

"그래서 앞으로 여러분과 평화로운 반을 만들기 위해 세 가지 활동을 하려고 해요. '과거관계 조사, 평화목표 세우기, 평화규칙 만들기'입니다." 이 선생은 앞으로의 계획을 소개했다.

*이야기의 시작은 학급의 평화로운 구조를 만드는 것이다. 건축물의 뼈대를 세우는 것이라고 볼 수 있다. 주로 3월에 이루어지는 것이 좋다. 이때는 아이들이 담임교사에게 인정받으려고 노력하는 시기이다. 아이들 사이의 질서가 만들어지기 전 교사가 먼저 평화의 이야기를 시작하는 것이 좋다.

과거관계 조사
- 과거 아이들의 관계를 조사하는 이유는 두 가지이다

1. 담임교사가 학교폭력 문제에 관심이 많고 방관하지 않겠다는 인상을 줄 수 있다

이 활동은 가해자로 살아온 아이들에게 긴장감을, 피해자로 살아온 아이들에게 기대감을 갖게 한다. 설문을 통해 과거의 가해, 피해 사실이 드러난다면 상담을 진행한다. 서로 눈치를 보기 때문에 학교폭력에 대한 내용을 전혀 쓰지 않는 경우도 많이 있다. 하지만 질문을 던지는 것으로도 담임교사가 학교폭력 문제에 집중하겠다고 선언하는 것이 된다. 또한 평화로운 학급의 운영 방향을 아이들과 공유할 수 있다.

2. 현재 학급 아이들의 관계망을 파악할 수 있다

과거의 갈등을 솔직히 쓰지 않았더라도, 현재의 관계를 파악할 수 있다. 질문지 중 1번 문항(현재 마음이 편한 친구는?)을 바탕으로 학급 아이들의 관계망을 그릴 수 있다(소시오메트리). 이렇게 망을 그려 보면 아이들이 굳이 말해 주지 않아도, 우리 학급에 어떤 친구 그룹이 있는지, 그 크기는 어느 정도인지, 관계망에 포함되지 않은 아이들이 누구인지 알 수 있다. 담임교사는 학생들의 성적 정보 이외에는 거의 알지 못한 채 한 해를 시

과거를 정리하고 평화롭고 화목한 1년을 시작합시다

_____학년 _____ 반 이름 _____

1. 예전부터 잘 지내던 친구가 우리 반에 있어서 마음이 편하다면 그 친구가 누구인가요?

2. 과거에 갈등을 겪었는데 해결하지 못해서 불편한 느낌이 드는 친구가 있나요?(우리 반, 다른 반) 있다면 누군지, 무슨 일로 갈등을 겪었는지 적어 주세요.

3. 친구를 따돌리거나 괴롭히거나 때린 적이 있나요? 있다면 언제, 누구를, 왜, 어떻게 따돌리거나 괴롭히거나 때렸는지 적어 주세요.

4. 누군가로부터 따돌림, 괴롭힘, 폭행을 당한 적이 있나요? 있다면 언제, 누구에게, 왜, 어떻게 당했는지 적어 주세요.

5. 우리 반 친구들 중에 다른 친구를 따돌리거나 괴롭히거나 때린 적이 있는 사람이 있나요? 그런 친구를 알고 있다면 누구인지, 언제, 누구에게, 어떻게 그랬는지 적어 주세요.

6. 친구들이 하는 말이나 행동 중에서 나를 괴롭게 하는 것이 있다면 적어 주세요.

작하기 때문에 미리 관계를 파악한다면 생활지도가 더 수월해진다. 설문지 내용 중 1번, 2번 문항은 학부모 통신에 반영해도 좋다. 학생이 말하지 않은 피해 사실을 부모가 말해 줄 수 있기 때문이다.

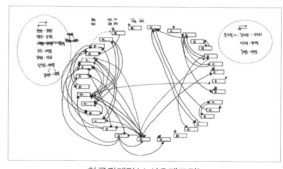

학급관계망(소시오메트리)

평화로운 학급목표 세우기

거의 모든 학교가 급훈을 정한다. 성실, 배려, 노력, 개성 등 다양한 가치가 등장하지만 사실 누구도 신경 쓰지 않는다. 알맹이 없는 형식적인 급훈 대신, 평화의 가치를 담아 직접 '학급목표'를 만들어 보자. 법이나 규칙의 가치가 무시당하는 현실에서 아이들의 손으로 만든 '학급목표'는 우리 학급의 '헌법'이 된다. 그 권위를 아이들이 직접 부여했기 때문에 무시할 수 없는 힘을 가지게 된다.

1. 진행 요령
① 학생들에게 종이를 나눠 주고 우리 반이 어떤 반이 되면 좋겠는지 적게 하고 발표한다. 또는 학년 초에 학생들에게 자기소개서를 쓰게 한다면 칸을 하나 더 만들어서 '우리 반에 대한 바람'을 적으라고 해도 좋다.
② 학생들이 적은 것을 바탕으로 학급목표를 정한다. 한 차시를 확보할 수 있다면 '절망의 학급, 희망의 학급' 활동을 할 수 있다.

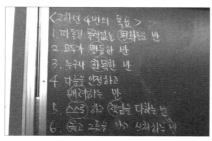

| 학급목표 세우기 | 학급규칙 토론 |

2. 주의 사항

학년 초 학급 분위기를 유심히 관찰해야 한다. 담임교사가 진행하는 활동을 우습게 만들어 학급 내 권력을 장악하려는 학생이 있을 수도 있기 때문이다. 이럴 경우 목표를 정하더라도 학생들이 의미 부여를 하지 않는다.

학생들이 적어 내는 내용이 제각각이거나 상황을 우습게 만들어 '평화롭고 화목한 학급'을 목표로 만들기 어려울까 봐 걱정된다면 활동의 취지를 충분히 설명하며 진지한 분위기를 유도하는 게 좋다.

수업 지도안

절망의 학급, 희망의 학급 활동

1. 이번 시간은 평화로운 교실 만들기 '학급목표 세우기' 활동입니다. 여러분에게 나눠 줄 활동지는 〈절망의 학급, 희망의 학급〉입니다. 여러분은 아직 학기 초라서 서로 긴장하고 있는 것 같고, 우리 반에 어떤 애들이 있고, 어떤 반이 될지 걱정 반 기대 반일 것 같습니다. 이런 긴장감이 지나가면 우리 반의 특징이 나타나겠죠. 매일매일 전쟁터 같은, 하루하

루 버티는 그런 반이 될 수도 있고, 몇 명은 즐겁고 시끄럽게 놀지만 대부분은 눈치만 보는 그런 반이 될 수도 있고, 아니면 센 애 약한 애 없이 같이 잘 챙겨 주고 솔직하게 어울려서 노는 헤어지기 싫은 그런 반이 될 수도 있습니다. 선생님은 우리 반이 무엇보다 평화롭고 화목하게 잘 지냈으면 합니다. 서로 안심하고 편하게 지낼 수 없는 반이라면 다른 무엇을 해도 힘들 거라 생각합니다.

절망의 학급, 희망의 학급 활동지

___학년 ___ 반 ___ 번 이름_____

절망의 학급	희망의 학급

---

2. 활동지를 반으로 잘라서 짝이 하나씩 가지세요. 활동지를 보세요. 절망의 학급에는 여러분이 생각하는 가장 절망적인 학급이란 무엇인가를 쓰면 됩니다. 이런 반은 되지 않았으면 좋겠다는 바람을 쓰면 됩니다. 여러분이 그동안 겪었던 반 중에서 정말 힘들고, 애들이 싫어서 빨리 1년이 지나갔으면 했던 경험이 있으면 그걸 써도 됩니다. 희망의 학급에는 여러분이 생각하는 가장 희망적인 학급이란 무엇인가를 쓰면 됩니다. 즉, 우리 반이 이런 반이 되었으면 좋겠다는 자기 바람을 써 주면 됩니다. 그동안 겪었던 반에서 정말 애들이 다 좋아서 헤어지고 싶지 않았던 반이 있었다면 그런 경험을 써도 됩니다. 너무 길게 쓰지 않아도 됩니다. 개인별로 쓰는 시간을 5분 드리겠습니다.

3. 자, 이제 앞뒤 짝 4명씩 모둠을 만들어 주세요. 모둠을 만든 뒤 한 명씩 자기가 쓴 내용을 돌아가면서 발표하고 들은 뒤에 각 모둠의 의견을 모아 주세요. 발표할 때 이유도 말해 주면 좋습니다. 모둠별로 절망의 학급을 한 문장으로, 희망의 학급도 한 문장으로 이렇게 정리해 주세요. 정말 정리가 힘들면 두 가지로 해도 됩니다. 시간은 10분 드리겠습니다.

4. (칠판을 8등분하여 각 모둠별로 나와서 쓸 칸을 그려 주세요.) 모둠별로 한 명씩 나와서 자기 모둠 자리에 정리된 의견을 써 주시기 바랍니다(여기까지 5분).

5. 네, 각자 소중한 의견을 내 주었습니다. 서로에게 박수 한번 쳐 줍시다. 자, 이제 이 의견들을 바탕으로 우리 학급의 1년 목표를 세워 보도록 하겠습니다. 여기 보면 절망의 학급에는 (~) 내용들이 있고, 희망의 학급에는 (~) 내용들이 있습니다.

절망의 학급	희망의 학급
1. 따돌림, 왕따.	1. 따돌림 없는, 왕따 없는.
2. 폭력: 괴롭힘, 삥뜯기, 훔치기, 욕, 싸우는, 비난….	2. 폭력 없는: 싸우지 않는, 놀리지 않는….
3. 화목하지 않은: 안 친한, 눈치 보는, 불편한, 배려 없는, 냉랭한….	3. 화목한: 사이좋은, 협동심, 단합, 남자 여자 상관없이, 잘 지내는, 서로 친한, 재미있는, 활기찬, 나눔과 배려, 따뜻한, 이해와 양보, 어울려 노는….
4. 규칙 위반: 수업 시끄러운, 단정하지 않은, 수업 불참, 잡담, 게으름, 성적 나쁜….	4. 질서: 깨끗한, 공부 열심히 하는, 선생님 말 잘 듣는, 수업 열심히 하는, 청소 깨끗이, 성적 좋은, 1등….
5. 나쁜 담임: 성적, 담임 독재, 종례 오래, 청소 오래, 욕, 구타….	5. 좋은 담임: 먹을 거 사 주는, 허용해 주는, 욕 안 하는…..
나쁜 담임, 좋은 담임 얘기가 나오면 무시하거나, '이런 의견은 선생님이 적극 반영하겠습니다' 정도로 넘어가 주셔도 됩니다.	

6. (위의 예시를 바탕으로 비슷한 의견들을 묶어서 칠판에 단어로 써 준다.) 선생님이 보기에 가장 많이 나온 내용인 이것과 이것은 "폭력(따돌림, 왕따)"을 말하는 것이고 이것과 이것은 "화목(평화)"을 말하는 것이네요.

7. 이 내용을 정리하면 우리 반의 학급목표는 (~)로 정하면 좋겠습니다 (밑의 학급목표 예시를 바탕으로 평화라는 말이나 의미가 들어가도록 정한다).

기본: "절망" 없이 "희망"에 찬 학급	
폭력 없는 평화로운 학급	따돌림, 폭력 없는 평화로운 학급
편 가르기 없이 모두가 즐거운 학급	따돌림 없이 평등하고 화목한 학급
따돌림 없이 모두가 즐거운 학급	폭력 없이 모두가 화목한 학급
변형: "절망" 없는 / "희망" 있는	
규칙을 잘 지키며 폭력이 없는 학급	평화롭고 화목하며 배려하는 학급
왕따, 폭력 없는 학급	질서를 잘 지키고 평화로운 학급
간략: 단어만		
평화, 평등, 화목	평화, 화목	평화

8. 다른 의견 있으신가요? 그럼 우리 반이 1년간 지켜야 할 목표가 세워졌습니다. 이 목표를 지키기 위한 평화규칙은 다음 자치 시간에 정하도록 하겠습니다.

평화규칙 만들기

평화로운 학급을 위해 해야 할 행동과 하지 말아야 할 행동을 구체적으로 정하고 규칙을 어기는 경우 어떤 책임을 져야 하는지 정한다. 누군가가 규칙을 어겼을 때 주변 학생들이 용납하지 않는 문화가 형성되면 규칙을 어기는 것은 더 이상 '센 척'의 도구로 활용될 수 없게 된다. 그러면 규칙에 권위도 생긴다.

1. 방법
가) 학급목표를 이루기 위해 어떤 규칙이 필요한지 학생들과 토론한다.
나) 직접 토론이 어렵다면 종이를 나눠 주고 적어 보게 하는 것도 좋다. 학생들이 적어야 할 내용을 간단히 두 가지로 안내한다.
　① 평화로운 학급을 만들기 위해서 해야 할 행동에는 무엇이 있을까요?
　② 평화로운 학급을 만들기 위해서 하지 말아야 할 행동에는 무엇이 있을까요?
다) 학생들이 적어서 낸 내용을 모아 학생들에게 알려 준다.
한 차시를 확보할 수 있다면 평화규칙 만들기 활동을 해 볼 수 있다.

2. 주의할 점
가) 규칙을 정하는 시기가 너무 늦어지면 안 된다. 늦어지면 권력적인 인간관계를 맺으려는 학생들이 비공식적인 통로를 통해 음성적인 질서를 만들 수 있기 때문이다.
나) 학급 평화규칙은 한 번 제정하면 끝이 아니다. 그때그때 필요에 따라 수정·보완한다.
다) 자치 시간을 충분히 확보하기 힘든 경우도 있다. 그런 경우 평화규

칙 정리 등을 반장, 부반장(선거 전이라면 후보자)이나 관심 있는 학생들에게 맡기는 것도 의미 있다.평화규범위원회 p. 99

수업지도안

평화규칙 만들기

1. [전시 확인] 지난 시간에 '학급목표 세우기' 활동을 했습니다. 우리 반의 학급목표가 무엇이었나요? 네, 우리 반의 학급목표는 (~)입니다(칠판에 잘 보이게 쓴다).

평화규칙 만들기 활동지

___학년 ___ 반 ___ 번 이름 _____

학급목표:

_____

*우리가 바라는 반 설문조사 결과로 학급목표를 세워 봅시다.
이 목표를 실현하기 위해서 우리가 세우고 지켜 나갈 규칙을 만들어 봅시다. 각자 고민해서 써 보고 함께 토론한 결과로 정리해 보겠습니다. 꼭 모둠원들의 의견을 모아야 합니다!!

~ 하자(네 가지)	~ 하지 말자(네 가지)

2. 이번 시간은 평화로운 교실 만들기 2차시 '평화규칙 만들기'입니다.
여러분에게 나눠 줄 활동지는 〈하자 규칙, 하지 말자 규칙〉입니다. 활동
지를 보세요. 하자 규칙은 우리 반의 학급목표를 이루기 위해서 우리가
해야 할 일을 네 가지 적는 것입니다. 하지 말자 규칙은 우리 반의 학급
목표를 이루기 위해서 우리가 하지 말아야 할 일을 네 가지 적는 것입니
다. 개인별로 쓰는 시간을 5분 드리겠습니다(순회하며 지도한다).

3. 자, 이제 앞뒤 짝 4명씩 모둠을 만들어 주세요. 모둠을 만든 뒤 한 명
씩 자기가 쓴 내용을 돌아가면서 발표하고 들은 뒤에 각 모둠의 의견을
모아 주세요. 모둠별로 비슷한 의견들을 합쳐서 하자 규칙을 4개로, 하지
말자 규칙을 4개로 만들어 주세요. 모둠별 시간은 10분 드리겠습니다.

4. (칠판을 8등분하여 각 모둠별로 나와서 쓸 칸을 그려 주세요.) 모둠별로
두 명씩 나와서 자기 모둠 자리에 하자 규칙, 하지 말자 규칙을 작고 빠르
게 써 주시기 바랍니다(여기까지 5분. 쓰는 데 시간이 지체되면 안 된다).

5. 각자 소중한 의견을 내 주었습니다. 서로에게 박수 한번 쳐 줍시다.
자, 이제 이 규칙들 중에서 비슷한 의견을 묶어 보겠습니다(비슷한 의견
들을 지우고 묶는 것을 아이들 보는 앞에서 한다. 하자, 하지 말자 규칙
을 각 4개 정도로 비슷하게 맞춘다).

하자 규칙의 예	하지 말자 규칙의 예
[따돌림 예방, 화목] 혼자 있는 친구에게 먼저 다가가 말을 걸어 줍니다. 친구가 혼자 앉거나, 혼자 밥 먹지 않도록 합니다. 각자의 취미나 성격을 존중합니다. 새로운 친구를 사귀기 위해 노력합니다. 친구에게 잘못했을 때는 사과합니다. 발표할 때 비난과 야유가 아닌, 박수나 용기를 줍니다. 서로서로 아끼고 사랑해요. [언어] 고운 말을 사용합니다. [규칙, 예의] 선생님들께 예의 바르게 행동해요. 등교 시간, 수업 시간, 종례 시간… 시간을 잘 지켜요. 수업에 집중합니다. 아는 것은 알려 줍니다. [폭력] 싸움이 날 것 같으면 주변에서 적극적으로 말립니다.	[따돌림, 폭력] 친구를 따돌리거나 뒷담화하지 않아요. 신체적, 언어적으로 어떤 폭력도 하지 않아요. 어떤 이유로든 다른 친구를 때리거나 심한 장난을 치지 않습니다. 그 친구가 싫어도 차별하거나 따돌리지 않습니다. 뒷담화하거나 나쁜 소문을 퍼뜨리지 않습니다. 친구 앞에서 속삭이거나 귓속말하지 않습니다. 쓸데없이 허세 부리거나 센 척하지 않습니다. 싸움이 나지 않도록 함께 말립니다. [규칙, 예의] 수업 시간에 자거나 떠들어서 방해하지 않아요. 교실에서 위험한 장난을 치거나 비품을 부수지 않습니다. 다른 사람의 물건을 빌리면 아껴 쓰고 돌려줍니다. 담배 피우지 않습니다. [언어] 다른 사람의 약점을 놀리지 않습니다. 욕이나 상처 주는 말, 별명을 부르거나 놀리지 않아요. 자기 의견만 내세우지 않습니다.

6. 이 외에 혹시 추가하고 싶은 규칙이 있습니까? 그럼 이것을 우리 반 모두가 지킬 규칙으로 결정해도 좋겠습니까?(만약 '아니오'가 나온다면 어떤 부분에서 그런지, 어떻게 했으면 좋을지 의견을 접수한다. 그러나 진행 시간이 부족할 것이다. 그렇다면 일단 의견만 받고, "내일 결정하겠습니다"라고 말한다).

7. 우리 반 평화규칙은 우리 반이 함께 지킴으로써 모두가 화목한 학급을 만드는 데 큰 힘이 될 것입니다. 우리들의 약속이니 함께 지켜 1년 동안 좋은 반을 만들었으면 좋겠습니다.

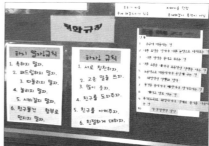

평화규범위원회의 평화규칙 정리 　　　　　　　　평화규칙

진실과화해위원회

평화규칙을 어긴 학생들은 어떻게 해야 할까? 물론 담임이 지도하거나 학부모의 지도를 요구하고, 학년부나 학생부의 지도나 벌을 받게 할 수 있다. 그러나 아이들은 어른들의 지도를 잔소리로 여기거나 도리어 억울해하는 경우도 많다. 평화규칙을 학생 스스로 만들었으니 평화규칙을 어긴 문제 역시 학생들 스스로 해결해 보도록 돕는 것은 어떨까?

학교폭력법이 강화되며 눈에 띄는 큰 폭력보다 징계를 주기 애매한 뒷담화, 고립, 무시와 비난 등의 문제가 더 많아졌다. 이런 문제를 의제로 삼아 학생들이 고민을 나누고, 그 결과를 학급이 공유하면 아이들은 몰라보게 성장한다. 진실과화해위원회는 평화규칙을 어기는 문제가 있을 때 모이는 학급 자치위원회의 이름이다.

1. 취지
가) 평화로운 학급을 만드는 일을 학생들과 함께 한다

교사는 학생들이 성장하기를 기대한다. 교사 역시 학생들과 소통하며 학생들의 언어, 세계에 대해 배우며 성장한다.

나) 친구들의 조언이 생각을 바꾸는 데 더 효과적이다

교사가 말하면 거부감을 보이는 아이들도 친구들이 말하면 잘 받아들이곤 한다. 교사의 언어가 아이들의 언어와 다르고, 아이들은 또래로부터 인정받는 것을 가장 중요하게 여기기 때문이다(인정욕망).

다) 방관하는 분위기를 공감하는 분위기로 바꿀 수 있다

학급에 어떤 문제가 생기면 일단 아이들은 관객이 된다. 피해자는 말없이 구경하는 아이들에게 두 번 상처를 받게 된다. 그러나 학급의 공식적인 회의에 아이들이 참여해서 문제를 토론하게 되면, 여러 아이들이 머리를 맞대고 피해자의 고통에 공감하게 된다(가장 좋은 것은 회의 결과를 학급 전체가 공유하는 것이다). 피해자는 다시 학급을 안전한 곳으로 느끼고 긍정적인 학급 구성원으로 살 수 있을 것이다.

2. 만들기

시기는 평화목표, 평화규칙 만들기 활동을 하는 전후, 학급 평화에 대한 관심이 높아진 시기에 맞춰 하는 게 좋겠다.

가) 반장, 부반장은 대표성이 있으므로 당연직으로 한다.

나) 공개적으로 다음과 같이 제안한다.

- 우리 학급의 평화목표와 평화규칙이 세워졌다. 우리 학급이 1년간 우리가 정한 규칙을 잘 지켜 나간다면 정말 평화롭고 화목한 학급이 될 것이다.
- 그런데 시간이 지나며 실수로나 고의로, 또는 잘 몰라서 누군가 규칙을 어기고 다른 사람에게 피해를 준다면 어떻게 해야 할까? (우리 반에도 가해자와 피해자가 생길 수 있다.)
- 물론 큰 문제는 학생부나 학년부에서 벌을 받게 해야겠지만, 어떤 갈등이 있을 때마다 선생님(부모님)이 혼내거나, 벌을 받게 하는 게 능사가 아니라고 생각한다.

- 그래서 우리 학급에 생긴 갈등(따돌림, 괴롭힘, 무시, 비난)을 해결하기 위한 위원회를 만들려고 한다. 선생님과 같이 지혜를 모아 잘못한 친구에게는 조언을 해 주고, 피해를 본 친구는 격려해 주는 역할을 맡게 된다.
- 위원회의 이름은 '진실과화해위원회'라고 한다. 왜냐하면 문제가 생겼을 때, 왜 이런 일이 생겼는지 진실을 밝히고, "이제 이런 일이 없겠구나!" 하고 화해를 이루어야 하기 때문이다.
- 진실과화해위원회 활동을 해 보고 싶은 사람 손들어 주기 바란다(생활기록부 기재).

다) 사전 섭외
- 공개적으로 제안하기 전에 미리 위원의 역할을 성실히 수행할 것 같은 학생들에게 의사를 물어봐도 좋다.
- 교사가 평화로운 학급운영의 포부를 얘기할 때 집중력 있게 듣는 아이들(눈빛을 반짝이는).
- 피해나 소외된 경험이 있으나 극복하려고 노력하는 아이들: 공감대 형성이 잘된다.
- 아이들 사이에서 세다고 인정받지만 교사의 말에 공감하는 아이들: 조언할 때 더 설득력과 힘이 있을 수 있다.
- 교사에게 인정받고 싶어 하는 욕심이 있는 아이들

3. 운영
- 문제가 생겼다는 것을 알면 교사가 해당 학생들에게 먼저 각자의 입장을 글로 써 보도록 한다.
- 문제가 있다는 것은 알지만 사건 파악이 어려울 때는 설문조사를 활용할 수 있다.체크리스트 p.181
- 교사가 미리 가해 학생이 한 행동의 잘못을 일깨우고, 반성을 촉구

한 뒤 그 결과를 위원들과 나누는 과정만 진행할 수도 있다. 회의 자체는 깔끔하게 진행되지만, 위원들의 역할은 작아진다.

- 교사는 중립적으로 각자의 입장을 글로 정리하도록 하고 판단을 유보한 뒤 회의에서 위원들이 조언하도록 할 수도 있다. 위원들이 주도적인 역할을 하도록 교사의 준비가 필요하다.

*'진실 찾기, 화해 이루기'는 '전' 부분을 읽어 주기 바란다. 진실과화해위원회의 상세한 진행과정은 p. 203을 참고하기 바란다.

학급에서 실현하는 '심의민주주의'

1. 학급 민주주의

가) 학급 민주주의가 잘되지 않는다

민주주의의 꽃은 선거라고 한다. 학급 자치를 고민하는 교사들이라면 반장 선거를 민주시민 교육의 장으로 만들고자 노력해 본 경험이 있을 것이다. 그러나 현실 속에서 반장 선거는 교사의 의도와 비교하면 너무 초라하게 끝나는 경우가 많다. 물론 그럴 만한 여유가 교사에게 주어지지 않는 문제점도 있다. 그렇다 해도 여전히 초라하다. 지금의 반장 선거는 영향력 있는 학생이 누구인지 확인하는 과정이거나, 올해는 학급에서 뭔가 공식적인 지위를 가지고 싶은 아이의 개인적 소망이거나, 선생님의 심부름꾼을 뽑는 것이거나, 그마저도 아니면 어쨌든 명단을 보고해야 하는 학생자치회의 구성원에 자리를 채워 넣는 과정일 뿐이다.

선거 과정은 없고 투표만 있는 셈인데 투표, 즉 다수결에 의해 후보를 결정해도 별 의미가 없기 때문에 아예 투표를 하지 않고 교사가 임의로 지명해 뽑아도 지금과 같은 상황에서는 큰 차이가 없어 보인다.

나) 회의로 무언가를 결정하기 힘들다

비단 선거뿐만이 아니라 대부분의 학급회의도 토론과 합의라는 본래의 목적에 도달하기 힘들다. 체육대회 반티를 무엇으로 할지, 단합대회 프로그램은 무엇을 할지 전체 토론에 부쳤다가 낭패를 본 경험이 있을 것이다. 학급 전체 회의를 통해서는 사소한 것도 정하기가 힘들다. '어떻게 되어도 상관없다, 나는 손해를 보기 싫다, 내 취향과 맞지 않는다'는 무책임하고 자기중심적인 태도가 토론을 지배하기 시작하면 쉽게 '이럴 거면 하지 말자'는 상처뿐인 결론에 이르게 된다.

다) 학급 민주주의를 새롭게 바라보자

학급의 평화를 만들기 위한 여러 가지 활동을 시도하고 고민하는 과정에서 우리는 학급 민주주의라는 상을 새롭게 정의할 필요가 있다는 점을 발견했다. 현재 학급(학교)에서의 선거나 투표라는 '간접민주주의'의 형식은 앙상하게 모양만 남아 있을 뿐 기능을 제대로 발휘하기 힘들다. 그나마 4년에 한 번씩 유권자의 눈치를 보는 정치인들도 부정, 부패가 끊이지 않는 지금의 상황을 생각하면 당연한 결과처럼 보인다. 형식이 내용을 보장하지 못한다.

그렇다고 학급 전체 회의 같은 '직접민주주의'의 방식을 통해서 문제를 해결하는 것도 많은 난관이 기다리고 있다. 아이들에게 자기중심적인 태도가 아닌 전체를 바라보는 눈을 가지고 토론에 임할 것을 주문하고, 상호 비난을 금지하는 등 토론의 규칙을 정해 간다 해도, 그 뒤에 숨어 있는 무기력감과 패배주의와도 싸워야 한다. 더구나 이러한 교사의 개입은 사실 '직접민주주의'와 거리가 있기 때문에 교사도 아이들도 혼란스러울 수밖에 없다. "왜 학생들에게 결정하라고 하고 나서 교사가 이야기를 주도하는가?" 하는 근본적인 의문이 제기될 수 있다.

앙상한 뼈대만 남은 '간접민주주의'를 넘어, 학생들이 우리 학급의 과제를 자신의 것으로 받아들이고 토론과 합의를 통해 스스로 결정하는, '직접민주주의'에 도달하기 위해서는 다양한 장치가 필요해 보인다.

라) '심의'로 민주주의를 만들자

초기 민주주의 역사를 보면 '투표를 통해 대표를 선출하는 것이 민주주의 정신에 맞는가'에 대한 활발한 논의가 있었다. 그때 정치학자들이 주목한 것, 그리고 현대 정치의 실패를 반성하며 다시 조명되고 있는 것이 바로 민주주의에서 '심의'의 기능이다. 이것은 '심의민주주의'라고 부를 수 있다.

우리는 이 책을 준비하며 교사가 학급의 평화를 실현하기 위해서는 교사와 공감하는 그룹을 만드는 것이 중요하다는 사실을 알게 되었다.공감그룹 p.138 처음부터 그런 전제를 가지고 활동한 것이 아니라, 활동의 결과를 되짚어 보다가 그런 요소를 발견하게 되었다. 그리고 교사와 공감하며 학급의 과제를 함께 의논하는 학생 그룹, 즉 공감그룹은 현대 민주주의(간접민주주의)의 실패를 극복하기 위해서 제시된 '심의민주주의'의 개념과 유사하다는 것을 알게 되었다. tip 욘 엘스터(Jon Elster)

마) 학생과 교사가 '심의'로 생각을 바꿔 간다

'심의'란 어떤 집단이 모여 개인이 아닌 전체의 이익을 위해, 토론과 대화를 이어 나가며 자신의 생각을 바꾸어 가는 과정이다. 학급 전체 회의로 집단적인 의사결정을 하기 힘든 현재의 상황에서, 교사가 사전에 아이들과 '심의'하며 의견을 교류하는 과정을 먼저 거치는 것이 필요하다. 학급의 평화라는 고유한 가치를 이루기 위해 학생 공감그룹과 교사가 학급의 과제에 대해 끊임없이 교류하며 교사와 학생 모두 그 안에서 성장해 간다. 이러한 '심의' 과정은 평화의 가치가 학급 안에 확산되는 데 도움을 줄 것이다. 설사 '심의'가 아이들의 의사결정에 큰 영향을 미치지 못한다

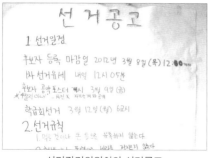

선거관리위원회의 선거공고

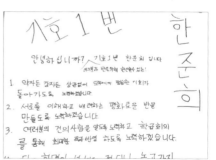

평화학급을 위한 후보자 포스터

평화기자단의 기자 회견

하더라도 성장 자체에 의미가 있고, 무엇보다 평화를 지향하는 교사의 활동이 학급에서 고립되는 위험을 줄여 준다. 하나의 활동이 실패하더라도 '심의' 과정에서 교류된 의견이 학급 안에 살아 남게 된다.

바) 반장 선거를 기자회견으로

반장 선거 역시 '심의'의 과정으로 만드는 것이 좋다. 내용이 없는 현재의 반장 선거 대신 '누가 학급의 평화를 이끌 수 있는 후보인가'를 검증하는 기자회견으로 만드는 것이다. 반장 선거를 기자회견으로 대체하기 위해 학급의 언론 역할을 하게 될 '평화기자단'을 구성한다. 평화기자단역시 교사의 평화 언어에 공감하며 학급 문제를 심의하는 그룹이 된다. 현재 우리 학급의 상황, 과제에 대해 솔직하게 의견을 나누고, 반장 후보에게 던질 질문지를 만들고, 기자회견을 준비한다. 이 모든 과정에서 교사와 평화기자단은 끊임없이 '학급의 평화'라는 가치에 대해 이야기를 나누게 된다. 어쩔 수 없이 교사와 학생들 모두 자신의 의견을 수정하게 된다. 이윽고 합의된 의견을 학생들에게 공개하며 이것은 학급의 평화를 위해 우리가 '심의'한 내용임을 알린다.

사) '심의'의 기회를 확대해 나가자

단합대회(화합마당) 등 어떤 행사를 위한 위원회를 구성할 때도 교사는 이 준비위원회가 학급의 평화를 위해 아이들과 '심의'할 수 있는 좋은 기회임을 놓치지 말아야 한다. 되도록 터놓고 이야기하고, 아이들의 이야기를 존중하며, 필요하다면 교사가 자신의 의견을 버리거나 대부분을 바꾸는 것도 서슴지 않아야 한다. 그 과정에서 일어나는 성장은 아이들과 교사 모두에게 매우 값진 경험이 될 것이다.

진정으로 아이들이 학급의 주인으로, 민주주의의 주체로 서기 위해서는 아이들에게도 학급의 주인으로서 생각해 볼 수 있는 과정, '심의'의 과정이 필요한 것 같다. 학급을 평화롭게 만드는 활동에 참여하는 아이들을 특별히 제한할 이유도 없으므로 '심의'의 기회는 학급 아이들 모두에게 열려 있는 것이다. 따라서 '심의민주주의'를 학급운영의 원리로 도입하는 것은 엘리트주의와 다르며, 오히려 교사의 독재와 자유방임의 양극단을 피해 진정한 의미의 민주주의를 정착시키기 위한 효과적인 방법으로 보인다.

평화기자단을 통한 기자회견(학급회 선거)

1. 취지

평화로운 학급의 토대를 세 가지로 구성해 본다면 더욱 단단한 기초가 될 수 있다. 교사와 교감하며 학급 활동을 주도하는 반장 등 임원진은 '행정', 학급 내에서 평화규칙을 어기는 문제−따돌림, 고립, 센 척 등−가 발생하면 이를 의제로 삼아 해결하는 진실과화해위원회는 '사법', 그리고 평화를 지향하는 학급의 가치를 말과 글로 표현하는 평화기자단은 '언론'의 역할을 맡게 된다. 세 가지 기초가 단단하다면 그 학급은 쉽게 흔들리거나 실패하지 않게 된다.

평화기자단을 선출한 뒤 반장 선거를 기자회견으로 만든다. 평화기자단이 선거 과정을 관리하는 일종의 '선관위' 역할을 하게 된다. 이런 활동에서 후보 학생들은 우리 학급을 평화롭게 만들기 위한 자신의 생각을 학생들 앞에서 발표하게 되고, 학생들은 자연스럽게 인기나 친분보다 발표 내용과 진실성 등을 고민하게 된다. 이 과정에서 학급 전체가 리더십, 지도자의 자질에 대한 고민을 할 수 있어 교육적 효과가 높다.

평화기자단은 이후에도 정기적, 혹은 비정기적으로 평화, 평등, 화목, 생활 등의 주제로 교사와 교감하며 평화신문을 발간하는 그룹으로 성장할 수 있다.

2. 방법

가) 평화기자단 선출

학기 초반 임원 선거 이전에 평화기자단을 선발한다. 평화목표와 평화규칙을 세운 뒤 진실과 화해 위원을 뽑으면서 함께 선발하면 좋다.

• 평화학급의 토대를 행정, 사법, 언론 세 가지로 구성하고 있다는 점.

평화기자단 활동

- 반장 선거를 기자회견의 형식으로 진행하며 그 결과를 신문으로 만든다는 점.
- 앞으로 우리 학급 평화신문을 만든다는 점.

이러한 점들을 강조하여 자원자를 선발하거나, 미리 적당한 학생을 선별해도 좋다. 기자단은 반장, 부반장 후보가 될 수 없지만, 진실과 화해 위원은 겸할 수 있다.

나) 기자회견 준비

① 의제 정하기

'평화로운 학급의 반장에게 필요한 덕목은 무엇일까'라는 주제를 학급 전체에게 던지고 그 결과를 정리한다. 이때 아이들이 잘 상상하지 못한다면 다음 자료를 제시할 수 있다.

[군자와 소인(대인배-소인배)]

'군자는 두루 통하면서 패거리를 짓지 않지만, 소인은 패거리를 만들고 두루 통하지 않는다. 군자는 의로움에 밝고 소인은 이익에 밝다. 군자는 다른 사람의 일이 잘되도록 도와주고 나쁜 일은 막는다.

소인은 그 반대로 한다.'

자공이 공자에게 물었다.

"스승님께서도 사람을 미워하는 일이 있습니까?"

공자가 대답했다.

"있고말고. 남의 나쁜 점을 말하기를 좋아하는 사람, 남의 밑에 있으면서 윗사람을 비방하는 사람, 용감하기만 하고 무례한 사람, 그리고 과감하기만 하고 속이 막힌 사람, 나는 이런 사람을 미워한다. 그럼 너는 어떤 사람을 미워하느냐?"

자공이 대답했다.

"네, 남의 비밀을 알아맞히는 것을 지혜인 줄 아는 사람, 덤비는 것을 용감한 것인 줄 아는 사람, 남의 결점을 폭로하는 것이 정직한 것인 줄 아는 사람, 저는 이런 사람을 미워합니다."

-『논어』, 「양화편」에서

② 용어 다듬기

아이들이 제시한 덕목과 가치가 너무 추상적이거나, 평화의 가치에 위배될 수도 있다. 이때는 평화기자단과 함께 아이들이 제시한 덕목의 의미가 좀 더 분명하게 드러나도록 용어를 다듬거나 기존의 용어에서 새로운 의미를 발견하도록 아이들을 도울 수 있다.

(예시) 배려/인성/눈치/리더십 → 친절/예의/눈치/화합

③ 인터뷰 질문 만들기

각 덕목에 걸맞은 질문을 만든다. 평화기자단 아이들에게 먼저 고민해 보고 오게 한 뒤 교사와 함께 다듬도록 한다. 아이들이 덕목과 가치에 대해 구체적으로 상상할 수 있는 질문이 되게 하면 좋겠다. 되도록 평화, 평등, 화목의 가치가 질문에 담기도록 한다.

(예시)

▸ 친절: 친절은 어려운 사람을 도와주는 것입니다. 그렇다면 예를 들어, 체육 시간 활동을 할 때 같이 활동을 하기 어려워하는 친구나 소외된 친구가 있을 경우 당신은 어떤 친절을 보여 주실 건가요?

▸ 예의: 아무리 친한 친구라도 지켜야 할 예의가 있다면 무엇이 있을까요?

▸ 눈치: 친구들 사이에 무언가 문제가 생겼다는 것을 잘 눈치채는 편입니까? 알아챘다면 어떻게 해결할 것인지 말해 주시기 바랍니다.

▸ 화합: 소극적인 친구들을 활동적이게 반과 잘 화합시키려면 어떻게 하겠습니까? 소극적인 친구들에게 어떻게 용기를 북돋아 줄 수 있겠습니까?

정리된 질문지를 미리 후보자에게 주고 답변서를 써 오도록 한다.

④ 기자회견 준비와 기자 수첩 나누기

후보자가 써 온 답변서를 평화기자단과 함께 읽어 보고, 후보자에게 어떤 질문을 추가로 하면 좋을지 이야기한다. 기자회견 시 질문 순서 등을 정한다. 기자들은 기자회견 내용 및 당선자 인터뷰를 학급 평화신문에 실을 수 있다. 이를 위해 취재 시 유의 사항을 토론한 후 취재 규칙을 정한다. 기자 수첩 앞에 취재 규칙을 붙이고 늘 가지고 다니도록 당부한다. 기자 수첩을 통해 기자들이 정체성과 자부심을 느낄 수 있게 한다.

3. 기자회견

선거 당일 교실 앞에 평화기자단과 후보들이 앉아 기자회견을 진행한다. 진행은 교사가 맡아도 좋지만 질문과 답변은 기자와 후보들이 직접 진행하는 것이 좋다. 기자회견이 끝나면 투표를 진행하고, 투표 결과가 나오면 당선 소감을 듣는다. 평화로운 학급의 반장이 선출되었음을 선포하고 마친다. 기자들은 취재 수첩에 적은 취재 내용을 바탕으로 학급 평화신문을 만들게 된다.

4. 학급 평화신문 발간

기자회견 결과를 신문으로 만든다.

신문은 여러 가지 형태로 상상할 수 있지만, 교실 게시판 중 평화신문을 붙일 수 있는 공간을 만들어 일종의 대자보 형태가 되는 것도 좋다.

신문의 구체적인 문구는 기자단이 직접 작성한다. 아이들의 언어로, 아이들 방식대로 표현하는 것이 내용이 확산되는 데 더욱 효과적이다.

평화기자단은 학급의 평화를 위한 학급 활동이나 평화규칙에 대한 중간 점검, 혹은 지금 학급의 필요한 의제가 있다고 판단되면 신문을 발간할 수 있다. 기자들이 역할을 나누어 정기적으로 신문을 발간하는 것도 좋은 방법이다. 평화신문 p.110 교사와 평화기자단은 친밀감을 유지하며 학급 평화의 가치를 공감해야 한다. 평화기자단은 교사가 시작한 평화의 언어를 아이들의 언어로 학급에 확산시키는 중요한 그룹이 될 수 있다.

평화기자단의 기자회견 준비 과정

"반장에게 필요한 덕목, 가치는 무엇일까?"라는 질문지를 반 전체에 돌림. 각자 세 가지씩 써 보게 해서 정리함.

가장 많이 나온 단어는 배려/인성/눈치/리더십이었다.

배려, 인성, 눈치, 리더십이 평화로운 학급의 반장을 나타내는 가치로서 적당한가, 부정적인 의미가 될 수도 있기 때문에 평화라는 가치와 맞게 구체적으로, 다른 말로 바꿔 보자고 제안함. 평화기자단 아이들에게 먼저 물어보고 한 사람이 단어 하나씩 고민해 보고 바꾸자고 이야기함. 그 이후 반 아이들 전체에게 같이 고민해 보자고 이야기함. 아래는 기자단의 토의 과정임.

배려 → 친절

배려심은 마음, 친절은 구체적인 행동에 해당한다.

"친절한 행동이란 무엇일까?"

"아픈 애를 도와주거나, 무거운 걸 들고 다니거나, 다리가 아픈 애를 도와주는 것을 말합니다."

"그런 것도 친절이지만 우리는 학교폭력 없는 평화로운 반을 만들려고 하는 것이니 다른 친절을 생각해 보자. 예를 들어 고립된 애, 따돌림받는 애, 힘든 애를 도와주는 것이 진정한 친절이 아닐까? 우리는 이것을 친절로 보자. 이에 대한 질문을 만들어 보자."

인성 → 성품

인성보다 성품이라는 말은 그 사람이 하는 행동 하나하나를 의미하는 것 같다. 더 좋은 의미인 것 같다.

"어떤 것이 좋은 성품일까?"

"친구에 대한 예의를 가지는 것, 심한 장난을 치지 않고, 한 친구를 집중해서 놀리지 않는 것입니다."

"그러면 네가 말했듯, 예의라는 말이 더 좋겠다. 친구 간의 예의는 매우 중요한 것 같다. 심한 장난을 치거나 놀리는 것은 예의 있는 행동이 아닐 텐데, 이에 대한 질문을 만들어 보자."

눈치

"학교폭력 중 은근히 따돌리는 경우 이를 눈치챌 수 있는 능력."

"저는 눈치라는 말을 바꾸기보다 문장으로 고민해 왔습니다."

"눈치라는 말을 이렇게 멋지게 바꿔 온 것이 대단한 것 같다. 관심이나 예민함으로도 볼 수 있을 것 같다. 박수를 쳐 주자. 고칠 부분이 별로 없을 정도로 잘했다. 이 질문을 좀 더 구체적으로 바꿔서 만들어 보자."

리더십 → 화합

"훌륭한 지도자라는 말이 더 좋다. 리더십은 영어라서 잘 와닿지가 않는다.

"지도력이라는 것은 어떤 능력인 것 같다. 어떤 능력이 필요할까?"

"주변 사람들을 잘 보살피고, 잘 이끌어 주는 지도자요."

"주변 사람들을 잘 보살핀다는 건 어떤 게 있을까?"

"소극적이거나 잘 못하는 애를 잘 어울리게 해 주는 것이요."

"그래 소극적인 애들을 잘 어울리게 하고, 용기를 북돋아 주는 능력이 있겠다. 이것은 반을 화합시키는 능력이라 할 수 있겠다. 카리스마일 수도 있고 자상함일 수도 있겠다. 이 말은 '화합'으로 바꾸자. 이에 대한 질문을 만들어 보자."

기자 수첩 배부

*취재 규칙

1. 인터뷰를 하기 전에 질문지를 먼저 만들어 가지고 갑니다.
2. 인터뷰 도중 필요하다고 생각되면 질문을 추가해도 좋습니다.
3. 인터뷰는 되도록 존댓말로 진행하고 상대방에 대한 예의를 지킵니다.
4. 인터뷰 내용은 기자 수첩에 잘 적었다가 파일로 정리해서 모읍니다.

*취재 방법

1. 설명이 너무 간단하거나 이해가 잘 안 되면, 더 자세히 이야기해 달라고 부탁합니다.
2. "그러니까 ~라는 말씀이시죠?"라고 기자가 정리한 내용을 상대방에게 확인시켜 줍니다.

평화기자단은 평화로운 학급을 위해 신문을 만듭니다.

취재 규칙 설명

기자회견을 준비해 보자.

후보자가 쓴 자기소개서를 읽어 보고 질문지를 만들어 보자.

기자회견 진행(수업 시간 이용)

처음에 디귿 자로 했다가 기자들이 후보자에게만 작게 말해서 모두 아이들을 바라보게 일자로 바꿨다. 분위기가 좀 더 나았다. 교사가 앞에 있으면 기자들이나 후보자들이 교사에게 신경 쓰느라 좋은 진행이 안 되길래, 뒤에서 왔다 갔다 하면서 떠들지 않고 집중하는 분위기만 만들었다. 긴장된 상태에서 말하니 아이들의 본심이 많이 나오는 것 같았다.

3장
승(承)-이야기의 전개

서문

학생들을 열심히 가르친다고 자부하는 선생님들이 한자리에 모여 이야기꽃을 피웠다.

최 선생 강 선생이 또 늦네.

박 선생 오늘 가정방문 간다고 그랬어요.

최 선생 강 선생은 참 열심이야. 참 멋진 교사지. 지난번에도 애들이랑 도서관에서 1박 2일 했더라고.

송 선생 정말요? 애들에게는 정말 좋은 추억이었겠어요!

전 선생 우리 반도 어제 단합대회 했어요.

최 선생 우리도 애들이 하자고 해서 했어. 축구 하고 영화 봤는데, 나는 공포영화를 못 보겠는 거야. 요즘 애들은 참 공포영화를 좋아해.

이 선생 저는 단합대회에서 공포영화 같은 애들이 원하는 것을 그대로 하는 것이 과연 옳은가 하는 생각을 해 본 적이 있어요. 좀 더 의미 있는 프로그램이 필요할 것 같아요.

최 선생 　단합대회는 애들이 좋아하는 것을 하는 거 아냐? 이 선생
　　　　　말은 영화를 보는 것도 문제가 있다는 뉘앙스인데?

이 선생 　애들이 원하는 대로 해 주는 것이 무엇일까 생각해 봤는데,
　　　　　그건 이벤트에 가까운 것 같아요. 오늘날의 교사들에게는
　　　　　그런 게 요구되죠. 수요자들이 원하는 서비스를 공급해 주
　　　　　는 교사!

전 선생 　이 선생! 너무 진지한 것 아니야? 단합대회를 하나의 이벤트
　　　　　라고 볼 수도 있지만, 너무 부정적으로만 보는 것 같은데, 필
　　　　　요하면 이벤트를 할 수도 있잖아?

이 선생 　이벤트로 활력을 줄 수 있다면 할 수도 있죠. 그런데 그건
　　　　　우리 반에 활력이 필요하다는 목표가 있을 때 해야 의미가
　　　　　있는 게 아닐까요? 그냥 이벤트로 단합대회를 해 본 적도
　　　　　있는데 허무하더라고요. 단합대회를 통해 우리 반의 문제들
　　　　　이 해결되는 것도 아니고요.

김 선생 　이름을 바꿔 보면 어떨까요? 단합대회가 아닌 화합마당으
　　　　　로. 이름도 바꾸고 의미도 바꾸고, 교사와 학생 모두 새로운
　　　　　마음으로 준비해 볼 수 있게 말이죠.

최 선생 　미안하지만, 화합마당이나 단합대회나 그 말이 그 말 같은
　　　　　데요.

김 선생 　새 그릇에 새 의미를 담아 보는 거죠. 단합대회뿐 아니라 교
　　　　　사들이 반의 분위기를 화목하게 만들려고 사용하는 많은
　　　　　프로그램들이 학급의 평화라는 목적에 맞게 새롭게 구성될
　　　　　필요가 있어요.

이 선생 　예를 들어 화합마당을 한다면, 우리 학급이 화합을 이루려
　　　　　면 지금 필요한 게 뭘까? 우리 학급에서 소외된 학생들도
　　　　　자기를 드러낼 수 있으려면 무엇이 필요할까? 이런 얘기를

나눌 수 있겠네요.

최 선생   참, 그렇게 소외된 애들은 어떻게 하죠? 해가 지나고 경력이 쌓여도 그런 애들은 어떻게 할지 알 수가 없어, 점점 그러려니 하고 지내게 되는 것 같아요. 어차피 전부 끌고 갈 수는 없는 것 아닌가?

이 선생   에고, 그래도 늘 숙제죠. 여러 가지 시도를 해 봐요, 우리. 저는 작년에 일기모둠으로 고립아랑 다른 애들 연결시켜 봤는데 효과가 괜찮았어요.

박 선생   일단 애들이 다양하잖아요. 예를 들어 진짜 조용한데 글씨를 참 잘 쓰는 애도 있고. 보통 조용한 애들은 만화 같은 걸 잘 그리기도 하고, 그런 게 학급에서 좀 인정받을 수 있다면 좋을 텐데. 그렇게 외톨이로 지내는 애들 보면 친구관계도 부익부 빈익빈인가 싶고 안쓰러워요. 우리 땐 그 정돈 아니었던 거 같은데.

송 선생   그래요, 묵묵히 청소만 잘해도 교사 입장에선 참 대견한데. 학급에 청소위원회라도 만들어 볼까요?

전 선생   오, 전 좋게 들리는데요? 애들이 다양한 매력으로 숨 쉴 수 있는, 그런 프로그램 하신 것들 있으면 좀 꺼내 보세요.

'승'의 원리와 철학

1. 대화민주주의의 훈련을 통한 학생 간 교류의 활성화

학급회의는 학교에서 민주주의를 배우기 위한 방법으로 적용되어 왔다. 학급회의의 부서 체계는 간접민주주의, 학급회의는 직접민주주의의 형식을 닮아 있다. 그런데 실제 학급회의를 하다 보면 몇몇 선동하는 학생의 의견에 아무 생각 없이 박수를 치며 안건을 넘기는 모습, 자신의 의사가 반영되지 않을 거라며 미리 포기하는 모습들이 보인다. 현실 정치의 문제로 지적되는 중우정치와 정치에서의 주권자 소외 현상들이 교실 현장에서도 고스란히 나타나는 것이다. 이 때문에 현실 정치에서는 무책임한 정책들이 쏟아지고 교실에서는 실천 없는 안건들만 나열된다.

학급회의가 잘되지 않는 것은 단순히 요즘 아이들 성향이 이기적이기 때문만이 아니다. 이는 신자유주의 체제와 무관하지 않다. 신자유주의 교육정책에서는 학생 중심, 선택 중심 교육을 강조하지만 사실상 교실 현장은 수월성을 명목으로 독점적 가치에 대한 경쟁을 강조하여 개인이 소외되는 현상이 나타나고 있다. 교실 현장은 개인이 자율적으로 의사를 표출하고 정책으로 실현하려는 민주주의를 배우는 장이기보다 정책에서 개인이 소외되는 현상을 일찍부터 경험하는 공간이 되어 버렸다. 더군다나 신자유주의 체제에서 아이들의 욕망은 더 다양해지고, 자본과 가까워지고 공공선과 멀어지고 있기에 개인의 정치적 참여는 더욱 저조해진다. 따라서 절차적 민주주의를 가르치는 것으로 민주주의 교육을 한다는 것은 허구적이라고 할 수 있다.

그렇다면 학생들에게 권한이 없어서 자치가 되지 않는 것일까? 다양한 욕망을 표출하는 이질 집단으로 구성된 아이들에게 권한을 주고서 그냥 두면 스스로 규칙과 질서를 만들 것이라 여기는 것은 현실감이 떨어진다. 선후배의 전통이 있는 학교라면 가능할 수 있지만, 이것은 엄밀하게 전통의 힘에 의한 것이지 자치는 아닐 것이다.

자치는 자치교육을 통해 배울 수 있다. 욕망과 일탈, 무기력, 소외, 무관심, 경쟁의 구조 속에서 교사가 만들어 가야 할 것은 민주시민 교육, 민주주의 훈련, 자치를 교육하는 일이다. 교육은 빠지고 자치만 이야기한다면 절차적 민주주의의 허구성을 반복하는 것이다. 교사는 학생들이 교실, 학교라는 소집단에서 민주주의를 경험하게 하고 배워 아이들을 준비시켜

민주시민이 되도록 교육해야 한다. 민주주의를 교실, 학교에서 경험해야만 국가를 변화시킬 수 있으며 소외를 이겨 낼 수 있다.

우리는 민주주의의 훈련은 학생 간 교류가 잘 이루어지도록 하는 것에서 출발한다고 보았다. 사적인 영역과 공적인 영역을 연결하여 공동체를 위한 이해에 도달하고 대화를 통해 원칙에 대한 합의에 도달하도록 하는 대화민주주의를 훈련하는 것이 민주주의를 배우는 교육이 될 수 있다고 보았다. tip 하버마스, 의사소통 행위와 공론장 이론

그러기 위해 '위원회'의 구조를 만들고 활동에 참여하고자 하는 학생들을 위원으로 모집하여 회의를 소규모로 진행하고, 회의 결과를 전체 학생들과 공유하여 실천으로 옮겨 보았다. 이것은 학급의 교류를 활성화시키는 데 효과적이었으며 대화민주주의를 훈련하는 수단이 되었다. 위원회를 다양하게 만들수록 참여자의 구성도 다양해지고 참여도 확대되었다. 학생 개인의 정체성 구성과 학급 전체의 활력에도 상당한 영향을 주었다. 위원회를 통해 많은 학생들이 학급의 문제에 대해 대화를 나누고 교류하면서 학급회의의 문제점이 많은 부분 해소되는 것을 볼 수 있었다.

2. 다양한 영역에서의 자율적 활동으로 지도성 분배
(다원적 평등의 실현)

학생들은 학급에서 인정받기 위해 성적, 반장(지위), 힘(권력), 외모, 인기와 같은 가치를 추구한다. 소수의 가치를 얻기 위해 경쟁하여 학급에서 영향력을 얻고 독점적인 지도성(리더십)을 갖기도 한다. 즉 아이들이 추구하는 다양한 가치들 중에서 어느 한 가지가 주목받게 되면 나머지는 그것에 종속되게 된다. 마이클 왈쩌는 이것을 '독점'이라고 했다. 우리나라는 특히 운동선수가 연예인이 되고 부자가 되고 정치권력을 갖기도 하는 등 파워엘리트가 탄생할 수 있는 구조를 갖고 있다. 원래는 다른 가치이고 다른 세계인데 시장화가 된 것이다. 한 가지만 잘해도 대학 간다는

것은 말일 뿐, 공통적인 것을 잘하면서 한 가지를 특정하게 더욱 잘해야 하는 것이 현실이다.

그러다 보면 학급에서 주목받는 가치로 인정받지 못한 다수의 학생들은 자신의 매력을 드러내지 않거나 학급에서 인정해 주는 영역에 맞춰 자신의 모습을 보여 준다. 폭력적인 반에서 성적이 좋은 반장은 '성적', '반장'이라는 매력 요소가 있지만 폭력을 쓰는 아이와 가깝게 지내며 조용히 시켜 달라고 부탁하기도 하고, 교사의 부탁으로 고립아를 돕기로 한 아이가 따돌림을 주도하기도 한다. 폭력은 학생들이 다양한 가치로 인정받을 수 있는 구도를 깨뜨린다. 따라서 학생들이 가치의 다원성을 인식하도록 하고, 그 가치를 실현하려고 노력하는 많은 학생들에게 다양한 영향력과 지도성이 부여되도록 하는 것은 곧 정의를 실현하는 길이다. 위원회 구조는 이러한 '다원적 평등'을 실현하기 위한 효과적인 활동이다. tip 마이클 왈쩌, 정의와 다원적 평등(complex equality)

3. 다원적 평등의 실현과 개인 정체성의 구성

학생들이 학급을 다원적 평등의 가치에 입각해 학급 구성원 모두가 참여하는 구조로 인식할 수 있다. 학생들 개인에게 자기 역할과 공식적인 지위를 부여함으로써 개인의 인정욕망을 충족시키고 학급 과업을 통해 개인의 매력을 발현시키며 독점적으로 작용하는 지도성을 구조적으로 차단하는 데 도움이 된다. 이는 참여민주주의를 훈련하는 방법이다.

4. 공동체에 기여하는 인정을 경험

인정을 받기 위한 방법에는 선한 방법과 악한 방법이 있다. 학생들은 "내가 이렇게 함으로써 다른 사람에게 도움이 되고 다른 사람도 이것에 보답하기 위해 자기 역할을 한다"는 선한 방법을 배울 수 있다. 자기 역할을 하는 것은, 자기 자랑을 하는 것이 아니라 공동체에 기여하는 것을 보여 주는 것이다. 자기 역할을 하는 것이 공동체에, 나아가 전체 평화에 기여하는 것을 인정해 줌으로써 학생들의 인정욕망을 의미욕망과 평화욕망으로 발전시킬 수 있다.

'승'의 방법론

1. 일기모둠

학급에 친구가 없는 여학생 고립아가 있었다. 친구들의 괴롭힘, 무시, 따돌림 같은 눈에 보이는 폭력은 없었지만, 아무하고도 어울리지 못했다. 친구들이 말을 걸어도 뭐라고 답해야 할지 모르겠어서 "그냥 가만히 있는다"고 하는 아이였다. 이 아이에게 친구를 만들어 주고 싶어 함께 일기를 쓰는 일기모둠을 조직했다. 미리 교사와 교감이 있는 여학생 몇몇에게 권하여 다섯 명의 여학생 일기모둠이 조직되었다. 아이들과 함께 모둠이름, 일기 규칙(예를 들어, 일기장을 받으면 3일 안에 일기를 쓰고 다음 사람에게 넘긴다, 댓글은 몇 개 이상 혹은 모든 일기에 모두가 달기로 한다, 일기

일기모둠

장이 멈추면 다음 일기장을 돌린다 등)과 같은 것을 아이들끼리 정하게 하고, 교사는 직접 일기를 쓰진 않고 댓글만 달기로 했다. 한 학기에 한두 번 간식 시간을 갖거나 여름방학에는 영화를 보러 가기도 했다.

일기모둠을 한다고 해서 고립아가 그 그룹에 속해서 놀 정도로 친해지진 않았지만, 평소에 모둠원들이 자연스럽게 고립아를 의식하며 챙기는 분위기가 되었다. 고립 학생의 어머니가, 영화를 보러 가던 날 아이가 5분이면 가는 거리에 있는 극장을 한 시간 전에 나서면서 아주 설레어 했다는 말을 들려주었다. 평소에도 집에 와서 같이 일기 쓰는 친구들의 이야기를 많이 한다고 했다. 고립에서 벗어나 교류한 경험은 아이에게 소중했다. 다른 모둠원들도 글로 교류하며 몰랐던 모습을 발견하게 됐을 것이다.

가) 취지

보통 선생님들은 모둠일기를 많이 쓴다. 모둠활동이 학습공동체, 생활공동체가 되면서 모둠일기가 나올 수 있다. 이것은 모둠이 잘 운영된다는 전제 아래 나온 것이다. 모둠일기를 시도했지만 잘되지 않는 사례가 종종 있다. 그것은 아이들이 모이기만 해도 기회가 주어지기만 해도 모둠이 잘 돌아가던 때와는 달리, 요즘의 아이들은 주어진 것만 하려고 하거나 인간관계에서의 인정투쟁이 있을 때는 자기를 숨기기도 하기 때문이다.

일기모둠의 목적은 교사의 언어에 공감할 수 있는 그룹을 만들고 대화하며 교류할 수 있고 영향력을 나눌 수 있도록 하는 것이다. 또한 아이들 사이에 수평 교류가 더욱 잘 일어날 수 있도록 하기 위함이다. 일기모둠을 통해 영향력이 자연스럽게 나누어지며 진실을 나누는 도구로도 활용될 수 있다.

사실 일기모둠이라는 명칭을 갖고 있지만 '일기'라는 정해진 틀에서 벗어나야 한다. 좀 더 자유롭고 깊이 있는 대화가 되려면 일기라는 형식에

얽매일 필요가 없다. '일기는 이런 거야' 하는 순간 틀린 것이 된다. 모둠일기는 일기지만 일기모둠은 일기가 아니다. 그것은 어떤 주제를 가지고 이야기하느냐에 따라 내용과 형식이 달라질 수 있는 아주 유연한 것이다.

학생과 학생, 교사와 학생이 교류하고 대화할 수 있는 공간으로 일기모둠 활동을 해 볼 수 있다. 일괄적인 학급운영의 틀로 하는 것이 아니라 특정 사안이 있을 때도 할 수 있다. 다양한 계기에 따라 다양한 일기모둠을 만들 수 있을 것이다.

- 교사의 언어에 공감하는 학생들과 깊이 있는 교류를 위해 효과적인 방법이다.
- 고립아나 고립 위기에 있는 학생에게 소속감을 주는 데 효과적인 방법이다.
- 학급에서 발언권이 별로 없는 조용한 학생들과의 '물밑 교류'를 활성화시킬 수 있다.
- 서로 교류가 없이 어색하거나 긴장관계에 있는 그룹 학생들 사이에 다리를 놓을 수 있다.

나) 방식
① 교사가 만남을 통해 목적에 맞는 일기모둠 구성원을 모집한다.
② 모둠의 이름을 정하고 일기모둠의 규칙을 정한다.
③ 교사가 주제를 주어도 좋고 학생들이 주제를 제안할 수도 있다.
④ 교사는 첨삭이나 댓글을 통해 아이들이 자기 이야기를 써 나가도록 독려한다.
⑤ 일기모둠이지만, 막상 일기를 쓰라고 하면 처음부터 솔직한 이야기가 나오지 않을 수 있다. 주제를 주고 짧은 글을 이어서 쓰게 하는 것도 좋은 방법이다.

⑥ 일기모둠과 가끔 만나 간식 등을 나누어 먹으며 서로의 글에 대한 이야기를 나누는 것이 좋다(교사의 격려, 지지, 새로운 모습 발견).

⑦ 일기모둠에 새로운 구성원을 추가하여 모둠 자체가 커질 수도 있고, 학급에 여러 개의 일기모둠이 있어 한 명이 2개 이상의 일기모둠에 소속될 수도 있다.

⑧ 일기모둠 사이에 신뢰가 쌓이며 솔직한 이야기가 나오기 시작하면, 교사가 몰랐던 학급의 문제를 발견할 수도 있고, 일기모둠이 해결의 열쇠가 될 수도 있다. '전', 일기모둠 p.148

*일기모둠 주제 예시

[서로의 생각, 선호도 등 알 수 있는 주제]
1. 지금까지 나에게 가장 감동을 준 영화(만화, 소설)는 무엇인가요? 소개해 주세요.
2. 지금까지 살면서 가장 행복했던(슬펐던) 순간이 있다면?
3. 내가 가장 좋아하는 음식은 무엇인가요? 여러 개를 소개해도 좋습니다.
4. 나는 스트레스를 받았을 때 어떻게 해소하나요? 나만의 스트레스 해소법이 있나요?
5. 지금 내가 가장 좋아하는 사람에 대해 소개해 주세요(가족, 친구 상관없이).

[학교 평화, 학급의 과제에 대해 생각해 볼 수 있는 주제]
1. '따돌림'은 왜 생긴다고 생각하나요?
2. 아무리 친구라도, 지켜야 할 예의가 있다면 어떤 것이 있을까요?
3. 장난과 괴롭힘은 어떻게 구별할 수 있나요?
4. 교실에 쓰레기를 함부로 버리는 것에 대해 어떻게 생각하나요?
5. 우리 반이 수업 태도가 산만하다는 지적에 대해 어떻게 생각하나요?

[자기 생각을 밝힐 수 있는 주장하는 글쓰기]
1. 낙태에 찬성하시나요? 반대하시나요? 당신의 생각을 밝혀 주세요.
2. 점점 발전하는 인공지능에 대해 어떻게 생각하나요? 훌륭한 도구가 될 것 VS 인간을 지배할 것.
3. '수업 중에 잠을 자는 것은 학생의 권리인가?'라는 생각에 대해 자신의 생각을 밝혀 주세요.
4. 서로 사귀는 학생들이 학교 안에서 손을 잡고 다니는 것은 권리인가? 자신의 생각을 밝혀 주세요.

2. 담임과 함께 하는 만찬

급식실에서 식사를 하는 학교에서는 아이들의 식사를 챙기는 것은 좀 번거로운 일이기도 하다. 한 학기에 한두 번 정도 4교시 창체수업 등을 활용해서 우 반 아이들만 데리고 식당에 가서 미리 점심식사를 했다(학교의 동의가 있어서 가능했음). 텅 빈 급식실에서 우리 반만 오롯이 앉아 밥을 먹는 경험은 매우 특별하다. 특별한 분위기에서 담임이 평소에 고립아 문제나 학교폭력에 관심이 많다는 인식을 하고 있어, 밥을 먹을 때도 고립아를 의식하며 소외되지 않도록 챙기게 된다. 밥을 빨리 먹는 아이들도 담임의 식사가 끝날 때까지 담임 주변을 떠나지 않고 함께 자리를 지키기로 미리 약속했다. 아이들은 담임 주변에 모여 팔씨름도 하고 담임의 식판에 있는 맛있는 반찬을 한입만 달라며 어리광을 부리기도 한다.

급식실 밖으로 나와서 아이들을 데리고 학교 앞 마트에 가서 아이스크림을 하나씩 사 주고, 다 같이 근처 아파트 단지의 놀이터로 가면 아이들은 신나게 논다. 남학생들은 서로의 턱걸이 실력을 뽐내고, 여학생들은 그네를 타거나 혹은 삼삼오오 모여 의자에 앉아 수다를 떨기도 한다. 화목한 분위기는 잠시 소외를 잊게 하고, 몇몇 아이들이 자연스럽게 고립 학생들을 챙기며 같이 어울리는 모습을 볼 수 있다.

가) 취지

담임교사가 함께 어울릴 수 있는 식사 자리를 만들어 주는 것이다. 거하게 대접을 받는다는 느낌보다는 소박하게 모여 나누어 먹는 분위기가 적당하다. 학교의 자원을 활용할 수 있으면 더할 나위 없겠지만, 일반적으로 적용하긴 힘들 것이다. 정해진 시간, 정해진 규모 안에서 아이들이 긴장감 없이 뭔가를 나눠 먹는 경험은 부드럽고 화목한 분위기를 만들 수 있다.

나) 방식

① 성적이나 체육대회 같은 어떤 결과에 대한 보상으로 주는 것이 아니라, 이유 없이 주어지는 만찬이 되어야 한다(목적은 학급의 화목을 증진시키기 위한 것으로 충분하다).

② 아침 만찬: 아침을 잘 먹지 않고 오는 아이들이 많다. 너무 비싸지 않은 간식(감자, 바나나 등)을 준비해 나눠 주면 화목한 분위기로 하루를 시작할 수 있다. 교사가 시작하면 자발적으로 다른 아이들이 준비해 오기도 한다.

③ 짜장면 데이: 학급을 몇 개의 모둠으로 나누어 담임교사와 짜장면을 먹는 날을 정한다. 한 달에 한두 번 정도 모둠별로 짜장면을 먹는 날이 생기고 달력에 표시를 하면 기분 좋은 기대감이 생긴다. 학교에서 짜장면을 나눠 먹으며 이런저런 얘기도 나누고, 시간을 정해 놓고 놀 수 있는 거리(보드게임 등)를 준비해도 좋겠다. 짜장면을 나눠 먹은 이후 서로에 대한 친밀도를 높일 수 있다.

3. 선물 찾기

학급 전체를 대상으로 꾸지람을 하거나 잔소리를 한 뒤, 보상처럼 깜짝 선물로 보물찾기를 했다. 처음에는 이벤트였는데 해 보고 나니 아이들의 우정교육으로 활용도가 높았다.

포스트잇에 아이들에게 줄 간식을 적어서 안 보이게 접는다(아이들은 종이를 펴며 느끼는 긴장감이 있어서 더 좋아한다. 포스트잇을 사용하면 벽에도 잘 붙기 때문에 어디든 보물을 숨길 수 있다).

활동이 시작되기 전에 규칙을 안내한다. 보물은 여러 개를 찾더라도 1인당 하나의 보물만 인정한다는 것, 그리고 더 찾은 보물은 보물을 찾지 못한 친구에게 선물로 나누어 준다는 것이다. 즉 보물은 누군가에게 주기 위한 선물이라는 점을 알려 준다.

선물은 학급 구성원 수만큼 준비한다. 아이들이 보물을 찾은 후 자신과 친한 친구 외 다른 친구들에게도 선물로 주는 모습을 확인할 수 있다. 고립된 아이들도 보물을 찾는 데 대부분 적극적이다. 찾지 못한다 해도 여러 개의 보물을 찾은 아이들이 친구가 없는 아이들에게도 선물로 나누어 주기 때문에 결국 모두가 선물을 얻고 즐거워한다. 선물 개수가 많기 때문에 대부분 아이들은 성취감을 느끼게 된다.

※ 보물 쪽지에 번호와 선물을 써서 숨겨 놓는 방법도 있다. 보물찾기 후 뺑 둘러앉아 또 다른 번호 쪽지 뽑기를 해서 같은 번호가 나온 사람에게 선물을 주는 방법도 좋다. 선물을 찾은 아이가 번호를 뽑은 아이에게 직접 선물을 주고 둘러앉은 아이들이 박수로 환호한다.

가) 취지

선물 찾기는 '담임과 함께 하는 만찬'처럼 교사가 제공하는 선물을 아이들이 나누어 갖는 활동이면서 선물을 주기 위해 찾는 활동으로 만드는 것이다. 보다 많이 찾기 위한 인정욕망에서 출발했다 하더라도 선물을 주는 느낌과 받은 후 고마워하는 마음을 기를 수 있게 하는 데 목적이 있다.

나) 방식과 유의할 점

① 선물을 주는 기분을 만끽하기 위해서 교사가 무상으로 상품을 제공하는 것이 좋겠다.
② 선물 내용은 사탕 3개, 초콜릿 2개, 마이쮸 2개, 크림빵, 과자 1봉지 정도로 1만 원쯤이면 충분하다.
③ 보물은 담임의 손에 닿는 곳에 숨긴다. 아이들이 의자를 놓고 높은 곳을 찾으려 하기 때문에 보물을 그렇게 위험한 곳에는 숨기지 않았다는 것을 안내한다.
④ 선물 찾기 활동을 한 후, 다른 이에게 선물을 건넨 기분, 소감이 어

땠는지 적게 하는 것도 교육적으로 효과가 있다.

4. 화합마당

• 단합대회는 왜 하나?

많은 학급에서 단합대회를 한다. 요즘의 단합대회를 보면 아이들이 '맛있게 먹고' '신나게 노는' 두 가지 욕구를 충족시켜 주는 행사 같다. 그래서 단합대회란 학교생활에 지친 아이들에게 학교나 담임교사가 제공하는 일종의 '서비스'처럼 여겨진다. 물론 어떤 교사는 학급을 평화롭게 만들려는 의도로 의욕적으로 단합대회를 준비하지만, 고립과 폭력이 줄어드는 것 같지도 않다. 옆 반에서 하는 바람에 아이들 성화에 어쩔 수 없이 하기도 하고, 이미 정해진 예산 때문에 의무적으로 하기도 한다.

물론 교사가 지친 아이들에게 서비스를 제공하는 것이 필요할 때도 있다. 그러나 교육적인 목표가 있고 필요할 때 서비스를 제공하는 것이 순서이지, 아무런 목적 없는 노력과 지출은 늘 뒷맛이 씁쓸하다. 아이들이 담임교사의 노력과 지출에 대해 그다지 고마워하지도 않는 것(당연히 받아들이는 것)도 실망이고, '신나게' 뛰어놀다가 다치지나 않을까 걱정이다. 빡빡한 학교 일정에서 단합대회 때마다 프로그램과 일

화합마당 벽보

평화 윷놀이

정, 안전교육 계획까지 세워야 한다.

• 단합은 가능한가?

단합대회를 통해 정말 학급 집단이 하나가 되는 경험을 기대하는 사람은 없는 것 같다. 실제로 어떤 큰 행사를 통해 '우리가 하나라는(大同)' 짜릿한 경험을 만드는 것은 현재의 학교에서는 거의 불가능하다고 생각된다.

오히려 모둠을 짜다가 따돌림받는 아이가 누군지 더 잘 드러나기도 하고, 신나게 노는 과정에서는 약한 아이들과 운동을 못하는 아이들이 주눅 들기도 한다. 그래서 단합대회에 학급의 모든 학생이 참여하는 경우도 별로 없다. 학급에서 소외되는 학생들은 단합대회를 피하려고 갖은 핑계를 대고 집에 가는 경우가 많다.

가) 취지

① 단합대회에서 화합마당으로: 단합대회라는 이름을 화합마당으로 바꾸는 것이 좋겠다. 단합대회 하면 아이들이나 교사가 떠올리는 이미지가 굳어져 있어 여기서 벗어나기가 힘들기 때문이다. 원래 하던 대로 '먹고, 노는' 행사로만 채우기보다, 서로 다른 학생들이 '함께 어울릴 수 있는' 화합의 장으로 만들기 위한 기획을 추가해 보면 좋겠다. 되도록, 현재 우리 학급이 함께 어울리려면 극복해야 할 과제에 맞게 기획되었으면 한다.

② 학생들의 다양한 매력이 드러날 수 있게 한다.

③ 경쟁이 적당히 있으면서도 강자와 약자의 차이가 잘 드러나지 않는 놀이를 한다.

④ 학급의 소외되는 학생들이 두드러지지 않게 배려한다.

나) 방법

① 화합마당준비위원회를 꾸린다.

- 준비위원회에 반장과 부반장 등 임원을 비롯해 자원자를 뽑는다. 대부분 학급에서 활발하고 분위기를 주도하는 학생이 들어오게 된다. 필요하다면 교사가 몇몇 학생들에게 미리 준비에 참여해 주기를 부탁할 수도 있다.
- 회의에서 교사는 화합마당의 취지를 학생들이 충분히 공감할 수 있도록 교류하는 것이 좋다.

② 모든 학생이 준비팀이 되도록 한다.

- 화합마당준비위원회 학생들과 함께 학급의 모든 학생이 참여할 수 있는 준비팀을 만든다. 4~6개의 팀이 만들어질 수 있다.
- 다양한 학생들이 편안하게 자신을 드러내도록 모두가 준비에 참여한다는 의무('하고 싶어서 하는 게 아니라 의무라서 하는 것이다'-심리적 알리바이)를 지운다.
- 여러 개의 준비팀을 만들게 되면 소극적인 학생들도 쉽게 팀에 들어갈 수 있다.

  (예) 6개 팀에 각각 5명~6명씩 들어가도록 함
  - 게임팀: 화합마당에서 같이 어울릴 수 있는 게임을 발견, 준비.
  - 진행팀: 화합마당 전체 행사의 진행, 분위기를 띄우기.
  - 추첨팀: 화합마당 마지막에 진행할 추첨 물건 사 오기, 행사 준비.
  - 음식팀: 화합마당에서 반 아이들이 먹을 음식을 사 오기, 준비.
  - 꾸미기팀: 화합마당을 진행할 교실 환경을 보기 좋게 꾸미기.
  - 추억팀: 화합마당을 홍보하고, 기록하여 학급의 추억으로 남기기 (패널 제작).

③ 학급 전체 회의를 거친다.
- 자치 시간이나 수업 시간을 한 시간 정도 활용한다.
- 화합마당준비위원회에서 정한 내용에 대해 설명하고, 모든 아이가 준비팀에 들어가도록 뽑는 과정을 거친다.
- 준비팀별로 흩어져 모여서 팀별 회의를 하도록 한다. 팀장을 뽑고 팀원 각자가 무슨 역할을 할지 정하도록 한다.
- 학급 전체가 교실에서 회의를 하면 모든 학생이 자기 역할을 갖고 참여하는 소속감을 느낄 수 있고, 학생들도 행사에 대한 기대감을 높일 수 있다.

④ 준비를 진행한다.
- 처음에 꾸린 화합마당준비위원과 준비팀 팀장을 포함한 회의를 열어 교사와 의견을 나눈다(애초에 준비위원으로 나선 학생들이 팀장을 하는 것도 좋다).
- 준비 정도를 체크하고 예산이나 기타 필요한 사항들을 교사와 위원들이 서로 조율하며 준비한다.
* 행사 전에는 가정통신문을 보내는 것이 좋다.

⑤ 행사 당일
- 위원들이 각자 맡은 역할이 잘 진행되는지 체크하면서 행사를 진행하도록 당부한다. 교사 역시 전체 프로그램을 숙지하여 소외되는 학생이 없는지 살피는 등 행사가 본 취지에 맞게 진행되도록 노력한다.

⑥ 화합마당에 대한 기록을 남긴다.
- '추억팀'을 통해 화합마당 행사 사진과 팀원들의 의견을 모아 패널

형식으로 제작하여 학급에 게시한다.
- 평화기자단을 통해 화합마당에 대한 학생들과의 인터뷰를 진행하여 신문 형태로 낼 수도 있다.

다) 주의 사항

기존의 단합대회 방식에 익숙한 아이들을 충분히 설득하고 아이들이 스스로 자신들의 행사를 만들 수 있도록 유도할 필요가 있다.

5. 각종 위원회 만들기(영향력 나누기)

다양성이 존중되는 시대라고는 하지만, 학교는 여전히 인기 있는 아이들이 주름잡는다. 숨겨진 매력을 가진 아이들도 학급에서 다양한 매력으로 존중받으면 좋겠지만, 성적, 운동, 외모나 센 척하기 같은 모두가 인정하는 가치를 못 가진 학생들은 소외를 벗어나기 힘들다. 교사 역시 어떤 강점이 없으면 약자가 되기 십상이다. 이런 상황에서 학급에 문제가 생겼거나, 고립에 가까운 아이도 편하게 지낼 수 있는 교실을 만들기 위해서는 다양한 기획이 필요하다.

가) 취지

해결해야 할 학급의 과제가 생겼거나, 학급의 분위기를 반전시키고 싶을 때, 또는 숨겨져 있던 아이들의 매력을 드러내 소외를 극복하고자 할 때, 교사는 필요에 의해 각종 위원회를 만들 수 있다. 학급의 권력을 쥐기 위해 아이들이 경쟁하거나 쉽게 누군가를 비난하면서 따돌림과 비난을 하는 것이 일상적인 학급 상황이 되었을 때, 교사가 의도적으로 약한 그룹 아이의 매력을 새롭게 발굴하여 수면 위로 떠올리면서 학급의 영향력을 고르게 분산시킬 수 있다(다원적 평등).

① 공식적 지위를 통한 고립 상황 탈피

지위는 학급에서의 자기 위치를 말한다. 공식적인 지위를 통해 학생들은 소속감을 갖고 인정받을 수 있다. 공식적인 지위를 부여함으로써 학생 개인이 고립 상황에서 벗어날 수 있다. 위원회 구조는 위원으로 활동함으로써 적어도 겉보기에 고립된 것 같은 이미지에서 벗어날 수 있으며 활동을 인정받을 경우 고립에서 벗어날 수도 있다. 또한 위원회의 위원으로 의견을 말할 경우 눈치를 보거나 나댄다고 비난받는 상황을 예방할 수 있다.

② 다시 쓰는 반전 이야기

위원회 활동을 통해 새로운 응집력과 친밀감이 형성된 아이들은 영향력이 생기고 확대되어 여론을 형성할 수 있다. 권력 지향적인 아이들이 규범을 형성한 반이라 하더라도 이들의 영향력을 대체할 아이들과 응집력을 쌓기 위한 활동을 하며 학급의 평화를 위한 실천 방도를 찾아본다면 학급 이야기는 전환될 수 있다.공감그룹, p.138

③ 부정적인 이미지의 긍정적 변신

위원회 활동을 하면 학급의 활력과 함께 아이들의 자치 능력이 자란다. 아이들은 위원이 되어 회의에 참가하고 프로그램 기획, 실천 과정에 참여하며 성장한다. '나댄다'는 평을 듣고 있는 아이가 화합마당 행사 진행을 잘했을 때 '사회자'로, 잘난 척한다는 소리를 듣는 아이에게 시험 기간에 칠판을 내어 주며 강의하도록 했을 때 '선생님'으로 주목받을 수 있다. 부정적인 이미지가 긍정적인 이미지로 바뀔 수 있다.

나) 방법

① 발굴

- 누구나 참여하고자 하는 사람이면 위원이 될 수 있다. 원하는 사람 손들라는 형식이 아니라, 교사가 눈여겨보았던 학생들에게, 묻혀 있던 보석을 발굴하는 느낌으로 "앞으로 이런 활동을 할 것인데 너의 이런 능력이 필요하다"는 식으로 접근하여 설득한다.
- 소집단 응집력 분석 p. 163을 통해 다양한 소집단의 아이들이 섞이도록 하거나, '나 이렇게 산다(1)'[1]나 개인 상담을 통해 같은 방향의 인정욕망을 가진 아이들을 위원회로 묶을 수 있다.
- 교사가 만들려는 위원회를 설명해 주고 "본인의 장점을 잘 살릴 수 있을 것 같은 곳을 체크해 보자"는 식으로 접근할 수도 있다.

② 다양한 위원회의 예시

	시기	활동 내용	효과
평화규범 위원회	3월, 9월 한시적	• 반 아이들이 적어 제출한 하자 규칙, 하지 말자 규칙들을 모아 정리하는 활동. • 빙고게임 하듯 중복되는 의견을 다듬어 평화규칙 정리, 발표. • 반장 선거에 출마할 후보자들을 위원으로 포함시켰음.	• 학기 첫 위원회 활동으로 위원을 통한 공식적 발표 구조를 보여 줌. • 후보자들이 평화규칙에 동의하도록 하여 반장, 부반장이 가해자가 되는 경우를 예방하기 위함.
평화학급운영 위원회	1달 (2주)에 한번 일상적	• 학급을 부서 체계로 운영할 때, 각 부서부장의 회의로 회의 안건 제안 및 1차 토론의 장. • 평화학급의 단계를 점검할 수 있음. • 괴롭힘 문제를 지속적으로 점검.	• 좋은 대안보다는 다수결로 결정되고, 소수 의견의 반영이 어려움, 진행의 부실, 참여율 저조, 효율성의 문제 등 학급회의의 한계 보완. • 상시적인 교류 구조를 가짐으로써 폭력 상황을 수시로 점검, 평화학급에 대한 여론화 가능.

---

1. 따돌림사회연구모임 홈페이지(http://www.antibullyingsociety.com)에 수록.

교과위원회 (성적관리 위원회)	시험 전후, 필요에 따라 한시적	• 교과부장들의 회의 기구. • 특정 교과 시간의 문제를 해결하기 위해 모임. • 시험 전후로 한 번씩 모여 평균 성적을 올리기 위해, 시험 후 평가의 시간을 가짐.	• 성적이 떨어졌을 때 공부하자는 분위기 조성. • 성적 향상에 큰 기여는 못 하지만 위원의 역할을 부각시킬 수 있음.
대답동아리	필요할 때 한시적	• 대답없는 반의 전환을 위해 의도적인 대답 그룹을 만듦. • 공부 잘하는 아이가 포함되도록 함.	• 학급 분위기로 인해 공부 잘하는 아이들이 부각되지 못할 때, 학급이 조용하고 활력이 없을 때 실시.
종례위원회	일상적	• 요일별로 담당자를 정해 조례 혹은 종례를 진행. • 2주 정도 10분간 약식 모임을 갖고 종례 진행을 연습(식순의 예-'서로 인사, 교과부장 안내(숙제, 준비물), 건의사항, 선생님 말씀', 식순은 공개한다). • 위원들은 진행자에게 집중하도록 학급 분위기를 띄움.	• 작은 학급회의 훈련 • 자치 능력 및 학급 발전 단계 점검을 위해 실시. • 건의사항으로 초기 괴롭힘이 발견될 수 있고 보다 쉽게 해결 가능. • 아이들의 세계가 공개될수록 감정 이입과 신뢰가 바탕이 된 학급이라고 판단할 수 있음.
우리말지킴이 (언어순화 위원회)	한시적 혹은 일상적	• 언어 순화 차원에서 진행하는 학생 주도 캠페인 활동. • 심리와 의도를 따지지 않고 형식을 지키는 것, 예의(에티켓)를 지키는 차원으로 접근함. • 패드립, 성드립, 욕설 등에 대해 재고해 봄. 아름다운 우리말을 보급하고 쓰도록 제안함.	• 애들은 "그렇게 말해도 괜찮은데요, 그런 의도 아니었는데요?"라고 말한다. 의도와 상관없이 화행 교육 차원에서 "사회에서 그렇게 말하면 '예의 없다, 교양 없다'고 인식된다. 싸움이 생길 수도 있다"는 방향으로 접근함. 언어로 인한 갈등을 감소시킬 수 있음.
화합마당 준비위원회 (소풍추진 위원회)	학사일정, 필요에 따라 한시적	• '프로그램 명, 준비물, 장소, 진행방법, 선생님 지원'으로 나뉜 양식을 나누어 줌. • 위원들은 둘이 짝을 지어 양식을 채우며 회의 진행, 다른 위원들 앞에서 프로그램을 설명해 필요한 부분을 채움. 프로그램별로 담당 위원들이 진행.	• 학급의 활력을 높이고 다양한 활동 영역에 따른 역할 분담으로 다원적 평등을 도모함. • 화합, 협력, 화목에 대한 목표를 프로그램에서도 반영하게 함으로써 학급 평화지수를 높임. • 위원들의 아이디어와 장기가 돋보이는 활동을 통해 숨겨진 매력 발산.
체육대회 추진위원회	학사 일정에 따라 한시적	• 위원 수에 맞는 역할 부여(응원 도구, 응원 구호, 경기 참가자 안내, 질서 담당자, 학급 순위 안내 등).	• 경쟁보다는 학급의 내부 결속 및 활력 제고. • 긍정적인 영향력 발산 기회 제공.
문제해결 위원회	일상적	• 학급 고립아를 돕기 위한 위원회 (조언, 역할극, 친구 되기, 이 주의 과제 제시, 회의록 작성 등). • 고립아를 둘러싼 학급 문제와 학급 과제 찾기. • 학급 과제를 제안하고자 한다면 학급회의를 통해 솔루션위원이 발표함.	• 고립아 개인적 문제가 개인 상담으로 극복되지 못하고 따돌림이 지속될 때, 고립아 개인의 문제에서 고립아를 돕자는 학급 문제로 전환하고 싶은 마음. • 평화와 화목의 가치를 학급에 전파. • 고립아의 자존감 회복.

이별식 준비위원회	12월 말 한시적	• 학기 말 학급 마무리 활동을 기획, 진행(화합마당준비위원회와 같은 형식으로 진행). • 아름답게 헤어지고 평화의 반을 기억하기 위해 필요한 프로그램 만들기.	• 평화, 평등, 화목한 반을 위해 노력했던 시간을 돌아봄. • 평화의 기억을 간직함으로써 가해자는 가해하지 않게, 피해자는 자존감을 갖도록, 방관자와 동조자의 인생각본도 달라지도록 평화와 우정의 의미를 되새김.
역사편찬 위원회	일상적, 방학 중	• 평화를 위해 노력했던 학급 이야기를 기획, 취재, 기록, 정리해 학급 문집으로 완성. • 일상적 편집회의 진행.	
우정의 모자이크 추진위원회 (p.259)	12월 ~2월 한시적	• 우정의 모자이크 규칙과 오늘의 주인공 안내. • 반 친구들이 작성한 우정카드 보완, 정리.	• 1년간 반 친구들에게 어떤 인정을 받았는지 확인하도록 함.

③ 주의 사항

- 위원회 활동이 잘되려면 학급에 심리적 위협이 없어야 한다. 위원회 활동을 포함한 '영향력 나누기' 활동의 기본 전제는 평화, 평등, 화목의 규범이 내면화되어야 한다는 것이다. 그저 프로그램만 적용시킨다면 참여가 저조하거나 특정 집단이 위원회를 독점할 수 있다. 이때는 평화 규범부터 점검하거나 숨겨진 폭력 상황은 없는지 확인해야 한다. 단서 찾기 p.174, 체크리스트 p.181

- 무기력한 반의 경우 참여가 저조할 수 있다. 서로 눈치를 보거나 비난받을 수 있다는 두려움을 갖기 때문이다. 이때 아이들에게 이익을 주는 생활기록부 기록, 간식 파티, 공식적 지위 부여 등 '알리바이'를 던지는 것도 때로는 필요하다. 평화로운 분위기가 되면 알리바이가 없어도 평화를 위한 활동 자체가 목표가 된다.

- 학급 반장에게 너무 의존해서는 안 된다. 반장은 주로 위원회 회의를 진행하는 역할을 맡지만 모든 위원회에 다 참여하는 것은 아니다. 영향력을 분산시키는 것이 목표이므로 다른 아이들에게도 반장과 같은 지위가 기회로 주어져야 한다. 또 반장이라 하더라도 경험이 부족하므로, 반장 개인에게도 능력을 키우는 1년이 되어야 한다. 다양한

경험을 통해 1년이 지나면 부쩍 성장한 반장들을 볼 수 있다.

- 위원들의 활동을 모임 일시, 활동 내용 등을 게시판에 게시하거나 공개적으로 학급에 알림으로써 아이들의 활동에 공식적인 힘을 실어 준다. "문제해결위원회, 오늘 회의 있는 것 알지? 회의록 작성했어?" 이런 식으로 공개적으로 대화해도 좋다.

- 위원회 회의에서 위언들의 발언이 골고루 이어지도록 '돌아가며 말하기'의 형식을 취할 수 있다. 회의가 지루하지 않도록 간식, 게임을 동원할 수 있다.

- 위원들은 학급의 과업을 위해 정기적으로 모여 역할을 나누고 회의를 진행하면서 모임에 필요한 내부 규칙을 정할 수 있다. 사안이 마무리되거나 행사가 끝나면 위원들은 활동을 평가하고 해산한다.

6. 토의상담과 우정 계약서

가) 취지

아래 표는 훈계와 상담, 토의를 구분해 놓은 것이다. '토의상담'은 상담과 토의를 결합하여 진행하는 것을 말한다.

훈계	상담(비지시적 상담)	토의
일방적 지시	공감 속마음을 털어놓음 격려 절차를 중시하지 않음	다른 의견, 시각을 내놓고 좀 더 좋은 결론에 도달하는 과정 절차를 중시

상담은 라포를 형성해 내담자의 내면을 이끌어 내는 비지시적 상담을 말하고, 토의는 결정과 해결을 위해 머리를 맞대어 방법을 찾는 것이다. 따돌림사회연구모임은 이 두 가지를 변증법적으로 통일하여 '토의상담'을 진행하는 것이 효과적이라고 판단했다. 토의상담은 "공감은 한다, 네 마

음은 안다, 하지만 공감하면서도 더 좋은 해결책이 없을까, 네가 생각하지 못했던 것을 함께 찾아보자."하는 방식인 것이다. 하지만 토의가 아닌 토의상담이기 때문에 토의를 이끌어 가기 위해서는 서로 공감의 자세를 견지해야 한다. 당사자의 동의하에 조언을 해 줄 수 있는 친구들을 동석하여 토의상담을 진행하며, 자신이 비판의 당사자가 되더라도 '저 사람이 나를 미워해서가 아니라 올바로 이끌려고 하는구나'라는 마음을 갖도록 공감이 바탕에 깔려 있어야 한다.

화해를 위한 토의상담을 통해 평화적인 방법으로 갈등을 유발했던 의사소통 방법을 돌아보고 감정의 앙금 없이 효과적인 의사소통을 배움으로써 신뢰를 회복한다.

나) 방법

① 토의상담의 상황과 토의에 참여하는 구성원

토의상담의 상황	토의 참여자
• 갈등관계가 팽팽히 맞설 때(힘의 관계가 없이 갈등이 끊이지 않는 관계의 경우)	양측을 대변할 수 있는 친구들, 상황을 객관적으로 보는 시민논객, 화해를 위한 토의상담을 담당하는 위원들
• 수업 및 평화규칙을 잘 지키지 않을 때	규칙을 잘 지키는 당사자의 친구들, 해당 위원회 위원 중 당사자가 친밀함을 느끼는 위원
• 소집단 내에서 갈등이 있을 때	소집단에 속한 학생들, 화해를 담당하는 위원회 위원

② 진행 방법

- 교사는 '친구들의 조언'과 '당사자의 성찰 및 앞으로의 다짐'이라는 결론에 도달하도록 진행을 담당한다.
- 권력관계가 아닌 갈등을 해소하기 위해 토의상담을 진행할 경우 의사소통에서 문제점을 발견하기 위해 각자의 입장에서 쓴 사실 확인

서p. 193를 가지고 함께 이야기한다. 오해한 부분에 밑줄 긋고 갈등을 유발하는 대화는 어떤 것이었는지 함께 찾아본다.

- 갈등을 해소하는 토의상담의 경우 당사자들은 상대방의 행동이 자신에게 어떤 상처를 주었는지 말한다.
- 수업규칙 및 평화규칙을 지키기 위한 토의상담의 경우 왜 평화규칙과 수업규칙을 지키지 않는지, 수업 중 방해 행동, 교사에게 대드는 행동, 엎드려 자는 행동을 왜 하는지에 대해 토의 참가자들이 함께 찾아본다. 그리고 그 행동을 할 때 어떤 느낌이 드는지 말한다. 어떤 행동을 하는 것이 그 친구에게 좋은 것인지, 그 친구가 학급에서 잘 지내려면 어떤 전략과 도움이 필요한지에 대해서도 토의한다.
- 토의상담에 참여한 아이들은 이를 바탕으로 싸움 없이 평화롭게 지내기 위해 어떤 전략이 필요한지 조언해 준다. 이때 상대를 존중하는 어법을 사용하도록 사전에 주의를 준다.
- 상담 후 상대방 친구에게 하고 싶은 말, 자신의 다짐, 상담 후의 소감을 나누고, '우정 계약서'라는 형식으로 서로 지킬 약속을 작성해 당사자에게 사인을 받고 나누어 준다.

다) 효과

토의상담의 상황	토의 참여자
• 갈등관계가 팽팽히 맞설 때 • 소집단 내에서 갈등이 있을 때 (예) 공부 잘하는 집단 사이의 질투 문제, 센 척하는 집단 사이의 친구인 줄 알았지만 수직 관계였던 사실로 인한 갈등)	'사실 확인서'를 통해 사실과 감정을 구분하고 이해와 오해를 확인함으로써 오해를 풀 수 있는 기회를 준다. 당사자 및 토의 참여자의 진실에 대해 동일한 해석이 가능하며 승승게임으로 앙금을 지우고 상처를 해소할 수 있다. 갈등의 원인을 분석하고 갈등 예방 방법에 대해 논의하며 평화로운 관계를 위해 친구들이 도울 점과 본인들이 해야 할 것들을 토의함으로써 심의를 통해 관계의 대안을 모색할 수 있다.
• 평화규칙을 잘 지키지 않을 때	친구가 수업 시간에 하는 행동이 친구들로부터 인정받지 못하는 사실을 확인("그런 행동을 보면 어떤 생각이 들어?"라는 질문을 통해 친구들의 속마음을 듣도록 한다)하여 어떤 전략이 평화로운 학급의 공간에서 필요할지 토의함으로써 당사자가 전략 나아가 인생각본을 바꾸는 데 도움이 된다.

라) 주의 사항

토의상담은 권력(힘의 관계)에 의한 학교폭력 문제가 아니라 갈등관계를 해소하기 위한 것이므로 오해를 풀고 진정한 우정을 배우는 시간이다. 권력관계에 의한 갈등의 경우 조기에 발견되었고 가해 학생이 반성, 사과, 변화의 의지가 있으면 토의상담으로 진행할 수 있겠지만, 이것이 효과가 없을 때는 '전'의 학급운영으로 진행해야 한다.

7. 자기 역할 갖기

가) 취지

역할을 하다 보면 권한이 생기고 영향력도 생긴다. 역할 수행을 통해 개인은 학급에서 인정받을 수 있는 자리가 생기고, 동시에 평화학급에 '봉사'하는 사회적 의미를 갖게 된다. 학생이 의미 있는 활동을 통해 보람을 느끼도록 자극하는 것이다. 또한 학급의 독점적인 영향력을 분산시킬 수 있다. 어떤 역할을 성실히 하면 개인의 숨겨진 매력이 드러나면서 교실에 활력이 생기기도 한다.

*평화학급에 필요한 다양한 '자기 역할 갖기' 예시

① 학급 행정-인쇄부장, 안내장 나눔 부장, 실내화 대여 부장, 책걸상 수리 부장, 학부모 통신 답신서 부장.
② 학급 독서 활동-책 대출 부장, 책 정리 부장, 대출 공책 정리 부장, 윤독 도서 관리부장.
③ 우정 교류 활동-소통 게시판 관리부장, 갈등 조정 부장, 앙케트 부장, 칭찬 릴레이 진행 부장, 자리뽑기 젓가락 관리부장, 자리배치 종이 관리부장, 자리배치 칠판 관리부장.
④ 청정 환경 활동-냉난방 관리부장, 청소도구 관리부장, 분실물함 관리부장, 마당쇠 칠판 기록 부장, 오염도 측정 부장.
⑤ 성적 쑥쑥 활동-시험 답지 관리부장, 시험 답 발표 부장, 숙제 기록 부장, 준비물 기록 부장, 컴퓨터용 사인펜 관리부장
⑥ 체력 쑥쑥 활동-체력 검사 기록 위원, 체육대회 참가자 모집 위원, 응원 기획 위원, 친선 경기 주선 위원.

나) 방법

① 담임교사가 학급 활동을 할 때 필요한 역할이 생길 때마다 "이런 역할이 필요한데 누가 해 볼래?"라고 묻는다. 혹은 "이 역할이 참 중요한데 선생님은 ○○이 했으면 좋겠다. ○○은 이런 매력이 있어서 그 역할을 하면 너무 잘해 낼 것 같다"라고 말한다. 혹은 교사가 역할에 대해 미리 생각하고 있다가 "이런 것은 참 중요한데, 이것을 ○○가 하기로 했다"라고 말한다.

② 역할을 열심히 할 것 같은 학생에게 사전에 이야기를 해 두고, 공개적으로 제안했을 때 손을 들게 하거나 선생님이 역할을 부여하는 것으로 할 수도 있다.

③ 활동이 필요하거나 회의가 있을 때 공개적으로 '부장'과 같은 호칭을 사용해 다른 학생들 앞에서 대우하는 듯한 인상을 줄 수 있다.

④ 1학기 혹은 2학기 마무리할 때 역할을 잘 수행한 학생을 교사가 선정하거나 반에서 투표하여 시상할 수 있다.개인상 시상 p. 262

다) 주의 사항

① '자기 역할 갖기'는 1인 1역할과 다르다. 1인 1역할은 학기 초에 일괄적으로 역할을 주고 학생들이 나누어 갖는 것인데, 일괄적으로 진행하다 보면 개수를 채우려고 억지로 역할을 만들게 된다. 학생들도 가위바위보를 하여 역할을 정하거나 맡은 역할을 자발적으로 수행하지 못한다.

② 교사-학생의 협업이 아니라 학생-학생의 협업이 목표이다. 교사의 행정 업무를 보조하는 역할이 아닌 평화학급 운영에 필요한 다양한 역할이 여러 학생들에게 부여되도록 한다.

③ 역할이 특정 아이에게 집중되지 않도록 조절하면 좋다. 우리 학급이 모든 아이들의 인정욕망을 골고루 생각하고, 다원적 평등을 중요

시한다는 것을 인식시킬 수 있다.

④ 역할이 늘어날 때마다 어떤 역할을 어떤 부장이 한다는 것을 반 아이들이 알도록 공개하거나 게시판에 게시한다.

⑤ 역할을 하지 않는 아이들에 대해 채근하기보다 역할을 잘한 학생을 공개적으로 칭찬하고 시상하는 등 긍정적인 영향력을 키워 준다. 시상의 내용은 생활기록부 의견란에 기록할 수 있다. 이것을 알리바이로 삼아 활동을 독려할 수 있다.

8. '여름방학'– 평화의 이야기를 이어 가기

1학기 동안 평화 구조 속에서 질서 있는 학급생활을 보냈어도 방학이 지나 2학기가 시작되면 언제 그랬느냐는 듯이 어수선해진다. 아이들은 평화롭게 지내려고 노력했던 시간도 잊었는지 따돌리고 괴롭히는 사건이 등장하기도 하고, 도대체 방학 동안 무슨 일이 있었는지 개학이 되자 교사도 몰랐던 학급 분위기가 튀어나오기도 한다. 방학은 망각의 시간이 될 수 있다.

가) 취지

① 2학기에도 1학기에 세웠던 평화학급의 구조를 이어 가기 위해서는 '방학식-방학-개학'의 연결 고리가 있어야 한다. 방학식 혹은 방학 기간 중 2학기 학급의 전망을 생각해 보게 하고, 개학 후 평화학급의 목표를 다시 상기시켜, 2학기에도 평화롭고 화목한 학급이 이어지도록 한다.

② 방학 중 봉사활동, 체험활동을 함으로써 학교의 틀을 벗어나 사회에서 배움을 얻을 수 있도록 한다. 학기 중에는 시간의 여유가 없으므로 방학 기간을 활용하며, 이를 통해 학생 간 교류도 넓힐 수 있다.

나) 방법

① 여름방학을 앞두고[2]

내용	방법
평가와 2학기 전망 세우기	학급 평화규칙을 잘 지킨 아이, 평화규칙이 잘 지켜졌는지 항목별로 평가하고 2학기에 필요한 것들 적어 보기 활동을 한다.
학급의 발전 단계 점검	'학급의 발전 단계'를 설명해 주고 토론하면서 다음 단계로 나아가기 위해 어떤 노력이 필요한지 토론한다.
우리 반은 몇 점?	① 규율, 질서 있는 학급, ② 성적이 좋은 학급, ③ 즐겁고 재미있는 학급, ④ 각자 책임을 다하는 학급, ⑤ 누구나 사이가 좋은 화목한 학급, ⑥ 정의를 이야기하고 거짓과 불의가 발붙일 수 없는 학급을 각 5점 척도로 하여 점검/소통 게시판을 활용해 스티커 붙이기를 해도 좋다.
화합마당	① 1학기 동안 학급생활을 사진 영상을 통해 볼 수도 있다. 장면들이 평화, 평등, 화목의 서사로 묶이도록 적절한 코멘트, 맥락에 따라 장면을 배치하면 좋다. ② 학생들과 일시를 정하고 화합마당 추친위원들과 프로그램, 장소, 진행 방법, 준비물, 담임선생님 지원 사항 등을 논의한다.

② 개학 후

•2학기 시작 설문지 활용

– 우리 학급의 목표와 평화규칙이 잘 이루어졌는지, 본인은 최선을 다해 노력했는지, 평화롭고 화목한 반을 위해 노력하는 친구들이 많은지, 평화상이 있다면 추천하고 싶은 친구는, 2학기에 노력해야 할 규칙은 무엇인지, 1학기 동안 좋은 우정을 나누었는지, 우리 반 친구들이 사이좋게 지내는지, 수업규칙은 잘 지켜지고 있는지, 잘 지키도록 노력할 수업규칙은 무엇인지 등과 같은 질문으로 구성된 설문(따돌림사회연구모임 이혜미)을 실시한다. 다시 평화로운 학급으로 재정립하는 분위기를 만든다.

---

2. 여름방학 동안 서대문형무소나 전쟁과여성인권박물관 등을 견학하면서 '일제 침략과 학교폭력의 공통점'에 대해 토론할 수 있다. 고립 위기의 학생을 교사의 평화학급운영에 공감하는 학생들과 묶어 시민단체의 봉사활동 프로그램에 참여시킬 수 있다.

- •학급의 발전 단계 토론
- 우리 반은 다음의 어느 단계에 있는지 진단하고, 2학기 반의 과제를 다시 설정하는 회의를 진행한다.

*학급의 발전 단계

[1단계] 전쟁 상태 단계 – 폭력적인 그룹이 있고 따돌림과 괴롭힘이 일상화된 학급, 힘을 보이지 않으면 당할지 모른다는 위기감이 조성된 학급. 교사의 권위가 통하지 않고 폭력적인 아이들이 권력을 쥔 형태. 괴롭힘 문제로 전학을 가거나 결석하는 경우가 많은 학급.

[2단계] 적대적 공존 단계 – 적이 있어 위기 상황이지만 적과 같은 공간에서 공존하고 있음. 힘의 논리를 인정하는 안정된 피라미드 구조를 이루는 학급. 따돌림과 괴롭힘이 교사의 통제에 의해 잠시 중단되었다가 다시 드러나는 반복적인 양상을 보이는 학급.

[3단계] (평화) 공존 단계 – 싸움은 일어나지 않으나 아이들의 자기 영역이 분명하여 서로에게 관심이 없고 개입하는 것도 싫어함. 소집단들끼리 교류가 없고 폐쇄적임. 서로의 무기를 숨기고 있을 뿐 일종의 '유사 학교폭력 상태'임. 언제든지 적대적 공존으로 돌아갈 수 있는 상태.

[4단계] 화해 협력 단계 – 갈등이 일어났을 때 서로 도와 문제를 해결하고자 노력하는 학급. 서로를 긍정적으로 대하면서 강화시키기 위해 노력하는 학급. 약점이 있으면 도와주는 협력적인 학급.

[5단계] 영구 평화 단계 – 교사의 개입이 없어도 갈등을 스스로 토론해 해결하고자 하여 싸움이 없는 상태, 모두가 화목하고 포용적인 이상적인 학급.

1. 우리 반은 어느 단계에 해당하나요?

2. 1번과 같이 생각하는 이유는 무엇인가요?

3. 다음 단계로 나아가기 위해 우리 반과 나는 무엇을 해야 할까요?

다) 방학 중 활동에서의 주의 사항

① 방학 중 활동의 핵심은 방학 동안 세상을 넓게 이해하도록 하는 것이므로 교사가 동행하지 않아도 의미 있는 봉사활동, 체험활동을 소개하고 숙제를 내주는 것도 좋다.

② 방학 동안 체험활동 혹은 봉사활동을 할 경우 따돌림당하는 학생,

따돌림 위기 학생과 정의로운 학생들(공감그룹)이 친밀해질 수 있도록 한다. 또 공감그룹 학생들이 방학 활동을 교사와 함께 기획해 보는 것도 좋다.

③ 학생들은 봉사활동 시간을 주는 활동에 관심이 많으므로 방학 동안 시민단체에서 진행하는 봉사 프로그램에 참여하면 효과적이다.

④ 1박 2일 진행하는 학급 여행의 경우 사전에 학교장에게 내부 결재를 받는 것이 좋다. 학교장의 허가로 진행했던 여행이었음을 인정받아 사고 발생 시 공제회 혹은 개인 보험 적용을 받을 수 있다.

9. 평화신문

평화롭고 화목한 학급을 만들어 가기 위해 학급운영의 중간중간 우리 학급의 평화 정도를 점검하거나 친구관계를 돌아볼 수 있는 설문이나 앙케트를 진행할 수 있다. 평화 단계 점검 및 과제 찾기 p.109 이런 설문 결과를 신문의 형태로 낸다면 평화로운 학급의 분위기는 이어질 것이다. 그 밖에도 학급의 갈등이 모두의 노력으로 해결되었거나, 모두가 함께 생각해 볼 만한 학급 과제가 있을 때도 신문은 좋은 수단이 된다. 반장 선거를 위해 평화기자단을 선발한 뒤 이들이 교사와 교감하며 학급에 평화의 언어를 확산할 수 있는 장, 언론의 역할을 할 수 있도록 꾸준한 활동을 이어 가는 게 좋다.

가) 취지

① 평화기자단이 꾸준한 활동을 통해 학급에 평화의 이야기가 확산되도록 한다.

② 설문, 앙케트 등의 결과를 학급에 공개하고, 갈등(사건)이 발생했을 때 그것이 평화롭게 해결되는 과정을 학급 전체가 공유하여 집단적으로 성찰할 수 있는 계기가 되도록 한다.

*예시

1면: 톱(top) 기사(가장 뜨거웠던 우리 반 사건), 생일, 광고(캠페인)

2면: 기획면[주제 토의(예: 뒷담화 문화, 진정한 친구란?), 주제 토의 관련 명언
(시) 쓰기, 상담코너]

3면: 문화면(위원회 활동, 우리 반 놀이, 대중매체 이야기)

4면: 생활면(진실과화해위원회 과정), 너는 누구니(궁금한 친구 인터뷰), 나도
한마디, 이 친구의 에피소드를 공개합니다, 만화

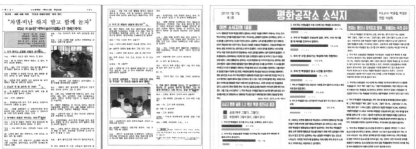

평화신문

나) 방법

① 학기 초 평화기자단을 모집하여 정기적인 편집회의를 한다. 교사는 기자단에게 기자 수첩을 나누어 준다.

② 편집회의에서는 우정신문의 제목과 주제를 정한다. 각 지면의 담당자를 정할 수도 있다.

③ 고정된 지면의 형식이 아니더라도 토의 과정, 각종 에피소드, 화해를 했던 과정 등을 아이템으로 삼을 수 있다. 사건의 해결 과정을 재빨리 알리고 싶다면 호외 형식이나 교실 뒤 게시판을 활용해 게시하는 형식의 신문도 좋다.

④ 종이에 인쇄해서 나눠 주는 것이 부담스럽다면 학급 게시판 하나를 평화신문을 게시하는 공간으로 활용해도 좋다. 대자보(벽신문) 형태가 되어도 재미있을 것이다.

⑤ 취재기자와 사진기자를 구분할 수도 있다. 학급에 만화 그리기를 좋아하는 학생이 있으면 만화 기자를 두어 만평이나 4컷 만화를 실어도 좋다.

⑥ 편집회의는 1, 2주에 1번 또는 학급 사정에 따라 진행한다. 회의 내용은 학급에서 일어나는 일들 중 아이템이 될 수 있는 사건을 모으고 기사를 정리하는 것이다.

⑦ 긴급하게 기록해야 하는 상황이 생기면 편집회의와 상관없이, 지면 담당자와 상관없이 인터뷰를 진행한다. 진실과화해위원회p.203와 같은 회의가 열리면 담당 기자가 동석한다.

⑧ 신문은 한 달에 1번 혹은 학기에 1~2번 내도 좋다. 평화신문은 학급 서사집p.252에 반영한다.

다) 효과

① 개방된 영역 속에서 평화와 우정을 논의하는 장이 마련될 수 있다.

② 학급의 문제점, 갈등 상황이 평화롭게 해결되는 과정을 확인하면서 학급의 발전 단계와 전망에 대해 이야기할 수 있다. 진실과화해위원회의 대화 과정을 신문을 통해 공개하는 것은 자주 일어나는 싸움을 예방하는 데 효과가 있었다.

③ 유언비어와 특정 학생에 관한 편견 등 왜곡된 시선에 대해 문제의식을 갖는 글을 공개함으로써 바로잡는 효과를 얻을 수 있다.

④ 의사소통이 어려워 속마음을 표현하지 못했던 아이들의 진실한 이야기가 신문을 통해 공개된 적이 있어서 오해와 갈등을 해결하는 데 도움이 되었다.

⑤ 교실에서 일어나는 갈등을 기록하고 토의의 과정, 화해의 과정을 그대로 공개하려면, 게시판을 활용하는 것보다 종이를 활용하는 것이 효과적이다.

라) 주의 사항

① 평화기자단이 취재와 기사를 쓰는 데 두려움이 없도록 인정과 대우를 해 준다.

② 평소에 글을 써 두도록 정기적인 모임을 하면 좋다. 기사를 그때그때 정리해 두면 학기 말 학급 서사집을 제작하는 데 큰 도움이 된다.

③ 인터뷰 방법을 잘 몰라도, 직접 부딪히며 상황을 익히는 것이 중요하다.

④ 취재와 글을 쓰면서 배우고 익히는 것이 상당히 많다. 자부심과 사명감을 갖도록 기자단 활동에 의미를 부여한다.

10. 친구 새롭게 보기-코드 변환

처음 이 활동은 친구의 이미지를 새롭게 보기 위한 의도를 가지고 '칭찬 쪽지' 혹은 '칭찬 릴레이'의 방식으로 진행했다. 몇 명의 아이들은 교사의 의도를 파악하여 친구의 이미지를 변화시키는 글을 써 주었다. 하지만 반 정도의 아이들은 장점을 찾지 못하거나 칭찬할 거리를 억지로 찾으려 했고 보상을 바라면서 아부의 말을 했다. 왜 그럴까?

칭찬의 코드는 사회마다 다르게 해석된다. 미국에서는 부자들의 기부 행위를 칭찬하지만, 핀란드에서는 부자들이 그만큼 세금을 더 내는 게 맞는 일이라 여기며 부자들이 기부하는 문화를 이상하게 여긴다. 우리는 칭찬이 당연한 것처럼 느껴지는 사회에 살고 있다. 오히려 칭찬을 안 하면 그 사람을 모욕하는 것처럼 느껴지기도 한다. "부장님, 오늘 너무 멋지신데요, 머리 예술이에요.", "넌 머리가 좋아서 조금만 노력하면 금방 올라." 마음에도 없는 말을 자주, 잘하는 것이 인간관계를 잘 맺는 법이라고 생각한다.

생활기록부에도 진실보다는 칭찬으로 써야 하고, 교사에게 칭찬받지 못하면 교사에게 미움을 받는다고 여기는 아이들을 보면서 칭찬을 해 줘야 좋은 선생님이 될 것 같은 압력을 받는다. 아이들은 칭찬에 중독되어 칭찬만 받으려고 하고, 칭찬을 받지 못하면 행위를 멈추기도 하며, 누군가의 비판을 받아들이지 못하는 자기중심적인 모습을 보이기도 한다. 앞에서는 칭찬하면서 뒷담화를 하며 비웃기도 한다. 결국 칭찬은 자아를 성찰하는 데 오히려 방해가 되는 지경에 이르렀다.

교류가 잘 이루어지지 않는 학급에서 아이들은 자신의 모습이 어떻게 비쳐질지 두려워하거나 본래 모습이 받아들여지지 않을까 봐 자신의 모습을 감추기도 한다.

자신의 다른 면을 보이고 싶어도 기회가 없어 남들에게 보이는 시선에 맞추거나 남들에 의해 정해진 '캐릭터'에 맞춰 행동하기도 한다. '왕따', '짱'과 같이 벗어나고 싶어도 타인이 정한 이미지가 강해 벗어나지 못하는 아이들도 있다.

다음의 시를 참고하면 '친구 새롭게 보기-코드 변환' 활동의 의미를 이
해할 수 있다.

마음의 창문

김경욱

눈을 보아요
내려보지 말고
곁눈질하지도 말아요
눈길에서 마음을 봐요

손 내밀어요
굳세고 부드럽고
믿음직하게 내밀어요
손길에서 마음 전해요

대화를 나눠요
말로 이기려 하지 말고
말에 움츠러들지도 말아요
대화 속에서 너의 마음을 보고
대화 속에서 내 마음을 전해요

멈춰서 보아요
깊이 보아요
한참을 보아요
다르게 보아요
맑은 눈으로

있는 그대로 봐요

마음에 창문을 열어요

창문을 잠그지 않아요

가) 취지

'새롭게 본다'는 것은 남들이 다 보고 있는 것을 '다르게' 보는 것이다. 수업 시간에 많이 자는 아이가 있다고 하자. 알고 보니 새벽마다 일 나가시는 어머니를 도와 드리려고 했던 속사정이 있었다. 이런 것을 발견해 공개하는 것이다. 자는 모습을 다르게, 이전에 내가 보았던, 현재 친구들이 편견을 갖고 있는 모습을 다르게 해석해 주는 것이다. 이것은 '코드 변환'이다. 같은 행위라 하더라도 사회마다 다른 코드로 읽히듯 학급에서 같은 코드로 읽히던 행위를 다른 코드로 해석해 공개함으로써 다른 학생들도 새로운 코드로 보는 경험을 하게 하는 것이다. 이로써 선이 악이 될 수도 악이 선이 될 수도 있다.

"쟤는 저런 애"라는 편견과는 다른 코드로, 구체적인 부분에서 사실에 근거해 '이런 것은 몰랐는데, 이런 면이 있었네.', "너희들은 얘에 대해 이런 면만 보지만 사실 이런 면도 있어.", "걔가 어떤 면이 있었는데 그것이 꼭 나쁜 면은 아니었네." 하는 평가나 소감을 학생들과 교사가 찾아보는

친구 새롭게 보기

것이다. 이러한 '코드 변환'을 통해 친구를 새롭게 보면서 편견에서 벗어날 수 있으며, 개인의 이미지 역시 긍정적으로 변화될 수 있다. 이것은 장점을 찾아내 칭찬하는 것과는 다른 개념이다.

나) 방법

• 친구 일화 소개하기

일화는 어떤 사람이나 사건에 관련된 아직 세상에 널리 알려지지 않은 이야기를 말한다. 학급에 알려지지 않은 나의 이야기를 써 줄 수 있는 사람은 나와 가장 가까운 아이들이거나 나를 편견 없이 봐주는 몇 명의 아이들 혹은 선생님일 수 있다.

① 교사는 다음의 세 가지 방법 중 선택하여 '일화 쓰기'를 통해 친구 새롭게 보기 활동을 하겠다고, 취지와 의도를 설명한다.
- 짝을 바꾸고 나서 다음 짝을 바꿀 때까지 짝에 대해 잘 알아보도록 한다.
- 일종의 마니또처럼 비밀 친구의 이름을 뽑고 특정 기간 동안 지켜본 다음 비밀 친구의 새로운 모습을 발표하게 한다.

    "짝을 바꾸기 전, 마니또를 뽑기 전, 반 아이들이 생각하는, 그 친구의 이미지가 있을 거예요. 그 이미지와는 달랐던 새로운 면을 보게 했던 일, 그 친구의 긍정적인 면을 봤던 사건, 에피소드를 적는 활동을 할 거예요. 짝을 한 기간 동안(비밀 친구를 유지하는 기간 동안) 그 친구와 잘 만나 보세요."

    이를 통해 학급 아이들은 '새롭게 보기'를 경험할 수 있지만, 짧은 기간 친하지 않았던 아이들 사이에서 진면목을 보는 것이 쉽지 않을 수도 있다. 가장 좋은 것은 다음의 방법이다.
- 평소에 가장 친한 친구들(같은 취미, 방과 후에도 같이 노는)이 일화

친구 일화 소개하기

　를 소개하는 방법이다. → 반 아이들의 이름을 적어 놓고 누가 일화
　를 적을 것인지 공개적으로 정한다. 따돌림 위기의 아이일 경우는 미
　리 필자를 내정하는 게 좋다.

② 교사는 "'반 아이들이 그 친구에 대해 이런 면만 보지만 사실 이
　런 면도 있더라' 또는 '이런 면이 꼭 나쁘지만은 않더라', '알고 보
　니 괜찮은(이런 사연이 있는) 아이더라'와 같은 생각이 들게 했던 일
　화를 써 주세요." 하고서 쪽지를 돌린다. 쪽지에 글을 잘 써 주는
　사람은 '편견이 아닌 공정한 눈으로 세상을 볼 줄 아는 사람, 친구
　의 좋은 점을 발견하는 따뜻한 마음의 소유자, 배려심이 있는 사
　람, 관찰을 잘하는 사람'이라고 인정을 해 준다. 글 아래에는 글쓴
　이의 이름을 함께 적는다. '일화'를 보고 필자에 대해, 일화의 주인
　공에 대해 필요하다면 생활기록부에 실을 수 있다.

③ '친구 일화 소개 릴레이' 형식으로 진행할 수도 있다. 사회를 맡은
　사람이 자신의 일화를 발표하고 쪽지의 주인공이 이어서 일화를 발
　표하는 형식이다(학생이 사회를 보기 어려워하면 교사가 사회 시나리
　오를 간단하게 적어 준다).

- 교사가 일화 쪽지를 뽑아서 읽고, 학생들이 주인공을 맞히는 게임처
　럼 진행하면 활력과 재미를 줄 수 있다. 이때 교사가 주인공 학생과

의 일화를 덧붙여 소개해도 좋다.

- 학급 게시판이나 평화신문, 칠판을 활용해 공개할 수 있다.
- 최종적으로 학급 서사집에 한 꼭지로 담아낸다.

* '이 친구를 말한다'(친구 일화 소개 릴레이 게임)

1. (일화 소개 릴레이 위원이 사회를 본다.)
지금부터 '이 친구를 말한다' 릴레이를 시작하겠습니다. 마니또를 뽑고 며칠 동안 친구의 모습을 잘 관찰했을 텐데요. 이 시간에는 여러분이 뽑은 마니또와의 에피소드를 말하고 새롭게 본 모습을 소개하겠습니다. 먼저 관찰자는 자신의 마니또를 밝히지 않은 채 일화를 소개합니다. 그리고 주인공이 누구인지 여러분이 맞혀 주세요. 맞힌 분에게는 평화우정 사탕을 드리겠습니다. 먼저 오승우 군 나와 주세요.

2. 저는 1학년 때 '이 친구'와 같은 반이었어요. 제가 아는 '이 친구'는 정말 조용하고 순수한 친구였죠. 2학년이 되고 1학기 때도 그랬어요. 하지만 2학기 들어 우리 반이 소란스러워지자, 이 친구가 바뀌었어요. 우리 반이 떠들 때마다 이 친구가 나서서 우리 반의 질서 유지에 앞장섰어요. 저는 이 친구가 적극적으로 변하자 정말 기뻤어요. 얼마 전이었어요. 기술가정 시간에 선생님께서 용건이 있어서 자리를 비우시자, 우리 반이 슬금슬금 또 떠들기 시작했어요. 그때 또 '친구'가 나서서 우리 반을 조용히 시켰어요. 친구들은 당돌한 '이 친구'의 모습에 항상 놀라요. 그리고 '이 친구'가 친구들에게 "△△아 너는 일단 조용히 해라"라고 하자 저를 비롯한 몇몇 아이들이 "○○야 나는 뭐 해야 돼?" 하고 물었고 여기에 '이 친구'는 친절하게 하나하나 답변해 주었습니다. '이 친구'가 있어서 우리 반이 질서 있고 재밌어진 것 같습니다. '이 친구'는 누구일까요?

3. (아이들이 너도나도 손을 든다. 주인공은 손을 든 아이 중에 한 명을 선택해 답하게 한다. 맞히면 사회자가 사탕을 준다. 주인공은 자기 자리로 들어가면서 일화를 적은 쪽지를 사회자에게 낸다. 이 쪽지는 나중에 학급 서사집에 싣는다.)

4. 주인공은 서호였습니다. 서호를 새롭게 보았던 에피소드가 또 있으면 발표해 주세요. 서호는 잘 들어 보고 마음에 드는 일화를 소개한 친구를 지목해 주세요(서호는 자기 자리에서 친구를 지목하고 사회자는 지목된 친구에게 사탕을 준다).

5. 이상으로 '이 친구를 말한다' 릴레이를 마치도록 하겠습니다. 내일 주인공은 서호입니다. 서호는 마니또의 에피소드를 준비해 주세요(사회자는 칠판에 주인공 이름을 적어 둔다).

11. '4개의 창'으로 친구 모습 그리기

조해리의 창Johari's window은 개인이, 자기와 타인의 관계 속에서 자기의 상태를 보고 인간관계를 어떻게 개선할지 노력할 때 사용하는 분석틀이다. 따돌림사회연구모임은 '조해리의 창'을 수정하여 '내가 알고 있는 나'와 '남이 알고 있는 나' 사이 인식의 차이를 공유함으로써 개인 혼자의 노력이 아닌 자기 자신을 포함한 학급의 개인들이 몰랐던 개인의 진면목을 알도록 하는 것으로 활용했다. 다음의 '4개의 창'을 통해 개체에 대한 진실을 찾는 것이다.

- 공유의 창-나도 알고 남도 아는 나
- 타인 소유의 창-남은 알지만 나는 모르는 나
- 사적 소유의 창-나는 알지만 남은 모르는 나
- 미개척(미지)의 창-나도 모르고 남도 모르는 나

개인의 진면목이 잘 드러나기 위해서는 '공유의 창'이 확대되거나 바뀌어야 한다. '4개의 창으로 친구 모습 그리기' 활동의 목표는 아무도 모르는 세계와 나만 알고 있거나 남만 알고 있는 세계가 공유의 세계로 바뀌게 하여 친구를 새롭게 보면서 친구의 진면목을 찾고 긍정적으로 볼 수 있도록 하는 것이다.

① '4개의 창'으로 친구 모습 그리기 활동은 짝과의 활동, 소집단 모둠의 활동으로 전개할 수 있다. '4개의 창' 질문지와 활동지를 주고 작성하도록 한다. 질문지의 1번부터 3번은 본인이, 4번과 5번은 짝이나 자기 외 모둠원들이 활동지 양식에 답변을 작성한다.

② 특히 5번 문항은 미개척의 창으로서 학생들이 잘 쓸 수 있도록 교사의 문학적인 안내가 필요하다. 나태주의 '풀꽃'과 앞서 제시한 김

경욱의 '마음의 창문'은 바쁘게 살다 보니 놓쳤던 아름다움의 진실을 떠올리도록 돕는 상상을 여는 시가 될 수 있다. 세상만사가 그렇듯 아이들의 세계도 마찬가지. 학교라는 제한된 공간에 서 있는 서로에 대해 "다른 환경이었다면, 다른 상황(조건)이었다면 어떤 모습이었을까", "미래에 이 친구는 잠재력을 어떻게 발휘하며 살게 될까"와 같이 평범하게 보던 시선을 '멈추어 비로소 보이는 것'을 찾는 활동임을 알려 준다. 남을 찾아 주면 자기도 받을 수 있다는 것도 함께 말이다.

③ 만약 '공유의 창'의 변화를 알고자 한다면 분기별이나 학기별로 진행할 수 있다. 이를 통해 교사는 공유된 세계가 확대되거나 바뀌었는지 단계별로 비교해 봄으로써 학생들의 교류 상황을 볼 수 있다. 활동지 두 장을 B4사이즈 가로로 편집, 제작해 자기 자신에 대한 공유 영역의 변화를 확인할 수 있다.

tip 조해리의 창-'열린 창, 숨겨진 창, 보이지 않는 창, 미지의 창'이라는 네 가지 영역에서 자기 노출(표현)과 경청을 통해 '열린 창'의 영역을 확대한다면 숨겨진 창과 보이지 않는 창이 줄어들 수 있다는 이론이다.

④ 활동지 작성 결과를 본인 확인과 함께 학급에 게시해 '사적 소유의 창'과 '미개척의 창'을 공유하거나 '미개척의 창' 부분은 학급 서사집에 실을 수 있다.

4개의 창으로 친구 모습 그리기

활동지에 1번부터 3번은 본인이 쓰고 4번과 5번은 짝(모둠원들)이 써 줍니다.

1. [공유의 창] 반 아이들이 나에 대해 정확히 알고 있는 나의 모습은?

2. [공유의 창] 자기 자신이 반 아이들에게 보여 준 모습들 중 반에서 통했다고 생각되는 (반 아이들에게 잘 받아들여진) 모습은 무엇인가요?

3. [사적 소유의 창] 반 아이들에게 보여 주지 않는 자신의 모습은 어떻습니까?
① 세상을 구성하는 원소인 '물, 불, 흙, 공기'를 떠올리며 자신을 표현한다면? 이유는?
② 반에서 인정받고 싶은 것은? [성적, 유머, 힘, 명예, 게임 실력, 운동, 친구관계, 외모, 유행, 패션, 기타(   )]
③ 반에서 본인에게 있었던 일 중 억울했던(속상했던, 타인이 내 마음을 알아주지 않았던) 사연이 있습니까? 있다면 어떤 일이었습니까?
④ 반 아이들은 자신을 어떻게 보는 것 같습니까?
⑤ 반 아이들이 자신을 어떻게 보았으면 좋겠습니까?
⑥ 반 아이들과의 우정을 위해 어떻게 노력하고 있습니까?
⑦ 반 아이들이 잘 모르는 자신의 성격(또는 장점, 자랑거리)이 있습니까?
⑧ 반 아이들이 잘 모르는 자신만의 취미가 있습니까?

⑨ 반 아이들이 잘 모르는 자신의 희망(바람)이 있습니까?
⑩ 다른 사람이 잘 모르게 자신의 희망(바람)을 위해 노력하는 것이 있습니까?

4. [타인 소유의 창]
① 다른 사람들이 봤을 때 나는 '물, 불, 흙, 공기' 중 어떤 이미지인가요? 왜 그런가요?
② 반 아이들은 나의 어떤 점을 인정해 주나요? [성적, 유머, 힘, 명예, 게임 실력, 운동, 친구관계, 외모, 유행, 패션, 기타(   )]
③ 내가 무의식적으로 자주 하는 습관(말, 행동)이 있었나요?
④ 나와 짝을 하면서 혹시 나에 대해 새롭게 안 점이 있나요?
⑤ 나와 짝을 하면서 고마웠던 점, 미안했던 점, 서운했던 점이 있다면?

5. [미개척의 창] (짝이 써 줍니다)

　풀꽃

　　　　　　　　나태주
　자세히 보아야 예쁘다
　오래 보아야 사랑스럽다
　너도 그렇다

'멈추면 비로소 보인다'(혜민 스님)는 말이 있습니다. 우리가 경쟁하며 바쁘게 살다 보니 친구의 진실된 모습을 지나친 적이 있을 것입니다. 황무지를 잘 보면 쓸모 있는 것이 눈에 띨 수 있고 호화로운 곳도 해일이 덮치면 한순간 끝나는 것입니다. 우리가 보는 세계, 눈으로 보는 세계가 다가 아닙니다. 잠깐 멈추고 가만히 마음으로 떠올려 봅시다.
예를 들어 '이 친구는 어떤 가능성(잠재력)이 있는 것 같다, 학교가 아닌 어떤 환경, 어떤 상황에서는 강할 것 같다'와 같은 것이겠지요.

4개의 창으로 친구 모습 그리기

자신은 안다 　　　　　　　　　　자신은 모른다

타인은 안다

[공유의 창]

1. 반에서 알고 있는 내 모습

2. 반에서 통한 내 모습

[타인 소유의 창]

4. ① 짝은 (　　　)이다. 왜냐하면
_____

② 짝은 [성적, 유머, 힘, 명예, 게임 실력, 운동, 친구관계, 외모, 유행, 패션, 기타(　　　)]으로 인정받고 싶다.

③ 짝은 무의식적, 습관적으로
_____

④ 새롭게 본 모습
_____

⑤ 고마웠던 점, 미안했던 점, 서운했던 점
_____

타인은 모른다

[사적 소유의 창]

3. ① 나는 (　　　)이다. 왜냐하면
_____

② 나는 [성적, 유머, 힘, 명예, 게임 실력, 운동, 친구관계, 외모, 유행, 패션, 기타(　　　)]으로 인정받고 싶다.

③ 내 마음을 몰라주었던 일

④ 반 아이들은
_____

⑤ 반 아이들이 나를
_____

⑥ 우정을 위한 나의 노력
_____

⑦ 애들이 모르는 내 성격(장점, 자랑거리)
_____

⑧ 애들이 모르는 나만의 취미
_____

⑨ 애들이 모르는 나만의 바람과 바람을 위한 나의 노력
_____

[미개척의 창]

5. 아무도 모르는 친구의 진면목, 미래의 가능성(잠재력)

12. '나 이렇게 산다(2)' 설문지 활용

'나 이렇게 산다(2)' 설문지[3]는 개인이 학급 친구들에게 어떤 인정을 받고 있는지 확인할 수 있는 문항으로 되어 있다. 긍정적인 질문이든 부정적인 질문이든, "반에서 가장 ~한 아이 3명"을 묻는 질문에서 다수의 반 학생들이 적은 아이는 자신을 보는 시선이 어떤지 확인할 수 있다. 위의 4개의 창에서 보면 '타인 소유의 창'을 공개하여 '공유의 창'을 확대시킬 수 있고, 이미 개인에게는 '공유의 창'으로 분류된 것이라도 확대되거나 바뀐 것은 없는지 스스로 확인할 수도 있다. 교사는 아이들의 설문을 잘 정리하고 공개하여 '타인 소유의 창'이 공유되도록 한다. 설문 결과 자신의 모습과 다르거나 다른 이미지로 바꾸고 싶은 친구가 있다면 '소감'을 발표하는 활동을 하는 것도 좋다.

가) 효과
① 친구를 새롭게, 긍정적으로 보는 '코드 변환'을 연습하면서 학생들이 선한 방법으로 친구를 인정하는 법을 배웠다.
② '왕따, 짱, 범생이, 날라리' 등의 고정된 이미지 혹은 과거 사건이나 유언비어에 의해 덧씌워진 편견에서 벗어날 수 있는 기회를 만들었다.
③ 부정적인 이미지에서 벗어난 아이들의 행동이 긍정적으로 바뀌었다. 자신을 보는 시선이 따뜻하고 부드럽다고 여기면서 이를 유지하기 위해 본인의 행동을 수정하는 모습이었다.
④ 교사가 진행하다가 학생들이 직접 진행하는 틀이 잡히자 학급의 활력이 더욱 높아졌다. 학급의 모든 학생이 주인공이 되는 경험을 갖게 되었다. '친구 새롭게 보기' 활동을 정기적으로 하다 보니 학기 말 '우정의 모자이크' 활동도 풍성하게 이루어졌다.이야기 학급운영 '결'

---

3. 따돌림사회연구모임 홈페이지(http://antibullyingsociety.com)에 수록.

p.259 설문 결과와 쓴 글들은 학급 서사집에 싣는다.

나) 주의 사항

① 학생들이 취지에 맞게 '친구 새롭게 보기' 활동을 할 수 있도록 취지를 잘 설명한다. '일화 쓰기', '새롭게 쓰는 내 짝 소개서(새롭게 쓰는 자기소개서)'에서 글쓴이의 성실한 표현력은 코드 변환에 영향을 미친다. 교사는 열심히 써 주는 아이의 심성에 대해 인정을 해 주며 이를 생활기록부에 반영하겠다고 말할 수 있다.

② 설문을 하거나 글을 쓰는 것에 머무르지 말고 최대한 공개할 수 있는 방법을 찾는다.

③ '친구 새롭게 보기' 활동이 효과를 거두려면 효과적인 의사소통이 이루어지고 평화규칙을 지키려고 학생들이 노력할 때 가능하다. 진행에 어려움을 겪는다면 권력적인 인간관계를 지향하는 학생들이 규범을 형성한 경우는 아닌지 점검할 필요가 있다.이야기 학급운영 '전' 확인할 것

13. 장난의 말, 놀리는 말, 모욕적인 말, 고통스러운 말 쓰기[4]

가) 취지

① 서로의 언행으로 받은 상처를 자연스럽게 공유함으로써 반 학생들이 성찰하는 프로그램이 필요하다.

② 언어행위(화행) 방법으로 교류를 넓혀 조기 괴롭힘 상태를 예방한다.

나) 방법

① 각각 A4 용지 반 크기의 종이를 1인당 4장씩 나누어 준다.

---

4. 『학교 인권교육 길라잡이』, 국가인권위원회, 2006, pp. 84~86 참고.

② 학생들은 각 종이에 장난의 말, 놀리는 말, 모욕적인 말, 고통스러운 말을 적는다.

③ 자기 이름을 적어 본인이 원하지 않는 말이었음을 밝힌다. 자기가 쓴 말에 대해 자신의 감정을 발표하는 시간을 가져도 좋다.

④ 장난의 말, 놀리는 말, 모욕적인 말, 고통스러운 말이라는 주제로 영역을 구분한 게시판에 학생들이 쓴 종이를 붙인다.

⑤ 친구의 감정을 읽어 보고 자기가 한 말이면 노란 포스트잇으로 답글을 단다. 답글을 쓴 사람이 직접 답글을 발표해도 좋다.

다) 효과

① 일기모둠이나 개인 상담을 통해 교사가 알게 된 언행에 의한 상처를 자연스럽게 공개하여 성찰하는 기회를 가질 수 있었다.

② 과거에 상처받았던 경험을 나눔으로써 누구나 피해와 상처를 입을 수 있음을 공유한다. 상처가 되는 말을 한 학생은 화해를 위한 언어로 다시 표현함으로써 화목화행을 실천할 수 있다. 화행교육에 대해서는 따돌림사회연구모임 홈페이지 참고

라) 주의 사항

가해 학생을 찾는 것이 아니라 피해 학생의 입장에서 생각해 보는 것이 취지이므로 누가 상처를 준 말을 했는지 밝히지 않는다.

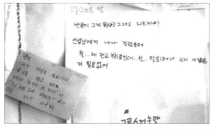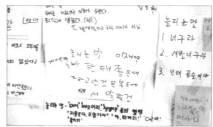

장난의 말, 놀리는 말, 모욕적인 말, 고통스러운 말 쓰기

4장
전(轉)-이야기의 심화

서문

〈기존의 의사소통 방식으로는 왜 실패하는가?〉

곽 이제 2학기도 절반이나 지나갔네요, 강 생님, 어떻게 올해 학급운
영은 잘되고 계세요?

강 초반에는 진짜 잘됐어요. 우리 반은 '평화를 만드는 학급'이다 선
포하고, 평화규칙도 만들었죠. 반장 선거도 기자회견으로 바꿔서
하고, 문제가 있을 때 진실과화해위원회도 열었어요, 단합대회도
화합마당으로 바꿔서 그전과는 다르게 많은 애들이 참여했고요.
애들이 서로 편해지면서 반에 웃음도 많아지고, 1학기 때만 해도
다른 반 애들이 다 부러워하는 반이었죠. 근데….

곽 왜요, 또 사고 났어요?

강 사고도 좀 나고… 2학기 들어 애들이 뿔뿔이 흩어지더라고요. 수
업 태도 때문에 선도 간 애들도 있고. 그리고 요즘에는 애들과 사
이가 안 좋아요… 뭐랄까, 점점 아이들에게서 고립되고 있다고 해
야 하나? 요즘 제가 '평화'라는 얘기만 꺼내도 애들이 야유해요,
그런 거 뭐 하러 하냐고, 어차피 안 되는 거 하지 말자고. 엄청 노

력해서 왕따였던 아이도 좀 편하게 지내는가 했더니 다시 제자리고, 걔 벌써 이틀째 학교를 안 와요. 뭐가 잘못된 건지. 평화로운 학급의 뼈대도 만들었고, 화목하게 만들기 위한 프로그램들도 열심히 진행을 했어요. 그런데 왜 늘 마지막에 가면 이럴까요? 노력한다고 하는데도 몇 해째 반복이에요, 막판에 꼭 이래요.

김 강 선생님 이야기가 마지막까지 이어지지 못하네요. 정말 왜 그럴까요? 곽 선생님은 이럴 때 어떻게 돌파하셨어요?

곽 글쎄요, 저는 담임이 되면 일단 우리 반을 살펴보고 내 편이 돼줄 아이들을 찾는 거 같아요. 아마 애들을 장악하는 데 자신이 없어서 그랬던 것 같기도 해요. 좀 정의로운 애들, 선생님이 말할 때 눈빛이 반짝이는 애들, 그런 애들하고 모임도 만들고, 생각날 때마다 전화도 하고 메시지 보내고, 간식도 나눠 먹으면서 내 고민도 털어놓고 애들 얘기도 듣고. 평화를 만들어 가는 선생님의 동지들이라고 해야 하나? 걔네들하고 여러 가지 활동도 하고 반의 분위기를 평화 쪽으로 이끌려고 이런저런 노력을 했죠.

강 저도 노력을 안 한 건 아닌데, 저도 올해는 정말 새롭게 여러 가지 시도들도 하고, 애들하고 상담도 많이 했거든요.

곽 글쎄요, 애들이랑 상성이 안 맞았나? 그런 해도 있잖아요. 교사하고 마음이 맞는 반이 있고 아닐 때도 있고.

강 그런데 교사에게 욕을 하다니⋯ 저는 애들이 센 척하면 진짜 못 참겠어요. 학급의 평화를 위한 거긴 하지만, 제가 생각해도 좀 심하게 혼낼 때가 있어요. 어떨 땐 나도 애들 앞에서 센 척하나 싶기도 하고⋯ 곽 선생님 학교 애들도 많이 거칠잖아요. 그럼 그렇게 거친 애들이 반 분위기를 휘두르려고 하지 않아요?

곽 센 애들이 모여 가지고 반 분위기를 장악하려고 한 적이 있어요. 그때 힘들었는데, 저의 동지들 중에 축구를 잘하는 애가 있었어요. 공부도 좀 하고. 그래서 이 쎈 애들을 좀 갈라놔야겠다 싶어서 "우리 반에 축구 모임을 만든다"고, 이렇게 띄운 다음에 쎈 애들 중에 일부를 정의로운 애랑 묶어서 축구 소모임을 만들어 본 거죠. 그런 식으로 접근하니까 쎈 애들 그룹이 약해지면서, 정의로운 애들이 주도권을 쥐게 되고 분위기가 바뀌었죠.

김 확실히 곽 선생님의 방법에는 뭔가 다른 게 있네요. 왜 강 선생님은 고립되고, 곽 선생님은 고립되지 않았을까요? 곽 선생님은 어떻게 평화의 이야기를 끝까지 유지할 수 있었을까요?

강 제가 너무 누르기만 하고 애들을 받아 주지 않아서, 그래서 애들하고 사이가 멀어진 걸까요?

김 그럴 수도 있겠지만, 중요한 것은 곽 선생님의 학급에는 교사가 만들려는 평화로운 학급에 대해 공감하는 학생들이 있었고, 강 선생님의 학급에는 그런 학생들이 없었다는 겁니다. 강 선생님은 교사가 열심히 노력하고, 평화가 중요하다고 계속 이야기했기 때문에 아이들이 교사의 말에 공감하고 있을 것이라고 생각했겠지만, 사실 아이들은 다 딴 생각을 하고 있었던 거죠. 교사와 아이들이 사용하는 언어와 문화가 너무 달라서 교사의 언어가 아이들에게는 외국어처럼 들리기 때문입니다. 교사에게 아이들의 언어가 외국어처럼 느껴지는 것처럼, 아이들 역시 그렇습니다. 곽 선생님의 학급에서 평화의 이야기가 지속되었던 이유는, 곽 선생님이 찾아내고 적극적으로 친밀한 관계를 만들었던 그 아이들이 교사와 아이들의 중간에 서서 교사의 언어를 아이들 식의 언어로 번역해 주는 '통역자'의 역할을 해 주었기 때문이네요.

강 그러고 보니 애들도 공부하다 모르면 선생님한테 안 오고, 공부 잘하는 애한테 가서 물어보잖아요. 애들이 설명하는 것을 보면서 교사들은 '아, 저렇게 설명하면 안 되는데.' 하지만, 애들은 오히려 그런 부족한 설명을 더 잘 이해하고. 공부 잘하는 아이들도 수업 시간에 일종의 통역자 역할을 하는 거네요.

김 그렇습니다. 사실 모든 교육활동에서 자연스레 늘 일어나는 일인데요. 평화로운 학급의 이야기를 성공시키려면 교사의 가치에 공감하는, 교사의 세계와 아이들의 세계를 이어 주는 통역자 그룹이 꼭 있어야 하는군요. 아주 중요한 발견이네요.

곽 이 아이들은 그러면 '교사의 가치에 공감하는 통역자 그룹', 줄이면 '공감그룹'이라 이름 붙일 수 있겠네요.

김 네, 좋습니다. 그럼 이 '공감그룹'을 어떻게 발굴하고 육성하는지를 교육활동으로 만들어 봅시다. 강 선생님이 왕따인 아이가 다시 학교를 나오지 않는다고 했는데, 아마 그렇게 된 이면에는 반에서 다시 따돌림을 시작한 아이가 있을 겁니다. 먼저 공감그룹을 찾고 그 아이들과 왕따 문제에 대한 선생님의 고민을 나눠 보세요. 그러면 가해 학생도 찾을 수 있을 것이고요. 그다음 우리 학급에서 일어났던 폭력의 진실을 찾고 화해를 이루는 노력을 해 보면 좋겠습니다. 이 위기를 돌파하는 이야기를 써 봅시다.[1]

교류 구조

1. 교류가 일어나려면 통역이 필요하다

교사는 학생들의 언어를 모두 이해하기 힘들다. 어떤 교사들은 학생들

---

1. 단순 지식 전달이나 목적이 단순한 활동(청소 등)에는 공감그룹이 필요 없다. 그리고 평화교육에서도 모든 경우에 공감그룹이 필요한 것은 아닐 것이다. 학급의 인원이 적어서 교사가 직접 한 명 한 명을 챙길 수 있는 경우에 따로 작은 그룹을 만들 필요는 없다. 초등학교 저학년 같은 경우에도 복잡한 설명보다 놀이나 비유 속에서 체험할 수 있도록 하는 편이 더 적절하다. 그러나 적어도 초등학교 고학년 이후의 다인수 학급에서 '평화, 평등, 화목'과 같은 어려운 가치관을 전달할 때는 공감그룹의 존재가 매우 중요하다.

을 이해하기 위해 아이돌의 노래를 듣고 학생들과 같이 게임을 하기도 한다. '디지털 유목민'과 '디지털 원어민'의 용어에서도 알 수 있듯이 아날로그 감성으로 디지털 시대를 살아가는 대부분의 교사들이 처음부터 스마트폰을 만지며 살아온 아이들을 따라갈 수 있을까. 엄청난 속도로 살아가는 아이들을 흉내 내는 것일 뿐 따라갈 수는 없다.

그래서 아이들 입장에서 어른이 쓰는 언어를 이해하는 것과 또래가 쓰는 언어를 받아들이는 것은 차원이 다르다. 교사가 학생을 만나기 위해 아이의 언어를 흉내 내더라도 세대와 문화의 차이가 장벽이 되기 때문이다. 더군다나 학생이 교사의 가치관에 공감하기 힘들거나 반대한다면 이해의 속도는 더욱 떨어질 것이다. 그럴수록 학생들은 또래의 언어에 더 반응한다.

교사가 학생과 공감대를 높이기 위해 학생의 언어를 쓸 수 있지만 교사의 언어가 학생의 언어가 될 수는 없다. 교사와 학생이 서로의 언어를 이해하기 위해서 아이들만의 언어도 어른만의 언어도 아닌 중간언어[2]가 필요하다. 복잡한 것을 전달할수록 더욱 그렇다. 어른인 교사가 하는 중간언어에 아이들이 공감했을 때 교류가 되는 것이다. 만약 교사가 매 순간, 모든 학생들에게 적절한 '중간언어'를 쓸 수 있다면 특별히 아이들의 도움이 필요 없을 수도 있다. 그러나 이것이 현실적으로 어렵기 때문에[3] 교사의 언어를 매개하는 아이들이 필요하다. 그들은 교사의 뜻을 이해하고 공감하며 아이들의 언어로 말할 수 있도록 '통역'하는 '공감그룹'이다.

---

2. 중간언어는 원래 외국어를 완전히 배우기 전에 불완전하게 흉내 내는 말을 뜻한다. 예컨대, 뭐 먹을래? → eat, something, ok? → Do you want to eat something?, 여기서는 교사가 자신의 생각을 아이들이 이해할 만한 언어로 바꾸는 것을 말한다. 예를 들어, 고립아도 안심할 수 있는 학급이 되려면 인정투쟁이 약해져야 한다 → 서로 센 척하는 게 줄어들어야 약한 애들도 안심하고 지낸다.

3. 매체에 등장하는 스타강사들은 중간언어를 매우 적절히 쓴다. 스타강사들 중 해당 과목의 비전공자가 많다는 사실도 중간언어의 중요성을 보여 준다. 그러나 모든 교사가 매 순간 스타강사처럼 중간언어를 적절히 선택하기란 불가능할 것이다. 게다가 어려운 과목을 쉽게 설명하는 것과, 평화로운 학급을 만들기 위해 학생들의 성찰과 변화를 촉구하는 것은 전혀 다른 차원의 문제이다.

교과 수업 장면을 떠올려 보면 공감그룹의 활동을 이해할 수 있다. 주로 공부 잘하는 학생들은 교사에게 질문을 하고 교사는 이에 맞춰 답을 한다. 그 학생들과 교사 사이의 교류가 수업의 분위기를 만들게 된다. 개별 학습이 가능한 소수가 아닌, 다인수 학급에서 수업을 이끄는 교사는 교사에게 반응하는 일부 학생들의 분위기를 중심으로 수업을 진행할 수밖에 없다. 이렇게 분위기를 주도하는 학생들이 교사와 학생들 사이를 '매개'하고 있는 것이다. 이 아이들은 교사가 알기 힘든 아이들의 요구나 불만을 교사에게 전달하기도 하고, 선생님 대신에 학습 부진아를 돕는 작은 교사의 역할을 하기도 한다. 평화의 가치를 앞에 놓고 학급을 운영할 때도 마찬가지이다. 교사의 가치에 공감하고 교사의 언어에 반응하는 아이들이 교사와 학생 사이를 이어 주는 매개의 역할을 하게 된다. 이 아이들이 교사의 언어에 공감하여 학생들에게 교사의 본뜻을 오해 없이 전달하는 통역자의 역할을 하게 되는 것이다.

2. 공감그룹을 통해 불통의 분위기를 돌파할 수 있다

그러나 아이들이 교사의 언어를 공감하는 과정은 쉽게 이루어지지 않는다. 예를 들어 교사가 평화규칙을 만들자고 했을 때, 어떤 학생은 "귀찮아요.", "평등? 그런 것은 왜 하는데." 등과 같이 부정적인 반응을 보이기도 한다. 무기력과 이기심이 교실을 지배하고 있다. 많은 학생들이 '내 인생은 어차피 실패할 것'이라거나 '우리는 어차피 해도 안 될 것'과 같은 패배자의 인생각본, 또는 '이기는 것이 정의'라는 식의 잘못된 가치관을 가지고 산다.

교사는 여유를 가지고 이런 학생 행동의 이면에는 또래로부터 인정받고 싶은 욕망이 숨어 있다는 것을 떠올릴 필요가 있다. 그래서 이런 행동이 또래에게 인정받으려는 연극 같은 행동일 수 있고, 만약 이런 무기력, 이기심, 센 척하는 태도가 또래에게 통하지 않는다면 그런 행동은 중단

될 수 있음을 기억하고 이야기를 중단해서는 안 된다.

따라서 교사가 학생들의 부정적인 반응에 일희일비하기보다, 교사의 언어에 공감할 수 있는 '공감그룹 키우기'를 전략으로 선택하여 학급의 분위기와 여론을 바꾸어 간다면 불통의 분위기를 돌파할 수 있을 것이다.

공감그룹은 교사의 언어를 전달하기 위한 것을 넘어 아이들 사이에 발생하는 문제를 해결할 때도 큰 역할을 할 수 있다. 교사가 일방적인 훈육으로 학생의 마음을 움직이기 어려울 때, 자발적인 공감과 반성을 이끌고 싶을 때 공감그룹은 또래 학생들의 근접발달대를 형성하는 데 기여할 수 있다. 아이들의 바람과 욕망, 기대를 끌어냄으로써, 문제 해결에 스스로 도달할 수 있도록 돕는 것이다. 마치 수업 내용을 자신의 언어로 친구에게 가르쳐 주는 학생들처럼, 공감그룹은 학생이 문제 상황을 객관적으로 이해하고, 진정으로 우리 학급에서 인정받는 길이 무엇인지 알도록 도울 수 있다. 공감그룹이 형성되면 교사는 공감그룹과 연대할 수 있으며 학생들과 교류할 수 있다.

3. '엘리트'와 '정보원'이 아니다

"반장, 내가 올 때까지 애들 조용히 시켜!"

담임선생님은 반장에게 권한을 주고 나갔다. 그러나 반장은 사실 조용히 시킬 수 없다. 우리 반의 쎈캐릭터(쎈캐)는 따로 있다. 담임이 나가자 반장은 쎈캐를 쳐다보았다. 며칠 전 반장은 쎈캐를 집에 초대한 적이 있었다. 그때 반장의 엄마는 쎈캐에게 "우리 애 많이 도와줘라"라고 말했었다.

아이들이 웅성대자 쎈캐가 한마디 한다.

"조용히 해라."

순간 교실은 고요해진다. 유일하게 떠들고 있는 한 사람을 빼고는.

『우리들의 일그러진 영웅』 속 엄석대는 대표적인 교사의 정보원이다. 담임은 석대를 '엘리트'라 보고 자신의 권한을 위임한다. 교사는 회장이나 리더십 있는 학생에게 지위를 주거나 학급의 문제를 맡긴다. 교사는 학급 통제를 손쉽게 하기 위해 지시와 명령을 엘리트(정보원)를 통해 전달하고 아이들의 상태를 점검한다. 겉보기에는 학급 관리가 잘되는 것처럼 보인다. 통제와 관리하에 놓여 있기 때문이다. 하지만 엘리트주의에서는 '공감'의 과정이 결여되어 있다. '통역'이 아닌 '상명하달', '교류'가 아닌 '일방적 전달'로 소통한다. 교사가 가장 영향력이 있을 것 같지만 사실은 정보원의 영향력이 더 세다. 정보원이 정보를 전달하지 않으면 교사 지시는 차단되기 때문이다. 아이들의 피부에는 정보원의 권력만 와닿을 뿐이다. 정보원이 교사 모르게 자의적 권력을 형성할 때에는 폭력적인 교실이 된다. 만약 교사가 엘리트라고 생각한 학생이 힘이 없는 정보원이라면 그 학생은 힘이 있는 학생과 손을 잡을 수도 있다.

공감그룹은 엘리트(정보원)와는 다르다. 공부를 잘 못해도 되고, 약해도 된다. 교사가 말하는 평화의 언어에 자발적으로 공감하는 아이들 누구나 공감그룹이 될 수 있다. 지시와 명령으로 학급을 운영하는 권위주의적 학급운영과 대조된다.

4. '자유방임주의'와 다르다

"혹시 반에 건의사항 있어?"
학급회의를 마치며 반장이 애들한테 물어봤다. 주저하던 성태가 손을 들었다.
"자꾸 내 물건이 없어져. 남의 물건을 건드리지 말아 줘."

성태는 반에서 고립의 위기에 있는 아이였다.

"야, 어쩌라고. 그럼 힘을 키워!"

삐딱하게 앉은 한수가 큰 소리로 말했다. 이 말에 반 애들은 빵 터졌다. 웃음소리와 함께 쉬는 시간을 알리는 종이 울리자 아이들은 썰물 빠지듯 교실을 나왔다.

아이들의 의견을 잘 받아 주는 것이 민주주의라고 생각하는 교사들이 있다. 그러나 실제로 학급회의를 하면 생각 없이 내뱉는 말들에 다수가 동조하고 끝나 버리는 경우가 많다. 힘 있는 소수가 분위기를 좌지우지하거나, 우리는 어차피 안 된다는 무기력, 손해를 보기 싫다는 이기심 때문에 제대로 결론이 나지 않는 것이다. 아이들이 알아서 하게 내버려 두는 것은 '자유방임'이지 '학급 자치'가 아니다. 심지어 아이들 사이에서 폭력이 일어났을 때도, "친구관계의 문제이니 스스로 극복해야 한다"라고 말하거나 "요즘 애들은 어차피 간섭을 싫어한다"라며 문제를 피하기도 한다. 겉으로 내세운 '학급 자치'가 실제로는 '자유방임주의'로 탈바꿈하는 셈이다.

공감그룹과 함께하는 학급운영은 자유방임주의와 다르다. 교사는 공감그룹 학생들과 학급의 평화라는 가치를 위해 연대하며, '대화와 심의'를 통해 학생들이 학급의 주인으로서 사고하고 결정하며 민주주의를 훈련하도록 기회를 준다.

*참고

    일반적인 의사소통 구조 이론의 의사소통 유형들은 주로 사회적 관계 혹은 조직 내에서 주로 전달자의 위치와 교류의 방향에 따라 의사소통의 효율성과 영향력이 집중되는지를 보여 주는 것들이다. 이 이론들은 어떤 의사소통 구조가 효율적인가, 민주적인가, 한 조직 안에서 사람들이 같은 계층의 사람이나 자기보다 상위의 사람에게 의사를 전달할 수 있는 채널이 얼마나 되는가 등을 중시한다. 구조화시키다 보니 대부분은 교류의 정도를 나타내기보다 방향성에 초점을 맞추고 있다.

    그러나 학급의 의사소통은 정보와 지식의 전달에 그치지 않고 지식을 포함한 욕망, 감정의 교류에 많은 부분 치중하고 있다. 그뿐만 아니라 피드백이 늘 상존하는 곳이라는 점이 다른 조직과의 큰 차이이다. 교사는 일반 조직의 상급자와는 다른 위치에서 학생들과 교류를 시도한다. 학생들은 어떤 방식으로든 교사의 자극에 반응하며 교사 역시 학생들의 피드백에 반응한다. 전제형의 교사라 하더라도 의사소통이 일방적인 형태로만 이루어지지 않는다.

    따돌림사회연구모임에서는 학급 조직의 특수한 성격을 부각하기 위한 용어로 '의사소통'보다는 '교류'라는 용어를 사용하기로 했다. 또한 교사-학생 간 교류 구조는 교사-학생 간 언어, 비언어적 피드백을 포함한 것이어야 한다고 보았다. 학급은 교사-학생 간 영향력 차이도 있지만 학생들 간에도 영향력 차이가 존재한다. '영향력'이란 교류에서 주도권을 가질 수 있는 힘을 말하는데, 이 모형은 다인수 학급에서 보일 수 있는 교사의 위치, 학생들의 층위를 고려한 교류의 유형들을 다루었다. 실선은 지도를 하는 것, 점선은 영향을 주는 것을 뜻한다. 일방적인 교류만 존재하는 극단적인 경우까지 포함한다면 여덟 가지 유형으로 나눌 수 있으나, 학교 현장에서는 어떤 방식으로든 반응이 존재하기 때문에 점선이 존재하지 않는 일방적인 교류 구조는 제외했다.

• 선생님의 학급에서 교사, 학생은 어떻게 교류하는가? 우리 학급의 모습을 다음 모형을 통해 분석할 수 있다면 교사-학생 교류가 왜 실패하고 있는지 발견할 수 있을 것이다.

〈교사-학생 간 교류 구조-따돌림사회연구모임〉

① 교사	② 교사	③ 교사	④ 교사
↓↑ ↓↑ ↓↑	↑↓ ↑↓ ↑↓	↓↑ ↓↑ ↓↑	↑↓ ↑↓ ↑↓
학생 학생 학생	학생 학생 학생		
↓↑ ↓↑ ↓↑	↑↓ ↑↓ ↑↓		
000 000 000	000 000 000	000 000 000	000 000 000
중간그룹 있는 교사 주도형	중간그룹 있는 학생 주도형	중간그룹 없는 교사 주도형	중간그룹 없는 학생 주도형

1. 교사 주도냐 학생 주도냐
  1) ①, ③
    교사가 학생을 지도하는 영향력 〉학생이 반응하는 영향력
    장악력이 있는 교사가 학생 의견을 반영하는 형태

2) ②, ④
학생이 교사에게 반응하는 영향력 〉교사가 학생을 지도하는 영향력
주도권을 가진 학생들이 교사를 이끌고 가는 형태
예) 학생에게 끌려가는 교사, 잘못된 방향의 교사를 끌고 가는 정의로운 학생

2. 공감그룹이 있느냐 없느냐
1) ①, ②
학생들 여론을 주도하는 영향력 있는 학생 집단(교사-학생들 사이에 가교 역할을 하는 중간그룹)이 있는 경우
2) ③, ④
중간그룹이 없는 경우

3. 교류가 멈춘 경우
7차 교육과정 이래로 수요자 중심 교육이 여전히 강조되고 있다. 하지만 학생들은 자기 마음대로 채널을 돌리고 끄면서 교류를 선택한다. 이른바 '채널 자유형'. 수업 중 깨워도 깨울 수 없는 학생, 멍하니 창밖을 보는 학생(채널 고정형) 등. 이들의 채널은 수업 외 어떤 곳에 고정되어 있거나 꺼져 있다. 교사 혼자 떠드는 상황에서 교류는 멈춘다. 수요자-공급자 관계는 구조적으로 형성되기 어려우므로 '수요자 중심 교육'이라는 말은 어불성설이다.

공감그룹 만들기

교사가 공식적으로 지위를 부여하여 권한을 주면 공감그룹이 될 수 있다. 또 비공식적으로 교사로부터 인정받은 학생이 스스로 공감그룹으로 성장할 수 있다. 따라서 어떤 학생이든 상관없다. 나약한 학생일 수도 있고, 영향력 있는 학생일 수도 있고, 공부를 잘할 수도 못할 수도 안 할 수도 있다. 다른 장면에서는 생각지 못한 아이가 공감그룹이 되기도 하고, 1년 내내 모든 장면에서 공감그룹을 맡기도 하고 그렇지 않기도 한다. 교사의 궁극적인 목표는 공감그룹을 확대하여 교사의 언어와 아이들의 언어가 통역이 없어도 소통이 되는 무장벽의 교류를 만드는 것이다. 이를 위해 교사는 기회가 있을 때마다 학생들을 공감그룹으로 만들기 위해 노력할 필요가 있다.

1. 관찰자 시점으로 발굴하기

가) 눈을 반짝이는 아이, 교사의 가치에 공감하는 아이를 찾아라

교사가, 따돌림당하는 학생의 입장에서 말을 하거나 평화로운 학급을 만들자고 설득할 때 유독 눈을 반짝거리며 집중하는 학생들이 있다. 고개를 끄덕이며 호응하는 아이들. 교사의 평화 가치에 공감하는 것이다.

이것은 교사에게 공감하는 것과 다르다. 학생들의 호감을 한 몸에 받아 교사가 인기가 많다면 아이들은 교사에게 공감하는 것이다. 학생들에게는 인기가 많지만 아이들 사이의 파괴되는 관계를 어찌할지 몰라 고통을 겪는 교사들도 있다. 아이들은 자기들의 삶은 파괴되는데 선생님만 붙잡는 경우도 있다. "선생님 만나서, 선생님 반이어서 행복했어요"가 아니라 "우리 반 아이들을 만나서 행복했어요"라고 말할 수 있어야 하지 않을까. 즉 교사에게 공감하는 것이 아닌 교사의 가치에 공감할 수 있도록 하는 게 중요하다는 말이다.

학급 문제가 발생해 교사가 학생들에게 시로써 마음을 전달하고 답시를 받았다고 했을 때, 답시를 보고도 '내 말에 공감했구나' 느끼게 하는 학생들을 찾을 수 있다. "선생님의 마음을 가장 잘 읽어 준 친구의 답시를 읽어 줄게"라고 하며 인정해 주는 것부터 공감그룹을 만드는 일을 시작할 수 있다.

반의 문제를 찾기 위해 '체크리스트'p.181로 학급의 상황을 점검했다고 한다면 체크리스트 작성을 성실하게 한다거나, 조언하는 글을 진실한 마음으로 써 준 학생도 공감그룹이 될 수 있다.

여론을 주도하는 그룹도 잘 살펴보고 만약 가능성이 있다면 적극적으로 교사의 평화학급 운영에 참여시켜 본다. 교사와 자주 만나 뜻을 맞추다 보면 담임과 학생들은 어느새 '중간언어'로 교류를 하게 될

것이다.

선생님에게 인정을 받고자 하는 마음이 있는 아이들과도 학급의 우정, 권리, 평화와 화목에 대해 이야기를 나누어 볼 수 있다. "오늘 선생님이 애들한테 이렇게 얘기했는데 너는 어떻게 생각하니?"라고 물어본다면 학생의 의견을 들을 수 있다. 교사의 생각에 동의하며 학급 아이들이나 분위기에 대해 솔직하게 이야기해 주는 학생들이 있다면, 이들 역시 공감그룹이 될 수 있다.

나) '나는 이렇게 산다(1)' 설문지[4]를 통한 발굴

'나는 이렇게 산다(1)' 설문지는 교사가 학생과 개인 상담을 하지 않아도 학생에 대한 이해를 높일 수 있는 구조화된 상담지이다. 학생이 부모, 교사, 또래에게 지금 인정받고 있는 것, 앞으로 인정받고 싶은 것, 학급에 대한 불안과 걱정을 알 수 있다. 또한 인생곡선과 미래에 대한 기대 등을 엿볼 수 있는 설문지이다. 이것을 통해 따돌림 경험의 유무, 원하는 학급의 모습, 개인의 인정욕망 등에 대해 이해할 수 있다. 또한 개인 상담을 진행했을 때 자연스럽게 우정관이나 학급의 평화 및 화목 정도에 대해 학생과 이야기 나눌 수 있다. 교사가 공감그룹의 아이들을 찾고자 할 때 설문지를 통한 상담으로 대상자를 발굴할 수 있다.

다) 집단 토의상담을 통한 발굴

학급의 부서를 조직하고 부서별 집단 상담을 하거나 친한 아이들을 묶어 집단 상담을 하기도 한다. 집단 상담은 서로를 이해하고 친해지기 위한 활동이 기본이지만 우리 학급의 문제점, 평화규칙, 다양한 평화교육활동에 대한 생각을 나누며 토의상담을 이끌어 낼 수도 있다. 대부

---

4. 따돌림사회연구모임 홈페이지(http://www.antibullyingsociety.com)에 수록.

분 친한 친구들이 모여 있는 경우가 많은데, 깊이 있는 토론이 가능하다면 이 모둠이 충분히 공감그룹으로 성장할 수도 있다. 만약 학급을 부서 모임 체계로 운영한다면 '따로 또 같이'라는 말처럼 따로 이야기한 내용을 한꺼번에 모아 학급운영 방향을 정해 나갈 수도 있다.

라) 자연발생적인 그룹 관찰

학급에서 4월쯤 되면 같은 취미를 가진 아이들이 자연스럽게 모이기도 한다. 자연발생적인 그룹의 연대감은 높기 때문에 교실 평화에 동의하는 공감그룹 학생이 이 속에서 역할을 다하면 학급 문화를 바꿀 수 있다. 필자 학급의 예를 들어 보겠다. 학급에서 부반장을 중심으로 아침 조회 전에 축구를 하는 모임이 생겼다. 그리고 부반장은 교사의 평화의 언어에 공감하며 정의롭게 살려고 노력하는 학생이었다. 이 학생은 축구도 잘했지만, 성실히 모임을 만들었고, 아이들에게 인정받고 있었다. 교사는 부반장에게, 반 학생들 모두가 축구 모임의 존재를 알 수 있도록 칠판에 모임 시간을 적도록 했다. 그러면서 부반장은 자연스럽게 축구 모임의 리더로 보이게 됐다.

교사와 공감하는 부반장의 언어는 축구 모임 안에서 잘 퍼져 나가는 것 같았다. 이 그룹은 축구를 하는 취미 그룹이었지만, 학급에서 폭력을 행사하여 공개 사과했던 한 학생이 축구로 인정받으려는 욕망이 있는 것을 확인하고 함께 축구를 하도록 유도했다. 가해 학생은 축구 모임 안에서 새로운 인정을 받는 길을 찾게 되었다. 센 척을 통해 학급에서 자리 잡으려던 가해 학생의 친구들도 축구 모임으로 친구가 빠져나가자 주춤하며 예전과 달라진 모습을 보이기도 했다. 다른 예로, 교사에게 대들고 뛰쳐나간 학생이 있었는데, 그 학생과 같은 취미 그룹에 있던 공감그룹 학생 한 명이 선생님께 사과하는 게 좋겠다는 조언을 하면서 학생 스스로 반성하는 모습을 보여 주기도 했다.

학생들 사이의 자연발생적 그룹을 잘 관찰하여 교사가 힘을 실어 줌으로써 그 안에 평화의 가치가 확산되도록 도울 수도 있다.

2. 강력한 메시지로 교감하기(교사의 개인적 서사 드러내기)

아이들에게 교실 평화와 학교폭력에 대해 반복해서 이야기하지만 교사의 이야기들이 허공 속으로 사라져 버리는 것 같은 느낌이 들 때가 있다. 교사는 매우 중요한 이야기를 아주 진지하게 하는데 듣는 아이들은 그저 그런 뻔한 잔소리로만 듣기도 한다.

때론 '말'보다 '글'이 또 '듣기'보다 '읽기'의 힘이 더 강하다. 글로 정돈된 언어는 전달력도 크고 상대의 가슴에 닿아 울림을 줄 가능성도 더 높은 법이다. 교사의 글을 아이들이 직접 읽는 매체를 통해 전달하는 것이 파급효과가 더 크다는 점에 주목하여 사안이 발생하거나 강하게 전달하고 싶은 메시지가 있을 때 아이들에게 읽기 자료를 전달했다.

교사가 솔직히 자신을 열면 생각보다 많은 아이들의 마음을 열게 할 수 있다. 아이들의 진실한 마음을 얻고 싶다면 교사가 먼저 아이들에게 진실하게 다가가야 한다. 교사가 용기 내어 자신의 이야기를 한다면 아이들도 가식적인 모습으로 자신을 포장하려 애쓰지 않는다.

* 이 사례는 교사가 자신의 가장 아팠던 상처(긴 투병 이후 돌아온 학교에서 외톨이가 된 경험)를 드러낸 것이다. 교사는 자신의 경험을 빗대어 소외된 아이들의 고통에 대해 아이들에게 호소한다.

〈남쌤의 러브레터〉
2학년 2반 학우들에게

안녕하세요^^ 2학년 2반 담임 남연우입니다. 밤새 잘 쉬고 가뿐하게 학교에 왔나요? 저는 어제 여러분을 그렇게 보내고 마음이 계속 불편했답니다. 뭐가 그리 급해서 마음이 이미 학교 밖으로 향한 아이들을 붙잡아 두고 그 긴 이야기를 했을까. 아직 2주도 채 되지 않은 짧은 시간이었는데… 아직 서로가 서로에게 좋은 친구가 되어 줄 수도 있는 많은 시간이 남았는데, 아이들을 왜 그렇게 다그쳤을까. 후회와 미안함 그리고 나의 조급함에 대해 생각하고 또 반성했답니다.

집으로 돌아와 곰곰이 생각해 보니 저는 두려웠던 것입니다. 그래서 기다리지 못하고 여러분을 다그친 거죠. 올 한 해 우리 반에서 좋은 친구를 만나지 못해 2학년 생활이 외롭고 쓸쓸해 아픈 기억으로 남는 우리 반 아이가 있을까 봐 말입니다.

저는 깨진 유리창의 법칙을 기억하고 있습니다. 밥을 혼자 먹는 아이, 우리 반에 친구가 없어 쉬는 시간마다 도망치듯 도서관에 가는 아이, 이런 아이를 그냥 두었다가 우리 반 왕따가 되지는 않을지 걱정이 되었습니다.

어제 잠깐 이야기했지만, 저의 학창 시절은 유난히도 외롭고 쓸쓸했습니다. 1년여의 투병생활을 마치고 중학교에 복학한 후, 인기 많고 많은 선생님들께 인정받던 꼬마 남연우는 어느새 사라지고 초라한 남연우가 중학교 교실 안에 덩그러니 혼자 앉아 있었습니다. 자존심이 상해서 친구를 사귀려 노력하지도 않았습니다. 그렇지만 결코 혼자가 좋은 것은 아니었습니다. 저 아이가 나에게 먼저 말 걸어 주었으면 하고 간절히 바라기만 하다가 학교를 졸업했습니다.

제가 교사가 되고 난 후, 가장 부러운 것은 친구들과 어울려 까르르 웃고 떠드는 여학생들과 땀을 뻘뻘 흘리며 운동장에서 축구하고 뛰는 남학생들입니다. 학창 시절, 나는 왜 그렇게 하지 못했을까…. 조금만 더 용기를 내 볼걸… 하는 후회가 마구마구 밀려옵니다. 저의 이런 후회가 가슴에 사무쳐 걱정이 앞서고 그런 까닭에 여러분에게 상처를 준 것 같아 정말 미안합니다. 여유를 갖고 좀 더 기다려 볼걸. 어쩌면 무감각한 채 그냥 그대로 생활하고 흘러갔을 수도 있습니다. 혹은, 누군가의 알아차림과 관심, 배려로 모두가 화목하고 평화로운 2반이 될 수도 있고, 모두의 무관심과 무감각으로 일부에게만 화목하고 일부만이 행복한 2반이 될 수도 있습니다. 하지만, 저절로 이루어지는 것은 아무것도 없습니다. 소중한 것을 얻기 위해서는 노력이 필요합니다. 마음이 잘 맞고 서로 닮아 특별한 노력이 없이도 친구가 되는 아이가 있는가 하면, 내가 다가가 말 걸어 주고 웃어 주고 공을 들여야 친구가 되는 아이도 있습니다. 어릴 적 저처럼 말입니다. 지금 친구를 사귀는 데 서툰 사람이라고 해서 그 사람이 부족하거나 모자란 것은 아닙니다. 지금! 그 사람이 현재 그런 것일 뿐입니다. 저는 학창 시절 친구를 사귀는 것이 어렵고 힘들었습니다. 하지만, 그것이 처음부터 그랬던 것도 아니고 지금까지 이어지는 것도 아닙니다. 지금의 저는 모두를 놀라게 할 만한 친화력을 발휘하며 살고 있습니다.

제가 하고 싶은 말은, 쉽게 다가가지 못하고 쉽게 다가오지 못하는 것이 그 사람만의 문제가 아니라는 것입니다. 이미 우리 반이 폭력의 구조 속에 놓여 있는 것일 수도 있고 누군가가 무언의 압력으로 그런 분위기를 만들어 가는 것일 수도 있습니다. 자, 이제 우리는 이 폭력의 구조 속에 머물 것인지, 평화와 평등의 학급 구조로 바꿀 것인지를 선택해야 합니다. 전자의 구조 속에 머물겠다 하면 우리는 그냥 지금처럼 흘러가면 될 것입니다. 하지만 그것이 우리가 바라는 삶은 아닐 것입니다. 반면 후자의 구조를 선택한다면 우리는 노력해야 하고 서로를 배려해야 하고 서로에게 공을 들여야 합니다. 나하고 친하지 않은 그 어떤 친구를 위해 지금! 내가 이 자리에서 할 수 있는 일이 무엇인지 고민해 보기를 바랍니다. 그리고 그대로 행동하십시오. 그렇게 할 때, 우리 모두가 행복해지고 더 나아가 우리 사회가 행복해질 것입니다. 우리의 사소한 말 한마디로 사려 깊은 행동으로 누군가를 행복하게 할 수 있다면, 그로 인해 모두 행복하게 지낼 수 있다면, 저는 망설이지 않고 그렇게 해야 한다고 생각합니다. 평화로운 안전한 학급에서 2학년을 보낼 수 있도록 노력하고 배려해 주십시오. 저도 그렇게 올 한 해를 여러분과 함께 보낼 것입니다.

2015년 따뜻한 봄을 기다리는 어느 날, 담임으로부터

교사의 이름으로 쓴 위의 러브레터는 아주 강하고 솔직한 메시지를 전달하고 있다. 교사가 자신의 개인적인 서사를 공개하며 나약한 모습을 드러낼 때, 아이들은 교사의 이야기를 자신의 이야기처럼 느끼며 그 이야기에 일체감을 느끼기도 한다. 그러면서 교사에게는 든든한 지원군이 생기게 된다. 교사의 이야기에 공감하는 아이들이 용기 내어 교사에게 다가왔으며 자발적으로 답장을 쓰거나 찾아와 평화로운 학급을 만들겠다며 다짐했다(선생님, 더 이상 우리 반에 외로운 꼬마 남연우가 없도록 제가 노력하겠습니다!).

교사가 던지는 강력한 메시지에 교감하며 다가온 아이들을 교사의 공감그룹으로 성장시킬 수 있다. 그렇게 되면 교사의 '개인적 서사'는 평화 학급의 '집단적 서사'로 변하게 된다.

3. 기존의 학급 조직 활용하기

학급을 평화롭게 만들려는 취지에 따라 학급 안에 여러 조직들을 만들 수 있다. 이러한 공식적인 조직들은 모두 학급 안에서 어떤 역할과 권한을 가지고 있다. 하지만 학급 안에서 어떤 역할을 하는 데만 그치지 말고 교

사가 한 발 더 다가가 공감그룹으로 성장시킬 수 있다면 좋을 것이다.

가) 평화기자단 p.72

평화기자단은 반장 선거를 위한 기자회견 이후에도 평화규칙 점검과 같은 설문조사, 화합마당, 수학여행 등 학급의 각종 활동과 행사에 관한 평화신문을 내게 된다. 하나의 평화신문을 만들기 위해서는 '신문의 주제, 인터뷰할 사람 정하기, 자료 정리하기' 등으로 수차례 이상 회의를 하게 된다.

이렇게 신문을 만드는 회의가 있을 때마다 교사가 적극적으로 평화기자단 학생들과 고민을 나누도록 한다. 마치 기자들이 모여서 현안에 대해 이런저런 솔직한 의견을 나누다가 신문의 방향을 정하는 모습과 비슷하다. 기자들과 교사가 평화신문 주제와 관련이 있거나 큰 관련이 없더라도 우리 학급에 대해 다양한 이야기를 나누다 보면 자연스럽게 학급 안의 갈등, 보이지 않는 따돌림 같은 우리 학급의 과제에 대해 발견하게 된다.

평화기자단은 신문을 내는 것이 과업이므로 기자단이 직접 갈등을 해결하는 역할을 맡거나 학급의 분위기를 주도하지 않아도 된다. 평화기자단은 교사와 우리 학급의 과제에 대해 '심의' p.67하며, 교사의 가치에 대한 공감을 바탕으로 인터뷰의 질문이나 신문의 문구를 만들게 된다. 이렇게 기자들을 통해 통역된 교사의 언어는 학급 안에서 살아 있는 교류를 만들게 된다.

주의: 기자들과의 회의가 자칫 학급 아이들에 대한 뒷담화나 조롱, 냉소로 이어질 수도 있다. 이를 막기 위해서는 교사가 학급의 평화에 대한 진지하고 겸손한 자세를 먼저 보이는 솔선수범이 필요하다. 교사가 학급에 대한 인간적인 고민을 토로하거나, 부족한 부분을 드러내는 것도 이런 분위기를 위해 필요하다.

나) 각종 위원회 p. 97

① 상설위원회

　예를 들어, 언어순화위원회 p. 100의 경우 학급 안에서 언어 사용에 대해서 점검하거나 학급의 언어 문화를 개선하기 위해 만들 수 있다. 원래 언어순화위원회는 굳이 따돌림, 폭력 등의 갈등 해결을 안 해도, 단지 잘못된 언어를 바르게 고치자의 목표만 가지고 있어도 된다(올바른 언어 사용은 예의에 해당되기 때문이다).

　하지만 한 발짝 더 나아가 학급에서 욕설이나 남을 비난하는 말을 누가 주로 하는지, 어떤 학생이 공격을 받는지, 혹시 따돌림의 모습은 아닌지 등 학생들 사이의 관계와 갈등에 대한 주제로 옮겨갈 수 있다. 위에서 설명했듯 교사는 이런 기회를 활용하여 학급에 대한 스스로의 고민을 털어놓고 위원회 학생들과 친밀한 교류를 나누며 학급의 과제를 '심의'할 수 있다. 이렇게 교사와 학생들이 나눈 교류는 위원회 활동에 반영이 된다.

　단순히 "언어를 바르게 쓰자", "패드립을 하지 말자"라는 내용의 게시물을 만들어 붙일 수도 있지만, 그 게시물 속에 우리 반에서 일어났던 사례(여러 학생이 특정 학생을 비난하는 경우 등)를 예시로 들 수 있다면 좀 더 살아 있는 교육 자료가 될 수 있다.

② 한시적 위원회

　예를 들어, 화합마당준비위원회 p. 100 같은 경우에 화합마당을 앞두고 이 행사를 준비하고 싶은 학생들을 모으게 된다. 자연스럽게 임원 등 책임 있는 학생들과 활발한 학생들로 주로 구성된다. 본래 이 위원회는 행사를 차질 없이 재미있게 준비하도록 하면 되고, 오랫동안 준비하기보다 몇 번 정도 회의를 여는 것이 보통일 것이다.

그러나 화합마당의 본래 취지를 살리기 위해서는 학급의 소외된 학생들이나 서로 불편한 관계에 대한 배려나 기획이 필요할 수도 있다. 그럴 때 교사가 주도하여 '이렇게 하자'고 가이드라인을 제시할 수도 있지만, 위원회에 참여한 학생들과 친밀한 분위기 속에서 교사의 가치관이 교류되기 위해서는 좀 더 겸손하면서 솔직한 태도가 필요할 것이다. 행사 준비 때문에 한시적으로 모인 위원회에서 학급의 과제를 놓고 고민하기는 현실적으로 힘들지라도, 교류를 시도해 볼 만하다. "선생님은 이번 화합마당에서 이런 점이 중요하다고 생각하는데, 여러분 생각은 어떤지 궁금합니다.", "선생님 고민을 들어 줘서 고마워요, 이렇게 함께 고민하니 좋네요."

4. 일기모둠을 통해 교감하기

일기모둠 p.86 은 학급에서 하나의 일기장에 돌아가면서 글을 쓰면서 서로의 글을 공유하는 모임이다. 일기모둠은 딱히 '평화'를 주제로 하지 않아도 서로 글을 공유한다는 목표에 맞게, 학생들이 글을 쓰면서 자신을 드러내기 쉬운 여러 가지 주제를 번갈아 가면서 써도 된다(감명 깊게 본 영화, 행복했던 순간 등).

그러나 일기모둠이 서로를 충분히 믿고 개인적인 고민이나 학급 안에서 겪는 어려움, 친구관계에서의 갈등이 드러날 정도로 성장한다면 교사가 학급에 대한 솔직한 고민을 털어놓고 글로써 학급의 평화에 대한 서로의 고민을 나누는 모둠으로 성장할 수 있다.

그러기 위해서는 일기장을 돌리기만 하는 것보다 직접 만나서 간식을 나눠 먹으며 글에 대해 이야기한다면 관계는 깊어질 것이다.

5. 공감그룹으로 성장시키기

가) 교류를 만드는 방법: '기-승-전-평화'

교사가 교실에서 학생들과 만나는 것과 공감그룹 모임에서 학생들을 만나는 것은 큰 차이가 있다. 이 순간 교사-학생은 '평등'하고 '연대'하는 관계가 되며 보다 격의 없고, 깊이 있는 논의가 이루어질 수 있다. 공감그룹 모임에서 교사는 학급을 운영하면서 드는 고민을 털어놓을 수도 있고 학생들의 해법에 귀를 기울일 수 있다. 함께 극복해 나가자며 과제를 만들 수도 있다. 공감그룹에서의 교사-학생은 '학급의 평화'라는 공적인 가치를 위해 깊은 논의를 한다. 어떤 과업을 실행하느냐의 '결과'보다 서로의 언어에 진지하게 반응하면서 학급의 문제를 '심의와 대화'로 풀어가는 '과정 자체'가 더 중요하다.

① 조종례 시간에 "오늘은 평화기자단 모임입니다.", "김 기자, 오늘 인터뷰 진행하나요?"라는 식으로 활동 상황을 공개하여 영향력을 갖도록 학급에서의 위상을 높여 준다.
② 모임에서 반드시 과업을 실행하지 않아도 된다. 학생들과 나누는 교류와 소통의 과정 자체가 중요하다. '살아 있는' 교류는 사라지지 않고 학급 안에 남게 된다. 굳이 어떤 절차에 맞게, 과제를 위한 모임이 아니어도 된다(아무 성과가 남지 않아도 된다).
③ 공감그룹 학생들과 학급의 과제를 함께 '심의'하는 자리라는 인식을 가져야 한다. 교사 자신의 약점과 오류, 인간적인 고민까지 내어 놓는 자리가 되면 좋다. 이 자리에서는 교사와 학생 모두가 '평등한 권리'를 가진 채 학급의 과업을 위해 나 자신을 넘어 공동체를 위해 의견을 나눈다.
④ '고맙다', '미안하다', '이런 건 정말 잘했다'는 격려와 같은 긍정적

인 감정 표현을 많이 하는 게 좋다.

나) '심의'의 과정을 거친다

공감그룹을 만들기 위해서는 교사가 지도자의 권위에서 잠시 내려와야 한다. 이 소모임 안에서는 학생들과 동등한 권리를 가지고 참여하고, 실제로 학생들과 의견을 나누며 자신의 생각을 바꾸어 가야 한다. 이러한 과정을 '심의'p. 67라고 한다. 공감그룹과 '심의'한 결과를 학생들에게 공개하고 그 결과에 따라 학급의 일을 처리하도록 한다. 이렇게 하면 교사가 학생들의 삶에 대해 잘 몰라 오해하거나, 인간적인 오류로 실수하는 것을 예방할 수 있다. 그보다 더 중요한 점은 '심의'의 과정을 통해 학생들 스스로 집단의 주체로서 집단의 문제를 고민하는 민주주의를 배우게 된다는 점이다. 교사는 비단 공감그룹을 만들려는 의도가 아니라 하더라도 기회가 있을 때마다 리더의 자리에서 내려와 학급의 과제에 대해 '심의'하는 자리를 만드는 것이 좋겠다.

다) 대접받는 느낌은 학생들을 키운다

관찰, 강력한 메시지, 기존의 학급 조직 활용 등 어떤 식으로 공감그룹을 발굴했다 하더라도, 공감그룹의 성장은 기본적으로 '교사와의 친밀한 관계'에서 일어난다. 겉으로 오가는 '언어'보다 교사가 학생을 동등한 파트너로 대하는 태도, 교사가 먼저 무장해제하고 인간적인 면을 드러내는 진술한 모습, 간식을 준비하는 대접하는 분위기, 이런 '비언어적 태도'가 친밀한 관계 형성에 더욱 중요하다. 교사는 학생 그룹과의 관계를 소중히 여기며 관계를 유지하기 위해 지속적으로 시간과 정성을 들이는 것이 좋겠다.

교사의 가치에 공감하는 아이들을 찾았다면 이들이 교실 전면에 드러날 기회를 마련하는 것도 필요하다. 교사의 영향력이 약하거나 폭력적 분위기의 학급일 때 교사와 같은 의견을 가진 아이들의 목소리도 작아질 수밖에 없다. 교사의 평화 언어에 공감하는 학생들이 학급에서 지위를 갖도록 교사가 전략을 세울 필요가 있다(예를 들어, 학급의 묵은 갈등을 해결하기 위해 교사가 시를 쓰고 답시를 받고자 한다면, 미리 공감그룹 학생들에게 이런 활동을 할 것이라 공개하고 교사의 시를 읽어 주는 것이다. 미리 교사와 교감을 했기 때문에, 답시쓰기 활동을 할 때 공감그룹 학생들의 답시가 더 깊이 있고, 분명한 메시지를 가질 수 있다. 교사가 공감그룹 학생들의 답시를 아이들 앞에서 읽으면서 더 분명히 평화의 가치를 전달할 수 있고, 공감그룹 학생들도 학급 안에서 공식적인 인정을 얻게 된다).

교사가 공감그룹을 뒤에서 조정하는 것은 아니다. 교사는 학생들이 성장할 수 있는 발판을 만들어 주지만, 교사 역시 학생들의 지원이 필요하다. 교사와 같은 위치에서 평화를 모색하며 학생들은 건강한 인정 욕망을 채울 수 있으며 어른을 이해하는 마음도 가질 수 있다.

공감그룹을 통한 평화로운 학급 만들기(승의 심화)

공감그룹이 교류 구조를 바꾸는 데 큰 활약을 할 것을 기대한다면 공감그룹을 형성하는 활동으로 학급운영을 시작하는 것이 좋다. 평화기자단의 기자회견으로 학급회 선거를 진행하거나, 반장 후보들이 평화규칙을 정리하는 규범위원회 활동부터 해 보도록 하는 방법 등이 있다.이야기 학급운영 '기' 부분 관찰, 강력한 메시지, 기존의 학급조직 활용 등으로 교사가 꾸준히 공감그룹을 만들고, 확대하려는 활동을 하다 보면 점차 반 학생들로부터 이들의 활동이 인정받게 된다. 공감그룹 학생들 중에는 착한, 친절한, 도덕적인 이미지는 있지만 반 아이들 사이에서 매력을 인정받지 못하거나, 학교폭력 피해 경험으로 '약자'라는 이미지가 있거나, 전학을 와서 단짝이 없는 경우도 있다. 하지만 담임교사의 든든한 지원과 함께 선하고 정의로운 활동을 꾸준히 하다 보면 아이들도 공감그룹을 인정하게 된다. 학급 안에서 공감그룹이 인정받는 위치로 성장하면, 이 모임은 교사 없이도 뭔가 만들어 내는 에너지를 가지게 된다.

1. 일기모둠으로 평화학급 만들기

일기모둠이 공감그룹으로 성장했다면 다양한 주제에 대한 자기 생각을 교류, 공유하면서 학급을 평화롭게 만드는 역할을 할 수 있다.

일기모둠이 가진 가장 큰 장점은 교실이라는 연극의 공간에서 보여 주지 않았던 생각과 솔직한 심정을 글로 담아낼 수 있다는 점이다. 특정 주제에 대한 의견이나 생활에서 느낀 심정을 표현할 때 비난받지 않는다는 신뢰가 쌓이면 아이들은 자신을 있는 그대로 보여 준다.

다음은 일기모둠이 학생을 고립의 위기에서 구출하며 학급의 분위기를 반전시켰던 사례이다.

> 익살꾼, 진지하게 속마음을 말하다
>
> 중학교 2학년 남학생, 전교 부회장이자 반장이었던 L은 장난을 치며 웃음을 유발하는 행동을 많이 했다. 공부를 아주 잘하는 건 아니었지만 성실히 수업에 임했다. 교사에게는 예의 바른 학생이지만 반 애들 앞에서는 바보스럽거나 유치한 행동으로 익살스럽게 굴었다. 학급회의 진행은 잘했지만 반 아이들에게 L은 만만한 반장이었다. 사실 L이 늘 만만한 취급을 당했던 것은 아니었다. 1학년 때는 비교적 순진하고 어린이들이 모인 것 같은 분위기 속에서 인기가 많은 편이었지만, 2학년 올라와서는 센 아이들, 웃긴 아이들, 개성이 뚜렷한 아이들이 모여 있어서 L의 리더십이 발휘되기 어려웠던 것으로 보

인다. 그럴수록 L은 특유의 익살로 아이들에게 다가가려 노력했다. 교사는 L의 일기에서 처음으로 L의 속마음을 알게 되었다.

〈명예의 자리〉

 명예의 자리란 무엇인가? 나는 지금 나와 싸우고 있다. 나는 다른 친구들이 기대하는 그런 반장과 다르다. 공부도 잘 못한다. 하지만 나는 "너를 보면 한심하다", "반장이 그게 뭐냐", "전교 부회장 때려치워라"라는 말을 들을 때면 한없이 작아진다.

 L에게 상처가 되는 교류의 흐름을 중단하고 '평화' 관점으로 학급의 성찰이 필요하다고 보고 L의 마음을 자연스럽게 공개할 수 있는 방법을 찾아보았다. 담임교사는 '장난의 말, 놀리는 말, 모욕적인 말, 고통스러운 말 쓰기'p.126 활동을 했다. L은 자신이 들었던 "반장이 그게 뭐냐? 때려치워라. 우린 너 같은 거 필요 없어"라는 말에 대해 '고통스러운 말'로 분류했다. L은 처음으로 진지한 태도로 발표했고 그 마음을 공개한 아이들이 사과 쪽지를 써서 붙이는 활동을 하여 L은 고립 위기에서 벗어날 수 있었다.

 공감그룹과 함께 고립 학생을 연결하여 일기모둠을 진행한 사례도 있다. 고립 학생이었던 D는 말로 표현하지 못한 이야기를 솔직하게 글로 적으면서 공감그룹과 적극적으로 교류하고자 노력했다. 일기모둠에 속한 사실을 반 애들에게 보여 주기 위해서인지 일기를 항상 안고 다니기도 했다. 다음은 학급 전체 학생들과 공유했던 일기장에 고립 위기에 있는 두 학생이 쓴 일기와 공감그룹 학생의 댓글이다. 고립 위기의 학생들이 공감그룹 아이들의 지지를 받으며, 자신의 속마음을 학급 아이들에게 보여 주는 용기를 갖게 되었다. 반 분위기가 고립 학생을 이해하며 도움을 주는 방향으로 바뀌었다.

• 참거나 화해로 풀어 나가는 아이에게

새벽 5시에 일어나 우왕좌왕하다가 다시 잠이 들고 7시 반에 일어나 졸린 눈으로 머리를 감고 세수를 하고 양치를 한 뒤 엄마가 준 돈으로 빵과 음료수를 먹으며 학교로 갔다. 역시나 길에서는 괜찮은데 계단에 올라가면 바로 더워진다. 힘들진 않은데 정말 미스터리이다.

학교에서 아이들과 충돌도 있지만 참거나 화해로 풀어 버리고 피시방에 가고픈 생각을 물리치고 집에 왔다. 교회에서 공원을 간다고 해서 신나게 따라갔다. 가옥과 고탁을 둘러본 후 다시 돌아왔다. 집에 오니 할머니가 2만 원을 주셔서 웬 떡이냐 하면서 마음속으로 춤췄다.

┗, 요즘 B랑 많이 떠들고 장난치는 게 보기 좋은 것 같아. 아직은 싸우기도 많이 싸우지만. 노력하고 있어. 너는 흥분하면 친구에게 욕을 많이 하는 것 같아. 충분히 그럴 수 있는데 그걸 참아 보려고 노력해 봐. 넌 할 수 있을 거야. 나도 그러려고 노력하지만 나는 잘 안돼. 하지만 너는 잘할 수 있을 거야. 이것만 하면 너는 완벽해.

• 자기를 싫어하는 애들이 많다는 아이에게

이번 주 토요일 합기도 심사인데 저번 달에 떨어졌어. 이유가 뭐냐면 권도라는 것이 있는데 권도는 권투 비슷한 거야. 그것 때문에 떨어졌어. 관장님이 춤추냐 이러더라. 괜찮아. 이번 달엔 붙을 거야. 이번 달엔 권도 안 보고 봉술 보거든. 봉술은 봉 돌리는 거야. 근데 걱정이 하나 있어. 저번에 낙법 하다가 우리 합기도 천장을 차서 아파 죽을 것 같았어. 요새 아프다 안 아프다 해서 그냥 파스 뿌리고 놔두고 있는데 이번에도 천장 차면 나 큰일 날 텐데. 그리고 날 싫어하는 애들이 우리 반에 많은 것 같아. 뭐가 싫은지 댓글로 얘기해 주면 내가 고칠게.

ㄴ J야 무슨 그런 생각을 하나? 널 싫어하는 사람은 없어. 없다고! 이 바보 멍청아. 내가 너한테 바라는 점은 자지 마. 너도 내 거 댓글 달아 줘라.

ㄴ J야 애들이 널 싫어하지 않았다가 수업 시간에 잠을 자서 우리가 깨우는 거야. 네가 수업 시간에 집중을 하지 않으면 우리 반 평균이 낮아질까 봐 네가 잠을 자지 않았으면 좋겠다고 생각해서 널 자지 말라고 하는 거야. 도와줄 테니 좀 더 노력해 보자. 이것은 네가 바뀌 나갈 수 있을 거야. 파이팅!

공감그룹 학생들은 교사가 시키지 않았는데도 고립 학생과 반 학생들 사이를 적절히 매개하는 역할을 하고 있었다. 교사가 "누구를 좀 도와주라"라고 부탁하지 않아도 학급의 평화에 기여하겠다고 생각하는 아이들은 스스로 옳다고 여기는 일에 적극적으로 참여했다. 교사가 공감그룹 아이들의 활동을 열어 줄 적절한 상황과 기회를 마련하는 것이 중요하다.

2. 문제해결위원회를 통한 따돌림 극복 사례

공감그룹이 '문제해결위원회'라는 이름으로 고립아의 문제를 해결하기 위해 노력한 사례가 있다. A는 전교에 알려진 고립 학생이었고 오랜 트라우마로 무척 예민하게 반응하여 정상적인 친구관계를 맺기 어려운 경우였다. A는 이미 초등학교 때부터 많은 상담을 받아 왔고, 상담교사나 담임교사의 개인 상담으로는 극복이 어려웠다. A를 공감그룹과 연결해야겠다는 생각에 담임교사는 2주에 한 번씩 문제해결위원회를 열었다. 위원들에게 '주의 사항'(우정의 충고를 위해 격려하고 조언한다, 무시하거나 비난하지 않기 위해 조심한다 등)과 '평화학급의 전망'(고립아로 살던 학생도 편하게 마음을 열 수 있는 반이 된다면! 더 높은 단계의 평화를 이루기 위해 노력하자!)에 대해 말해 주었고, 위원들은 의지를 갖고 A와 만나기로 했다. 위원들은 A가 말하는 상황을 잘 듣고 A의 입장에서 A의 심정이 어땠을 것 같은지 말해 주었다. 같은 상황이 일어날 때 어떻게 해결하면 좋을지 역할을 바꿔서 연극처럼 보여 주기도 하고, 조언도 하였다. 실제 상황에서 돕겠다는 위원들도 있었다. 담임교사는 문제해결위원회가 열릴 때마다 칠판에 공지해서 모두가 노력하고 있다는 사실을 알렸다. 그 시기 A를 괴롭혔던 가해 학생이 징계를 받게 되면서 가해 학생을 교육하였고, 가해 학생은 아이들 앞에서 공개적으로 사과했다. 이와 맞물려 문제해결위원회의 활동이 '배척'하는 학급 분위기를 어느 정도 '노력과 이해'의 분위기로 바꿀 수 있었다. 학급 내에서 A와 학생들 사이에 긍정적인 교류가 일어나기 시작했다. A는 피해 경험이 있는 학생들과 그룹이 되었다. 하지만 공감 그룹과 함께 학급에서 주도적인 역할을 맡기도 했다. 학급 밖에서도 A를 인정받게 하기 위해 A의 그룹을 학교 신문 기자로 활동하게 했지만 1년 안에 학급 밖에서 고립아 딱지를 떼기는 어려웠다.

3. 비합리적 신념을 가진 학생의 관계 개선 사례

문제해결위원회는 매일 티격태격 싸우는 두 아이의 관계를 평화롭게 만드는 데 기여하기도 했다. 자세히 살펴보면 S는 먼저 괴롭힘을 시작하는 학생, B는 작은 장난에도 예민하게 반응한다는 평가를 받는 고립 학생이었다. 문제해결위원회는 S와 B가 쓴 진술서를 보고 각자의 입장을 대변해 준 뒤, 어느 부분에서 행동을 바꿨다면 싸움이 일어나지 않았을지 조언했다. 먼저 시비를 거는 S는 '어차피 어른들은 나를 혼낼 것'이라는 신념을, 예민하게 반응하는 B는 '나는 늘 옳은데 다른 사람이 나에게 잘못한다'는 신념을 가지고 있었다. 위원들은 S와 B가 가진 신념이 잘못되었음(S는 주로 B와 싸우는 것 때문에 많이 혼나는 거지, S는 다른 수업 때 칭찬들은 적도 있고 어른들이 나쁘게 보지 않는다, S가 대부분 심하게 하지만, B가 S에게 먼저 장난을 거는 적도 있고 B도 S에게 심하게 할 때도 있다

등)을 알려 주고, 싸움을 피하기 위한 전략(힘을 쓰면 싸움이 되니까 말로 주로 장난을 친다. 이제 그만해라고 하면 둘 다 그만두기로 약속한다 등)을 알려 주었다. 늘 혼나 오던 S는 엄마에게 전화해서 오늘 처음 반성이란 무엇인지 알게 되었다고 말했다. S와 B는 위원들의 조언이 합리적이고 공정했다고 판단했다. S와 B는 화해의 인증샷을 통해 공개적으로 싸우지 않겠다고 다짐했다. 물론 그 뒤에도 종종 다툼은 있었지만 화해는 보다 쉽게 이루어졌다.

4. 학교폭력 위기 상황의 극복 사례

다음은 힘의 우열이 분명한 두 아이의 갈등 상황에서 공감그룹인 K가 활약한 사례이다. P와 Y는 전 학년에서 가해자, 피해자 관계였는데 그것이 해결되지 않은 채 같은 반이 되었다. 학기 초 새 담임은 이들의 관계를 알게 되었고 가해자였던 P에게 평화규칙을 지킬 것을 약속받았다. 시간이 지나자 P는 피해자였던 Y의 행동을 못마땅하다는 듯 비꼬았고 Y는 자신이 또 폭력을 당할까 봐 불안해했다. 갈등이 깊어지기 전에 공감그룹 K와 담임교사, 당사자인 P와 Y가 모임을 가졌다. 담임교사는 사전에 공감그룹 K가 둘의 관계를 어떻게 보는지, 또 어떻게 풀 것인지 이야기를 나누었다. 담임교사가 K를 선택한 이유는 K는 다방면에서 재능이 월등하지만 겸손하고, 이익을 추구하기보다는 누가 알아주지 않아도 타인을 돕는 일에 적극적이라서 학급에서 인정받고 있었기 때문이었다. 무엇보다 P는 학기 초부터 K에게 관심을 갖고 "네가 공부 1등인 K냐?"라고 말을 걸었고, K 역시 P를 다른 세계 아이로 보지 않았기 때문에 서로에게 호감을 가지고 있을 거라 판단했다. 또 자기가 갖지 못한 능력을 지닌 K를 P는 신뢰하고 있었다. K는 Y의 불안한 심정을 전달하고 P를 위해 진심 어린 조언을 해 주었다. P와 Y는 자신의 행동에 대해 돌아보게 되었고 학교폭력 위기 상황에서 벗어날 수 있었다. 소감 나누는 자리에서 P와 Y 모두 K에게 고맙다고 말했다.

5. 교사 지도 없이 공감그룹이 주도한 사례

대부분의 사례는 교사가 주도하는 분위기에서 공감그룹 학생들이 교사의 가치관, 언어에 공감하는 마음으로 한 활동들이다. 교사가 생활지도에 얼마나 큰 열의를 가지고, 연구 실천하느냐에 따라 다르겠지만 대부분 평화로운 학급의 이야기를 주도하는 것은 교사이다.

그러나 공감그룹이 교사의 평화 언어에 동의하고 이를 적극적으로 주도하다 보면 주변에 아이들이 모이고, 시너지가 발생하여 큰 에너지가 학급에 번져 나갈 수 있다. 학급 활동에서 이들이 핵심이 되어 자주 모이고, 여기에 동의하거나 친한 아이들이 참여함으로써 공감그룹이 소집단이 아닌 학급 대부분을 아우르게 되는 것이다. 이때부터 교사가 따로 어떤 아이들을 발굴할 필요 없이 교사-학생이 직접 교류할 수 있는 학급 분위기가 형성된다. 드디어 아이들이 직접 평화의 이야기를 써 나가게 된다.

마지막 사례는 바로 공감그룹이 교사의 지도 없이도 학급의 문화를 이끌어 나갔던 경우이다. 담임교사는 고립 학생과 공감그룹 7명을 데리고 여름방학 기간에 '아름다운 재단'에서 하는 사회참여 프로그램에 참여했다. 봉사시간을 주고 생활기록부에 기록하는 등 학생들에게 이익이 되는 활동이기도 했지만, 끈끈한 연대감이 형성되며 '이익'보다는 '의미' 있는 활동이 되었다. 참여한 학생들은 '나눔'의 의미를 배우고 실제로 캠페인을 기획, 진행해 보는 소중한 경험을 얻었다. 일주일간 함께 만나며 친밀해졌고 '우정'으로 발전했다. 처음 교사는 고립 학생을 돕는 전략으로 이 활동을 제안했지만 공감그룹은 자신들이 배운 '의미'를 2학기 때 학급에 실천해 보겠다고 나섰다.

2학기 시작하자마자 공감그룹은 스스로 PPT를 만들어 반에서 '나눔'의 의미를 소개하며 호응을 얻어 냈고 마니또 게임을 제안했다. 평화 공존 단계에 머물렀던 반을 화해 협력 단계의 반으로 발전시켰다. 1학기 때 학급은 힘을 가진 아이들에 의해 좌지우지되었지만, 2학기 들어 '재미'와 '의미'를 추구하는 정의로운 소그룹이 주도하는 학급 분위기로 변했다. 교사와 공감그룹의 지속적인 연대로 공감그룹의 영향력이 확대되었고 폭력으로 인정받으려 했던 행동이 나타나지 않게 되었다. 1학기 때 가해 학생이던 아이들이 2학기 학급회의에 동참했다. 센 척으로 인정받았던 아이들이 힘을 보이는 태도가 아닌 합리적인 제안을 하며 아이들 사이에서 수평적 교류가 일어나는 변화를 학급 전체가 경험했다. 비로소 교사의 개입 없이도 아이들이 스스로 평화의 이야기를 써 가는 영구평화의 단계에 도달하게 된 것이다.

교류 활성화를 위한 분석과 방법론

교사-학생 교류가 살아 있다 하더라도 학생-학생 간 교류가 사라진다면 공감그룹이 자기 방향을 잃고 힘 있는 학생들에게 휩쓸리거나 선생님의 정보원으로 전락해 버릴 수도 있다. 공감그룹을 중심으로 평화의 가치를 학생들과 공유하기 위해서는, 학생-학생 사이의 교류 역시 활성화시켜야 한다.

1. 학생들은 어떻게 서로 교류하나?

아이들은 관계를 잘 맺고 있는 것일까.

아이들의 관계는 4주면 어느 정도 윤곽이 보인다. 원래 친했던 아이들이 같은 반이 되어 비교적 안정된 상태로 살아가거나, 적극적으로 새로운 친구관계를 만들려고 하거나, 센 척을 통해 강한 인상을 보여 주거나, 고립된 채 불안해하기도 한다.

아이들의 관계는 같은 동네, 같은 학원, 같은 취미, 성향 등 자연발생적으로 만들어지거나(비공식적), 자리 배치, 학급 활동, 동아리 활동 등 학교생활에서 인위적으로 만들어지기도 한다(공식적). 그런데 아이들이 어떤 그룹에 속하는 과정이 늘 자연스럽거나 건강하지는 않다. 학생들 중에는 인기 많은 아이가 속한 그룹에 속하기 위해 의도적으로 노력하는 경우도 있는데, 그룹에서 자리 잡기 위해 친구들이 원하는 캐릭터를 연기하기도 한다(센 캐릭터, 개그 캐릭터, 바보 캐릭터 등). 또는 서로에게 불만이 많고 별로 친하지 않은데도 학급에서 혼자 지내기 싫어 필요에 의해 학교에서만 같이 다니는 아이들도 있다. 이것은 사실 연기이지만 소속감과 안정감을 얻을 수 있고 남이 볼 때에는 '친구가 있는 아이'로 보이므로 아이들은 그 길을 택한다.

• 소집단 분석(공식적/비공식적)의 예

'확 삐진다' 소집단(비공식적)   성격상 뛰는 것을 좋아하고, 인정받기를 좋아하며, 자신들을 싫어하는 아이들이 있어도 개성을 뚜렷하게 보이는 성향이 강함. 이 소집단에 대해 다른 아이들에게 폐쇄적이지 않고, 학급 일에 소홀히 대하지 않도록 '확 삐진다' 팀의 중심인 아이를 학급 활동에서의 의논 대상으로 삼음. 체육대회 때 반장은 늦게까지 남아 뒷정리를 맡았던 이 아이들을 도와 분리수거를 하는 모습을 보여 반장과의 관계도 좋게 유지됨.

'환경부' 소집단(공식적 → 비공식적 생활 영역까지 공유)   1학기 말 야영을 다녀온 뒤 한 방을 썼던 아이들이 학기초 학급회 부서 운영으로 구성된 '환경부' 아이들과 섞임. 성실하고 순한 아이들로, 서로에 대한 배려심이 강한 편. 서로에 대한 응집력은 강하나, 다른 집단을 배척하는 일이 없어 특별히 개입하지 않음.

카드 소집단 1학기 때부터 질리도록 2학기까지 카드놀이를 하는 소집단. 함께 지역의 카드 대회에 참여하면서 집에도 같이 감. 카드에 흥미를 갖게 된 아이들은 '환경부' 모둠에 속한 아이도 참여하는 모습을 보임. 놀이는 '환경부' 소집단과 카드 소집단 간 경계를 낮춤.

'놀 줄 아는' 소집단 유머가 풍부하여 다른 사람들에게 주목을 받고, 메이커 옷을 잘 입으며, 규칙을 적당히 어겨 보려고 노력하는 아이들. 노래방이나 피시방, 찜질방을 찾는 아이들. 이 안에는 2학년 일짱, 담배 피우는 아이 2명, 개그로 반 분위기를 주도하는 아이, 잘 삐지지 않고 모든 면에서 적극적인 아이들로 구성. 학급 활동에서 최대의 안티 세력이지만, 개별 상담을 통해 집단 분위기가 생겨나지 않도록 함. 이들이 규칙을 어길 때는 다른 아이들에게 미치는 영향이 클 것을 고려해 공개적인 지적을 하며 수위를 조절함. 이 소집단을 주도하는 아이는 개그로 반 분위기를 주도하고 싶어 하지만 좋은 성적에 대한 욕망이 있어 '공부 잘하는' 소집단과 자리 배치를 통해 연결시킴.

'공부 잘하는' 소집단 1학기 말부터 형성. 1등인 반장을 중심으로 2등, 3등인 아이들이 묶음. 반장과 2등은 조기 축구회로 축구에 관심이 있으며 경쟁보다는 서로를 존경하는 관계임. 3등은 성적에 관심이 지대하며 시험 때 이들과 함께 생활함. 이 집단은 각기 다른 계발 활동, 조기 축구회 활동, 시험 때 남아서 다른 아이들과 공부하는 등의 활동으로 다양한 소집단에 또한 섞여 있음. 조기 축구회 등의 활동은 '성적'을 자원으로 하는 아이들 간 경쟁심의 벽을 무너뜨리는 동기가 됨.

'공부를 잘하려고' 하는 소집단 '공부 잘하는' 소집단을 지향하지만 그들과는 전략적으로 친함. 성적을 올려야 한다는 의지가 있는 아이들로 구성. 학기 초 부서 조직에서 학습부를 선택한 모둠임. 소극적인 개인들이 모여 다소 폐쇄적인 것처럼 보였으나 다음 해 3학년 올라가서는 각 학급에서 교사들에게 인정받는 아이들로 성장함.

따돌림 위기에 처한 아이들이 대다수인 소집단 다른 소집단과의 교류가 적음. 가끔 허용적인 '환경부' 소집단과 교류하거나 소풍 때는 반장이 속한 소집단에 자연스럽게 들어가기도 한다. 카드놀이를 통해 다른 아이들과 묶이기도 함. 소집단의 결속을 높이기 위해 의도적으로 외부 활동이 많은 계발 활동에 속하도록 함. 아이들 개인은 따돌림 경험이 많음.

학급 소집단을 분석하는 이유

소집단은 어느 조직에서든 존재하며 변화와 성장, 소멸을 거듭하는 '역동'이 있다. 교실의 소집단을 살펴보면 학기 시작부터 끝까지 그대로 유지되는 경우가 많지 않다. 소집단이 생기는 것은 자연스러운 현상이지만 그룹에 속하는 것이 인생의 전부인 것처럼 살아가는 아이들이 있다. 그룹 내에서 '뒷담화, 따돌림, 떨굼'이 일어나 아이들은 고통스러워하기도 한다. 한 그룹에 속해 있지만 돌아가면서 따돌리거나 언제 내가 따돌림을 당할까 봐 걱정하여 다른 아이들의 뒷담화에 동조하는 아이들의 모습을 종종 목격하곤 한다.

겉으로는 우정이 영원할 것 같지만 진정한 우정이 뭔지도 모른 채 돌아가며 소외시키거나 자기들끼리 싸워 그룹이 해체되기도 한다. 여기서 떨어져 나간 아이들이 다른 그룹에 속하지 못하면 고립아의 길을 가거나, 속한다 하더라도 상대적으로 응집력이 약한 소그룹에 들어가게 되는데, 굴러온 돌이 박힌 돌을 빼내는 식으로 새로운 문제가 생기기도 한다.

소집단에서 떨구어지면 자기 운명이 어떻게 될지 모르기 때문에 어떻게든 붙어 있기 위해 안간힘을 쓴다. 그러다 보니 소집단의 응집력은 더욱 커진다. 문제는 아이들이 소집단 안의 세계가 전부인 것처럼 살면서 다른 세계를 보지 못한다는 데 있다. 그룹 밖에는 다른 좋은 아이들도 많은데 말이다. 그러다 보니 교류가 학급 전체로 번지지 못하고 고여 있게 된다. 소집단이 건강하여 학급 전체의 과업에 열려 있다면 문제가 되지 않는다. 반대로 안으로 끌어들이는 힘이 강해지는 만큼 다른 소집단, 또는 교사를 배척하는 힘이 강해지는 경우가 있다. 선생님의 지시에 근거 없이 반발하는 특정 아이와 그에 동조하는 소집단이 그런 경우이다.

개인의 행동은 소집단의 성격과도 밀접한 관련이 있기 때문에 소집단을 분석하면 문제 행동에 대한 과학적인 진단과 평화로운 해결 방법을 찾아낼 수 있다.

2. 학생-학생 간 교류 구조 분석(=학급 응집력 분석)

가) 목적

학기 초 서로에 대한 탐색이 끝나면 어느 정도 비슷한 성향이나 관심사를 공유하는 아이들이 크고 작은 그룹을 형성하면서 관계를 만들어 간다. 이렇게 만들어진 관계는 4월 정도에 접어들면 안정권에 접어들고 고정되기 시작한다. 학급 내에서 아이들 사이에서 문제가 생기고 본격화되는 것도 이 시기인데 소집단 내, 또는 소집단 간 다툼이나 갈등으로 인한 따돌림이나 고립, 괴롭힘 등이 서서히 불거져 나오게 된다. 이 시기에 교사가 학급 내에서 아이들이 맺는 관계나 교류 구조를 정확하게 파악하는 것은 매우 중요하다. 아이들 사이의 관계나 그룹 간 역학을 파악하고 있기 때문에 학급 아이들 사이에 생길 수 있는 문제를 예측할 수 있고, 문제가 생기더라도 우왕좌왕하지 않고 해결 방안을 모색할 수 있는 여유가 생기기 때문이다. 따라서 교사는 4월이나 5월 아이들이 관계가 비교적 안정권에 접어드는 시기에 학급 내 교류 구조와 집단 역학을 파악하기 위한 조사를 실시하는 게 좋다. 이를 위해 학급 응집력 분석 도구를 사용하면 좋다. 이 도구는 아이들이 어떻게 그룹을 형성하고 있으며, 그룹의 형태와 규모는 어떤지, 그룹에 속하지 않은 아이들은 누구인지, 소집단에서 영향력을 발휘하고 있는 아이는 누구인지 등 학급 내 역학 관계를 읽어 내고 학급의 구조를 한눈에 파악하는 데 매우 유용한 도구이다. 4월과 4월 이후 교사가 필요하다고 생각하는 시기(그것이 2학기가 될 수도 있다)로 나누어 활용하면 좋다. 자세한 방법은 아래와 같다.

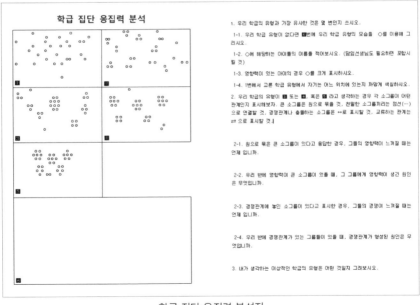

학급 집단 응집력 분석지

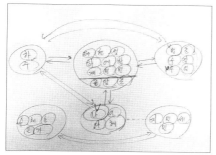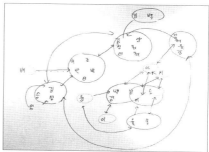

우리 반 응집력 분석

나) 방법

① 실시 시기는 4월 또는 4월과 2학기(혹은 교사가 학급 구조의 변화를 느껴 분석이 필요하다고 보는 시기).

② 그림과 같은 〈학급 집단 응집력 분석지〉를 나누어 주고 쓰게 한다.

③ 아이들의 응답을 모아서 교사가 정리한다(학급 내 소집단 관계나 자신의 위치에 대한 아이들의 생각이 조금씩 다르게 나올 수 있으나 큰 틀에서는 비슷하며 이는 교사의 분석과도 대체적으로 같다).

④ 학급의 소집단들의 관계를 그림으로 그려 본다.

⑤ 해석, 방향 잡기

큰 집단이 뭉쳐 있는 경우 한 반에 10명 정도의 집단이 있다고 표시된 반의 경우 그 집단은 주의 깊게 봐야 한다. 큰 집단이 뭉치려면 큰 응집력이 필요하다. 그렇게 큰 집단은 그 집단에 속하지 않은 다른 아이들에 대한 배척, 뒷담화, 괴롭힘 등으로 유지되는 경우가 많다. 그 집단 안에서도 따돌림, 괴롭힘이 있을 가능성이 높다. 어쨌든 그 집단에서 벗어나 외톨이가 되는 것보다 안에 붙어 있는 것이 낫다고 생각하여 괴로워도 참고 지내고 있을 수 있다.

큰 집단은 그 자체로 큰 권력처럼 작용하게 되며, 이로 인해 묻혀 있던 불만과 갈등을 수면 위로 드러낼 필요가 있다. 필요하다면 좀 더 마음이 맞는 몇 개의 그룹으로 분산되도록 유도할 필요도 있다.

교류가 없는 소집단들 특히 여학생 그룹의 경우 드러내 놓고 공격성을 보이진 않아도 몇 개의 그룹이 서로 견제하면서 보이지 않는 긴장감을 형성하는 경우가 많다. 이런 경우 교사가 평화로운 학급을 만들려는 시도를 할 때 상대방을 의식하며 냉소적인 분위기를 만드는 등 교류와 소통을 가로막는 장벽이 될 수 있다.

당장 어떤 문제가 생기지 않아도 작은 오해에서 시작되어 큰 싸움으로 번질 가능성이 늘 있다. 어떤 주제나 활동을 통해, 자연발생적인 그룹을 넘어서는 그룹을 만들어 교류를 만들 필요가 있다.

섬 다른 아이들과 교류가 없는 섬과 같은 학생들이 있다. 소그룹 사이의 경쟁에서 일시적으로 밀려난 방랑자일 수도 있고, 이미 예전부터 아이들에게 알려진 약자, 고립아일 수도 있다. 2명의 고립아가 서로 연대하여 지내고 있을 수도 있다.

고립아의 문제는 단기적으로 해결하기는 어려울 수 있다. 어쨌든 우리 반에 이렇게 고립된 아이들이 있는 것이 우리 학급의 과제라는 점을 기회가 있을 때마다 공감그룹과 심의할 필요가 있다.

아이들은 친구관계도 일종의 경쟁관계로 생각하는 것 같다. 그 아이는 따돌림당할 만하다는 생각을 많이 한다(노력을 안 한다, 반응이 이상하다, 외모, 냄새 등). 이는 어찌 보면 경쟁에서 탈락하는 사람이 생기는 건 당연하다는 약육강식의 논리를 체화한 것처럼 보인다. 이런 반응을 마주한다면 "인간관계를 누가 잘 맺는지 우리는 경쟁하고 있는 건가?"라는 근본적인 질문을 던질 필요가 있다. "공부를 못하더라도 보충 수업 같은 걸로 잘할 수 있도록 돕는 게 학교의 역할이듯, 약점이 있어 인간관계를 잘 맺지 못하는 친구라도 잘 맺을 수 있도록 도와주는 것이 학교여야 한다"는 식으로 성적 경쟁에서 밀려난 아이들에 빗대어 이야기하면 더 잘 받아들이기도 한다.

고립아의 경우 나무보다 숲의 토양을 바꾸는 노력이 더 효과적이다. 학급 안에서의 교류가 활성화되고, 아이들이 서로에게 좀 더 안심하고, 서로 비난하기보다 조금이나마 도와주려는 분위기가 되면 고립아들도 조금씩 자기 모습을 드러낼 여지가 생기게 된다. 부족한 부분을 교사가 채워주고 매력과 장점을 발굴하는 식으로 학급 안에서 자리를 잡을 수 있게 지지해 주면 좋겠다.'승'에서 '위원회 만들기', '일기모둠' 등의 방식 활용

⑥ 알아보기 쉽게 정리한 후 학생들에게 공개한다.

가급적이면 PPT와 같은 시각 자료로 만들어 본다. 마치 수업과 같이 진행하면서 학생들과 함께 우리 학급의 현재 친구관계와 과제에 대해 생각해 보는 시간을 가진다. 학생들이 좀 더 진지하게 성찰할 수 있도록 하기 위해, 우리 학급은 현재 이런 상황이지만 경쟁이 심해지면 어떻게 악화될 수 있는지의 예상도를 보여 줄 수도 있다.

*학급 응집력 분석 결과를 보여 주고 성찰의 시간을 가진 뒤, '숨은 아이 찾기' 활동p.169을 제안할 수 있다. '학급 응집력 분석(성찰)', '숨은 아이 찾기(제안)'를 이어서 한 차시 수업으로 진행하기에 좋다. 따돌림이나 고립 문제가 계속되는 소그룹이 있다면 소그룹과의 집단 상담에 활용할 수도 있다. 어떤 학생들은 그룹 안에서 일어난 뒷

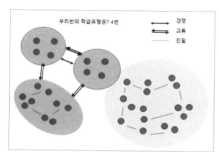

우리 반의 학급 유형은?

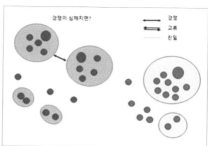

경쟁이 심해지면?

담화나 따돌림에 대해 다른 아이들이 알까 봐 불안해하고 숨기기도 한다.[5] 해당 그룹 아이들만 불러 상담하면 더 솔직하고 의미 있는 토의를 만들 수 있을 것이다.

⑦ 주의 사항

냉소를 벗어나 동기부여를 주기 위해 "이런 걸 왜 하냐?"라는 질문이 나올 수 있다. 학급의 평화를 위해 이런 활동을 한다는 사실을 사전에 공감그룹과 심의할 필요가 있다.

학급 응집력 분석은 현재의 우리 반 모습에 대한 집단 '성찰'이라는 점을 강조하면 좋겠다. 진지한 접근을 위해 우리 반에서 학생들 간의 교류 부족으로 일어났던 몇 가지 갈등 사례를 예시로 들어도 좋겠다(작은 오해로 시작해 큰 싸움이 된 사례, 뒷담화로 관계가 깨진 사례 등). 학교에서 공부만이 아니라 인간관계를 잘 맺는 사람이 성공한다는 언급도 괜찮다. 다른 사람에 대한 관찰력이나 대인관계가 좋은 사람이라면 이런 활동을 잘할 거라는 동기부여도 좋겠다.

무기력을 벗어나 비전을 제시하기 위해 "이런 걸 해서 뭐 하냐?"라는 질문도 나올 수 있다. '성찰'은 그 자체로 교육적 의미가 있다는 점과 이 과정을 여러분에게 공유함으로써 우리 학급의 과제를 찾고 싶다고 이야기하면 좋겠다.

응집력 분석을 통해 우리 학급의 관계를 그림으로 그리고, 우리가 더욱 평화로운 학급으로 성장하려면 무엇이 필요할까 함께 고민해 보자. 그리고 이를 해결하기 위한 후속 활동을 하려고 한다고 말하는 것이 좋겠다.

---

5. 특히 여학생들은 그룹 안에서 일어난 문제를 공개하는 것에 대해 강하게 반발하는 경우가 많다. 여학생들은 나쁜 소문이 퍼지거나, 약점이 드러나는 것에 대해 불안과 두려움을 가지고 있기 때문이다. 그러나 학급 안에서 뒷담화나 따돌림이 일어난 사실을 많은 학생들이 이미 알고 있기 때문에, 이런 태도는 합리적이지 않다. 학급 안에서 일어난 갈등과 해결을 위한 노력을 학급 전체가 공유하며 배우는 것이 교육적이다. 교사가 학생들과의 토의를 통해 극복해 나가는 것이 좋다.

3. '숨은 아이 찾기'를 통한 소감도 분석

가) 취지

학생 개인이 자기가 속한 소집단이 아닌 반의 다른 아이들에게 어떤 긍정적인 소감을 갖고 있는지 교사가 파악할 수 있는 도구이다. 아이들 간 관계는 겉으로는 친하지만 사실은 호감이 없고 속마음은 누군가와 가까워지고 싶은데 겉으로는 자신의 처지와 조건에 따라 특정 친구에게 혹은 자기 그룹의 관계에만 집중하기도 한다. 혹은 다른 사람의 눈치를 보느라 제대로 된 관계를 맺지 못하는 경우도 많다. 이 도구는 교사가 학생들이 속마음은 누구와 가까워지고 싶은지 알기 위해 친구에게 느끼는 소감은 어떤지 묻는 활동이다. 학기 초와 관계가 안정된 시기로 나누어 이 도구를 활용한다면 호감도의 변화를 파악할 수 있다. 4월이나 2학기 정도에 학급 응집도 분석을 통해 아이들과 함께 관계를 진단한 뒤 이 활동을 자연스럽게 연결하면 더 효과적이다.

'숨은 아이 찾기' 활동을 통해 아이들이 자기들이 맺고 있는 관계가 전부가 아니라는 점, 다른 그룹에 있는 아이들에게 이런 장단점이 있다는 것 등을 알 수 있게 된다. 이 그룹이 하나의 모임으로 유지된다면 각 그룹들은 예전처럼 다른 아이들을 배제하거나 고립시키기가 어렵게 된다. 숨은 아이 찾기 활동은 아이들이 만들어 놓은 친구관계라는 벽 사이로 작은 수로를 놓는 것과 같다.

보통 교사가 새로운 그룹을 만들려고 해도 잘 안 되는 경우가 많지만, 이건 교사가 주도로 한 활동이긴 해도 아이들이 직접 쓴 결과로 만든 것이기 때문에 모임을 만들기가 더 쉽고, 나랑 친하지 않았던 다른 아이가 나를 좋게 생각했다는 사실로 지목받은 학생도 기분 좋은 긴장감을 가지게 된다.

나) 방법

① 실시 시기는 4월 혹은 5월, 학생 간 관계가 어느 정도 안정된 시기가 좋고, 학급 분위기에 변화나 반전을 주고자 할 때 실시하면 좋다. '학급 응집력 분석' 활동과 이어서 진행할 수 있다.

② 〈숨은 아이 찾기〉 활동지를 나누어 주고 쓰게 한다.

③ 아이들의 응답을 모아서 교사가 학생 상호 간 소감도를 분석하고 정리한다.

④ 나다니엘 호손의 「데이비드 스완」, 톨스토이의 명언, 나무와 숲의 이야기, 구글맵으로 보여 주기를 통해 활동지에 진지하게 답할 수 있도록 유도한다.

숨은 아이 찾기 활동지

*활동지 작성 전 활용 자료

▶ 나다니엘 호손의 「데이비드 스완」
주인공 스완이 숲에서 낮잠을 자고 있었다. 이 곁을 지나던 백만장자 노부부가
죽은 아들과 닮았으니 양자로 삼자고 말한다. 이들 부부는 스완이 깨어나면 재
산을 상속할 양자로 삼고 싶어 했다. 하지만 스완은 깨어나지 않고 마차가 도착
해 노부부는 가던 길을 가게 된다. 그 뒤 어여쁜 소녀가 숲으로 왔다가 잘생긴
스완을 보고 마음이 흔들렸지만 스완이 잠에서 깨어나지 않자 길을 떠났다. 잠
시 후 두 강도가 스완의 꾸러미를 뒤지다가 개 한 마리가 튀어나와 즉시 자리
를 떴다.
그가 잠들어 있는 동안 그에게는 백만장자가 될, 예쁜 처녀와 사랑을 할 기회
가 찾아왔었고 죽을 수도 있었다. 그렇지만 그는 그러한 사실조차 알지 못했고
잠에서 깨어 다시 길을 떠났다.

(교사의 안내) 우리는 우리가 모르는 사이에 우리의 운명을 바꿀 수많은 기회
와 위기들, 인연들이 많았을 거야. 너희들은 지금 스완처럼 눈 감고 있을 수 있
어. 뭔가 중요한 사람이 옆에 있을 수도 있어. 지금 너희들과 친한 친구 말고 우
리 반에 있는 소중한 인연을 찾아보는 거야. 잠에서 깨어 보자.

▶ 톨스토이의 「세 가지 질문」
세상에서 가장 중요한 시간은 현재이고, 가장 중요한 사람은 지금 내가 대하고
있는 사람이며, 이 세상에서 가장 중요한 일은 지금 내 곁에 있는 사람을 위해
좋은 일을 하는 것이다.

(교사의 안내) 지금 이 순간이 여러분에게 가장 중요한 순간이 될 수 있어. 여
러분에게 스쳤던 우리 반 아이들을 떠올려 보자. 인생에서 가장 중요한 인연이
될 수 있는 거야. 질문을 보고 떠오르는 아이를 적어 보자. 이것은 숨은 그림
찾기야. 왠지 내가 관심을 가지지 않았던 친구의 소중함을 떠올렸다는 생각에
눈가가 촉촉해질지도 몰라.

▶ 나무와 숲의 이야기, 우리가 사는 세상(구글맵)

(교사의 안내) 선생님이 지도를 하나 보여 줄게. (+를 누르면서) 어때, 내가 속
한 세상이 점점 넓어지지? 나를 둘러싼 거대한 세상이 보이니? 내가 속한 이
세계가 전부인 것같이 느껴져도 사실 나는 진짜 세상 속에서 공존하고 있는 거
야. 친하지 않은 아이를 생각하다 보면 (+를 눌러 지구와 우주를, −를 눌러 우
리나라, 우리 지역, 우리 학교를 보여 준다) 멀리 떨어졌을 때 더 잘 볼 수 있어.
(−를 누르면서 상세하게 지도가 펼쳐지는 것을 확인하며) 친하면 친할수록 남
이 모르는 장점을 알 수 있는 것이고. 인생이란 그렇게 숨은 그림을 찾는 거야.
거대한 세상에서 한 점도 되지 않는 내 세계에서 벗어나 옆에 그 옆에 또 그 옆
에 반짝이는 보석 같은 친구를 찾아보자. 인생이란 것은 숨은 그림을 찾는 거
야. 찾고 있는 너희들의 눈빛이 너무 아름답구나.

다) 활용

① 관계망 그리기

활동이 끝나면 학생들의 〈숨은 아이 찾기〉 활동지에 적힌 내용을 바탕으로 관계망을 그려 본다. 학급 아이들 이름을 원형으로 써 놓고 서로가 서로를 지목한 결과를 바탕으로 관계망도를 그린다(2부 2장 기, 과거관계 조사에서 한 활동과 같은 방식). 관계망을 그려 나가면서 서로가 서로를 지목한 그룹을 찾는다.

tip 숨은 아이 찾기 활동지에 나오는 질문의 수가 많다. 한 학생이 10명 정도의 학생을 지목한 경우 관계망도가 지나치게 복잡해져 교사가 알아볼 수 없는 경우가 생긴다. 이런 경우 교사가 의미 있다고 생각하는 질문을 위주로 관계망을 그리거나 상위 몇 개의 질문을 가지고 그려도 된다(보통 상위 몇 개의 질문에 집중을 해서 쓰기 때문에 그렇다).

② 어떤 그룹을 발굴하는가?

숨은 아이 찾기 활동은 학급을 평화롭게 만들기 위해 기존의 자연발생적 그룹을 넘어서는 관계망을 만드는 것이다. 복잡한 관계도를 보며 모든 그룹을 다 찾는 것보다 교사가 학급의 상황(과제, 문제점)에 맞게 눈여겨 보았던 인물을 중심으로 그룹을 찾는 것이 좋겠다.

예를 들어, 학급 내에 경쟁적인 그룹이 있는 경우 경쟁적인 그룹 사이에서 다리가 될 수 있는 친구들을 먼저 찾는다. 경쟁그룹 A, 경쟁그룹 B, 중립적인 인물 2명 이런 식으로 4명의 그룹을 만들 수 있다.

어떤 큰 그룹이 학급의 분위기를 폭력적이나 불평등하게 만들고 있는 경우 큰 그룹 안에서 상대적으로 교사의 가치에 더 공감하거나, 학급에서 어떤 역할을 해 줄 수 있는, 정의감이 있거나 그룹의 독주를 견제할 수 있는 인물과 그룹 밖의 인물들을 묶어 준다.

③ 발굴된 그룹 공개

학급 아이들에게 숨은 아이 찾기 활동을 통해 이런 그룹이 발견되었다는 사실을 알린다. 숨은 아이 찾기 활동을 제안할 때와 마찬가지로 스쳐 지나갔을 수도 있는 소중한 인연임을 알리며 함께 축하하자고 이야기하면 좋겠다.

④ 활동을 제안

발굴한 모둠이 장기적으로 함께 무언가 할 수 있는 활동을 주는 것이 좋다. 일기모둠도 좋다. 글로써 교류를 하게 되면 상대방의 생각을 알게 되므로 다른 사람을 좀 더 진지하게 보게 되고 의외의 모습을 발견할 수 있다. 그 밖에, 봉사활동이나 스터디 모임을 만들 수도 있다. 이렇게 발견된 모둠은 교사와 교류하며 공감그룹으로 성장할 수 있다.

⑤ 공감그룹으로 성장

이 그룹은 학급을 평화롭게 만들기 위한 '활동을 통해 만들어진 그룹'이다. 그 자체로 어떤 학급에 대한 사명감 같은 것이 있다는 식의 의미 부여를 해 줄 수 있다(그룹의 이름을 '평화모둠'으로 하는 등). 이 그룹과 만남을 가질 때 의도적으로 교사가 평화로운 학급을 위한 여러 가지 과제나 어려움들을 솔직하게 토론하고 조언을 구할 수 있다.공감그룹 만들기 p.138

라) 주의 사항

① 이것을 특정 친구에 대한 '호감'이나 '인기'가 아닌 '소감'으로 인식할 수 있도록 교사의 교육적 안내가 반드시 필요하다. 친구에 대한 느낌, 숨겨진 매력은 사람마다 모두 다르게 느낄 것이다. 겉으로는 학급에서 겉도는 학생이라 하더라도, 가만히 보면 긍정적인 느낌을 발견할 수도 있다. 교사가 어떻게 안내를 하느냐에 따라 효과가 다르게 나타날 수 있으니 '장황한' 안내가 필요하다. 필요하다면 멀티미디어나 예술적 도구(시, 소설 등)를 활용하여 이 활동의 의미가 충분히 아이들에게 다가갈 수 있도록 한다.

② 학급 응집력 분석 활동과 이어서 할 수도 있다(학급 응집력 분석이

한 차시 정도, 숨은 아이 찾기가 한 차시 정도 약 두 시간 정도 수업 시간 분량이 나온다. 학급 자치 시간을 활용하여 연속적인 활동으로 하고 후속 활동을 한다).

③ '숨은그림찾기'를 할 때 구석구석을 빠짐없이 찾아보듯, '숨은 아이 찾기'는 내가 잘 알고 있는 친한 아이들 말고 별로 친하지 않은 아이들 위주로 찾아보는 것이다. 적극적인 참여를 유도할 필요가 있다. '놓치고 지나갔을 수 있는 소중한 인연'을 강조하거나, '다른 사람을 잘 관찰하는 사람이 인간관계가 좋다'는 식으로 긍정적인 인정욕망을 자극할 필요가 있다. 필요하다면 상품을 줄 수도 있다.

진실화해의 교실 만들기

학교폭력의 진정한 해결은 진실 찾기 → 가해자의 반성과 사과 → 피해자의 수용 → 화해 → 학급 전체의 성찰과 반성을 통해 일어난다. 여러 가지 제약에도 불구하고 학교폭력 해결의 열쇠는 담임교사가 쥐고 있다. 대부분의 학교폭력은 학급에서 벌어지기 때문에 그것을 가장 먼저 알아채고, 가장 책임있게 해결할 수 있는 사람은 담임교사이다. 피해 학생 역시 가해 학생이 진심으로 사과하고 그 과정을 학급이 공유해야 우리 학급이 평화롭다고 느끼고 안심하고 지내게 될 것이다. 따라서 담임교사가 학교폭력 문제를 예방하고 해결할 수 있는 역량을 키우는 것이 중요하다.

1. 단서 찾기
학급에 어떤 문제가 있는지를 교사가 먼저 파악하는 것이 중요하다. 더 큰 폭력으로 번지기 전에 막기 위함이기도 하고, 교사가 학교폭력 문제에 적극적으로 대처한다는 인상을 주면 아이들이 조심하기 때문이기도 하다. 담임교사가 학급에 어떤 문제가 있는지 먼저 알아채는 몇 가지 방법을 소개한다.

가) 직관적인 것

알파고와 같은 인류 최고의 성능을 가진 디지털 로봇이 절대 할 수 없는 영역이 바로 교육이다. 알파고에게는 직관이 없기 때문이다. 이세돌이 신의 한 수를 던졌을 때 바둑을 조금이라도 아는 모든 사람들은 경악했다. 하지만 알파고는 이 '의외의 한 수'에 담긴 의미를 전혀 읽지 못한 채 '별것 아닌 수'로 해석했고 패배했다. 이세돌이 아니었다면 이러한 인공지능의 한계를 알 수 없었을 것이다.

평소와 다른 말투, 눈빛, 표정, 걸음걸이, 뒷모습까지 여러 가지 징후 속에서 사람들은 어떤 직관적인 판단을 한다. 물론 직관은 단지 오해일 수도 있다. 그러나 직관은 많은 위험을 피하게 해 주기도 하고, 진실에 한 발짝 다가서는 단초가 되기도 한다.

교사에게도 이런 감각이 있다. 교사는 늘 아이들을 바라보며 어떤 식으로든 아이들과 소통하기 때문에 저절로 그런 감각을 익히게 된다. '뭔가 좀 이상한데?'라는 감각이다. 많은 교사들은 이런 감각을 느끼지만 '별것 아니겠지'라고 덮어두거나, '내가 할 수 없다'라고 포기하기도 한다.

그러나 학급의 평화를 위해서는 직관을 믿고 한 발짝 더 나아가기를 권한다. 그 안에 미처 보지 못했던 진실이 숨어 있고 , 그 해결 과정을 통해서 아이들이 성장하고 학급의 평화가 진전된다면 충분히 가치 있는 일이 될 것이다.

• 평소와 다른 심각한 태도, 무언가를 상의하다 교사가 오면 멈추는 행동

학급 환경 미화 등 학급 일에 적극적으로 참여하고, 늘 교무실에 와서 활발하게 이야기하며 담임교사와 친분을 나누던 여학생 그룹이 있었다. 어느 날 교사가 교무실에 나오던 중 그 여학생 그룹이 교무실에 들어오지 않은 채 복도 쪽에서 어두운 표정으로 무언가를 상의하는 모습을 보았다. 처음 보는 모습이었는데, 교사가 다가오자 자신들이 나누던 얘기를 멈추었다.

불안하거나 불쾌한 문제, 그것도 그룹 공동이 겪는 문제가 있다, 그리고 선생님이 알면 불편해지는 문제다. 이것은 십중팔구 학교폭력과 관련된 문제라고 판단했다. 무엇인지는 알 수 없으나 그럴 것 같은 직관을 가지고 '무슨 문제가 있다는 걸 알고 있다'는 식으로 질문을 던졌다.

"무슨 일 있지?"

"아, 아무것도 아니에요."

"무슨 일 있잖아, 빨리 말해."

"아, 아닌데…."

계속해서 질문을 던지며 아이들의 흔들리는 눈빛을 보면서 짐작이 맞았다는 확신을 가지면서 설득하기 시작했다.

"얘들아 선생님이 해결하든 그렇지 않든 어떤 문제가 있다는 건 알아야지. 지금 무슨 문제가 있는 건 맞지?"

"…."

"일단 들어 보고 선생님이 해결하지 못할 수도 있지만, 만약 우리 학급에서 일어난 일이라면 선생님이 학급의 평화를 위해 노력하자고 했는데, 어쨌든 나는 드러내 놓고 상의하는 게 맞다고 생각해."

"그냥 개인적인 일이라서…."

"그래, 무슨 일인데?"

그래서 알게 된 이야기는 다음과 같았다.

환경미화그룹(4명)은 우리 반 어떤 남학생 뒷담화를 했고, 그 남학생과 친한 일진여학생그룹(8명)이 점심시간에 우리 반에 쳐들어와 환경미화그룹을 비난하며 남학생에게 사과하라고 따지며 겁을 줬다.

문제가 드러났기 때문에 차분히 진실을 찾아가야 한다. 진실을 찾는 방법은 '교류를 통한 방법p. 193'을 이용했고, '진실과화해위원회'를 통해 화해를 이루려고 노력했다.

등장인물이 많았다. 환경미화그룹과 일진여학생그룹이 작년부터 갈등이 있었다는 사실도 알게 되었다. 또, 환경미화그룹은 교사와는 친분이 두터웠지만, 학급 안에서는 뒷담화와 따돌림을 주도했다는 사실도 알게 되었다. 쌓였던 많은 갈등이 한꺼번에 드러났기 때문에 모든 갈등을 다 다룰 수 없었고, 범위를 좁혀 환경미화그룹의 뒷담화의 문제에 집중했다. 신뢰가 다 깨진 상태였기 때문에 길고 지난한 과정을 거쳐야 했다.

여러 차례의 상담과 교육을 통해 환경미화그룹은 남학생에 대한 사과문을 썼고, 진실과화해위원회를 열어 사과문을 읽도록 했다. 남학생 역시 일진여학생그룹이 자기 문제로 반에 쳐들어온 것에 대해 사과했다. 환경미화그룹 학생들은 평화규칙을 어긴 일에 대해 공개적으로 사과했다.

모든 갈등을 다룰 수 없었기에 완벽한 화해는 이룰 수 없었지만, 다시 학급에 뒷담화와 따돌림이 일어나지 않을 거라는 안심이 생겼고, 실제로 그 후로 뒷담화나 따돌리는 행동에 대해 학생들이 조심하는 분위기가 만들어졌다. 우리 학급은 좀 부족하고 약한 모습을 드러내도 허용되는 편안한 분위기로 변해 갔다.

만약 교사가 직관을 믿고 진실에 파고들지 않았다면 학급 안의 따돌림과 뒷담화를 멈출 수 없었을 것이고, 학급의 분위기는 계속 악화됐을 것이다.

• 자연스럽게 막 대하는 태도

어떤 학생이 특수학급 학생의 가슴께를 주먹으로 퍽퍽 치고 있는 것을 보았다. 그 자체도 문제였지만 완전히 아랫사람 대하듯 했으며, 피해 학생은 특수교육 대상자이긴 해도 키가 더 크고 나이도 많았는데 그 상황을 덤덤하게 받아들이고 있었다. 이것은 단기간에 형성된 관계가 아니라는 생각이 들었고 그 학생을 불러서 강하게 물었다.

"지금 뭐 하는 거야?"

"아니, 쟤가 교실로 가려는데 안 비켜서."

"그래서 그렇게 때렸다고?"

"때린 게 아닌데요. 그냥 좀 화가 나서, 때린 건 아니에요."

"너, 이렇게 때린 거 처음 아니지?"

"네? 아, 아니… 그냥 장난으로 몇 번….'

교사는 학생을 당황하게 했고, 학생은 교사가 뭔가 알고 있다고 느끼자 좀 솔직해졌다.

"이렇게 넘어갈 문제가 아닌 거 같은데? 이번 시간 끝나고 교무실로 내려와. 특수학급 선생님과도 얘기를 나눠 볼 거야."

이 학생은 평소 특수학급 대상 학생의 행동(주변 학생의 관심을 받으려는)이 마음에 들지 않았고, 아이들이 보는 앞에서 이 학생을 놀리거나 툭툭 치거나 무시하고 오늘처럼 때리는 행동을 한 경우가 종종 있었다.

그 특수학급 학생이 과시욕이 강해서("잘생겼지?"라고 계속 묻는 등) 남학생들 중에 싫어하는 애들이 많았는데, 특히 폭력적으로 구는 아이들도 몇 명 있었다. 그중 이 가해 학생은 특수학급 교사도 알 정도로 괴롭힘 행동을 해 왔다. 특수학급 학생이 통합학급으로 가면 특수 교사가 학생들의 생활을 보기 힘들고, 특수 교사가 일반 학급 아이들을 훈계하기가 힘들기 때문에 반복되고 있는 상황이었다.

가해 학생에게 사과문을 쓰도록 하고 특수학급에 전달해 특수 교사를 통해 사과의 뜻을 전달하도록 했다. 가해 학생이 특수학급 학생에게 사과문을 썼다는 사실이 어느 정도 알려지면서 다른 아이들의 폭력적인 행동도 조금 줄어들었다.

나) 경험 관찰적

오랜 시간 아이들을 관찰하면 어떤 특징적인 패턴이 관찰되는 경우가 있다. 아이들이 인정받기 위해서 여러 가지 전략을 사용하는 과정 중 드러나는 특징이다. 이를 해결 과제로 삼아 접근할 수 있다.

• 급식을 먹으러 가지 않는 아이

급식을 먹으러 가지 않는 아이가 반에 한두 명씩은 있다. 이 아이들은 특별히 건강에 문제가 있는 것이 아니라면 대부분 적응에 어려움을 겪고 있는 것이다. 이미 부적응을 돌이킬 수 없어 관계 맺기를 포기한 아이도 있다.

키도 크고 잘생긴 남학생이 수업 때나 쉬는 시간에는 큰 소리로 아이들과 어울리며 농담도 잘하길래 밝고 쾌활한 학생인 줄 알았는데, 가만히 보니 급식 시간에 밥을 먹으러 가지 않는다.

관찰해 보니 이 학생은 수업 시간에는 자신을 잘 드러내며 아이들과 소통을 하는 듯하지만, 정작 자기가 소속된 그룹이 없었다. 학급에서 좀 쎈 아이들이 이 아이를 은근히 무시하고 있기도 했다.

급식실은 학생들의 관계가 민낯을 드러내는 곳이다. 이 학생은 그런 장소에서 사실은 자기가 친구가 많이 없다는 것이 드러나는 것을 피했던 것이다. 공부는 잘하지만 운동은 잘 못하는 이 학생은 운동장 수업 때도 아프다는 핑계로 거의 운동에 참여하지 않았다.

그 학생에게 공부도 중요하지만 겉으론 웃고 돌아서면 불안한 관계가 아닌, 우정의 관계를 맺는 것이 학교생활의 중요한 과제임을 제시했다.

• 불만이 있지만 표현하지 않는 아이

어떤 여학생 그룹은 서로 말을 좀 심하게 한다. 어떻게 보면 장난 같기도 한데, 비난이나 욕설 수위가 늘 아슬아슬하다. 같이 웃고 떠드는 것 같았는데 가만히 보니 비난, 장난을 유독 당하는 한 명이 있다.

그리고 좀 더 보면, 이 학생은 그런 비난을 받을 때 얼굴을 찡그리다가 그냥 표현을 하지 않고 참거나, 오히려 억지로 웃으며 맞장구를 치며 자신을 깎아내리기도 한다.

교사가 불만을 참는 여학생이 혼자 있을 때, 직접적으로 "네 친구들은 왜 너만 놀리냐?"라는 식으로 물어보았다. 학생은 처음에는 아니라고 부인을 했지만 "좀 그렇게 느껴진다"라고 했다.

교사는 아이들은 심한 욕도 잘 받아넘기는 것이 마치 우정인 것처럼 하지만, 비난하고 무시하는 말은 사실 우정에 별로 도움이 되지 않는다며 '말의 중요성'을 이야기했다. 그리고 이 여학생에게 친구들한테 섭섭한 적이 있었다면 이를 그림으로 그려 보고 친구들에게 편지를 써 보자고 했다.

그 후 해당 여학생 그룹을 불러서 불만이 있어도 참았던 이 여학생의 편지를 공개하고, 우정을 위해 서로 지켜야 할 일에 대해 약속하는 시간을 가졌다.

다) 분석적인 것(체크리스트)

① 취지

직관적이나 관찰을 통해서 단서를 찾은 뒤 바로 아이들을 불러 진실이 무엇인지 찾을 수도 있다. 하지만 보다 더 깊이 있게 단서를 모아야 할 때도 있다. 가해 학생이나 그룹의 힘이 세서 아이들이 솔직히 말하기를 꺼리는 경우, 더 많은 피해자가 있다고 의심되는 경우가 그렇다. '체크리스트'는 학생들의 진술한 반응을 모아 가해자에게 깊은 반성을 유도하는 좋은 방법이다.

• 양심선언(내부 고발자) 인정하기, 방관에서 벗어나게 하기

가해 학생과 가해 사실을 밝히는 체크리스트를 할 때, 괴롭힘 사례들이 구체적으로 드러나게 하려면 체크리스트가 가해자를 신고하는 것이 아니라 우리 반을 '평화롭게' 하는 데 목적이 있다는 사실을 말해야 한다. 신고를 '이르는 것'으로 보기 때문이다.

"우리 사회에서 부정부패, 범죄가 없어지려면 '양심선언' 하는 사람들이 많아야 한다. 체크리스트에 사실을 잘 쓰는 일은 공공의 안전과 학급의 평화를 지키도록 돕는 일이고, 괴롭힘을 한 아이들이 반성하고 함께 평화로운 반을 위해 노력하도록 하는 일이다. 피해자가 억울하게 차별받지 않고 폭력으로부터 보호받도록 하기 위한 일"이라는 것을 말해 준다. 방관과 동조에서 벗어나 '나만 아니면 된다'는 무관심의 분위기를 전환할 수 있다.

• 교사의 정보 일부 공개하기

목격자들이 폭력 사실을 말할 수 있으려면 교사가 어느 정도 알고 있다는 사실을 내비치는 것이 좋다. 많은 아이들이 "어른들은 아이들의 숨

겨진 세계를 모른다, 말해도 소용없다, 이해하지 못한다, 왜 당하고만 있었느냐고 혼날 것이다"와 같이 여겨 피해 사실을 감춘다. 목격자들도 마찬가지이다. 아는 사실을 말했을 때 보호받지 못할지도 모른다는 생각을 가질 수도 있다.

교사가 자신이 목격자들(학생이나 교과교사 등)로부터 들은 의미 있는 정보들을 공개한다면 교사가 이미 알고 있다는 것을 눈치챈 학생들은 신뢰를 가지고 체크리스트를 작성할 수 있다. '교사가 센 아이를 이길 수 없다'가 아니라 '무슨 일이 있더라도 약자의 편에 선다'는 믿음을 주는 것이 중요하다. 교사가 일방적으로 '훈계'하기보다 학급의 평화를 위해 '수업'하는 상황으로 이끌어 나가면 학생들이 부담을 덜 갖게 되어 솔직한 답변으로 이끌 수 있다.

② 방법

• 체크리스트를 만든다
'체크리스트 양식'을 바탕으로 교사가 학생들(또는 다른 교사들)로부터 들은 가해 사실에 근거해 '괴롭힘 행동 리스트'를 작성한다. '장난으로 위장된 폭력'도 괴롭힘으로 분류해야 목격자들이 가해자의 시선이 아닌 피해자의 시선으로 체크리스트를 작성할 수 있다. 마지막에 '평화로운 학급을 만들기 위한 나의 다짐'에 의견을 써서 방관자, 동조자가 아닌 화해 협력을 주도하는 학생들이 되도록 안내한다.

• 체크리스트 결과 정리와 활용
학급 명렬표를 이용해 가해 학생별로, 가해 행동과 그걸 본 아이들의 느낌을 모아서 정리한다(A, C: 주 가해 학생, B, D, E: 주 피해 학생).

7	○○	B한테 병신, 찐따라고 계속 그렇게 불러서 B가 기분이 나쁠 것 같다. B랑 게임을 해서 내가 이겨서 B한테 좆밥이라고 했다.
8	○○	친구의 물건을 몰래 스윽 가져가서 모른 척하는데 그냥 재밌어서 하는 것 같기는 한데, 하지 말았으면 좋겠다.
12	○○	C가 D와 E를 이유 없이 때렸다 / C가 D에게 필통을 던졌다. / C가 E에게 분필 지우개를 던졌다. 이것은 때리거나 물건으로 친 뒤 하지 말라고 하면 센 척하며 욕하는 행위에 속한다. / ○○와 E를 장난으로 툭 쳤는데 E에게 상처가 되었다. / ○○이와 가끔 D를 때리고 D가 욕해서 같이 욕했다. / 하지 말라고 하는데도 D가 필통을 던져 D에게 필통을 던졌지만 미안했다.(본인) / ○○이한테 화나라고 병신, 찐따라고 불렀다.(본인) / E를 상대로 때리거나 물건으로 친 뒤 하지 말라고 하면 센 척하며 욕했다. E가 짜증 날 것 같다. / 수업 시간에 C랑 짝이 되는 시간이 많은데 필통에서 매일 뭔가를 빼 간다. 하지 말라고 하는데도 계속 빼 가서 짜증 난다. / 수업 시간에 자기가 먼저 시비 걸고 내가 뭐라고 하면 자기가 화내고 병신이라고 하니 어이없다. / 주머니에 손 넣고 나대는 행위를 하는데 기분이 더럽다. / E에게 병신, 찐따라고 불렀다.
19	○○	B에게 어깨빵을 하는 등 센 척을 했다. / B를 이유 없이 때릴 때 못났다고 생각한다. / ○○, B, ○○에게 때리거나 물건으로 친 뒤 하지 말라고 하면 센 척하며 욕을 했다. 모두에게 병신, 찐따라고 불러 기분이 더럽다. / 복도 지나갈 때 A가 어깨빵을 하는 것을 봤다. / 친구들에게 병신, 찐따라고 자주 그런다. 이 모습은 매우 안 좋다. / A는 이유 없이 애들을 때리는데 그 애가 불쌍해 보인다. / A는 때리거나 물건으로 친 뒤 하지 말라고 하면 센 척하며 욕을 하는데 나는 그냥 보고만 있었다. A가 안 그랬으면 좋겠다. / A는 병신, 찐따라는 말을 많이 쓴다. 무시당하는 기분이다. / A는 힘을 과시하며 무서움을 준다. / A가 안 그랬으면 좋겠다. / 나는 A한테 당하는 애들을 도와주고 다막아 주었다. 이유 없이 때리지만 세게 치지 않아서 장난이라고 생각한다. / A가 땡겨서 나도 땡기는데 때렸다. / 엉덩이를 걷어찰 때 기분이 나쁘다. / 음악 시간에 A가 특히 B에게 심하게 하는 것을 보니 도대체 왜 그런지 모르겠다는 생각이 들었다. / A는 힘을 과시하는 행위로 무서움을 주는 아이다. / A가 C한테 신발을 가져와 달라고 했고, 누구 좀 불러 달라고 말했다. / ○○한테 말할 때 가끔 뭐라고 한다. B에게 병신아, 나대지 마라고 말했다. 이것은 좋지 않다.

• 가해자(집단)에 공개

정리된 자료를 가해 학생별로 잘라 준다. 가해 학생(들)은 다른 학생들이 자기를 어느 정도 나쁘게 볼 수 있다고 예상을 하면서도 정작 아이들의 불쾌한 감정을 직접 보게 되면 위축되고 진지한 자세가 된다. 다른 학생들이 자신의 행동을 센 것으로 인정해 주지 않는다는 사실을 알게 된다. 다른 학생의 감정을 인정할 수밖에 없으며 부끄러움을 통해 자기 행동을 돌아볼 수 있다.

• 진실 찾기 및 사과

체크리스트를 통해 사안이 모두 드러난 경우 추가적인 진실 찾기는 필요 없을 수도 있다. 체크리스트로 드러난 단서를 가지고 좀 더 진실을 파악하기 위해 '교류를 통한 진실 파악하기'p.193로 연결할 수 있다. 어떤 경우에든 가해 학생들은 피해 학생과 학급 학생들에게 공개적으로 사과하는 절차를 거치는 것이 좋다. 체크리스트를 통해 학생들이 방관자의 자리에서 벗어나고, 공개 사과를 통해 가해 학생들이 학급에서 새롭게 살겠다고 다짐하면 학급의 분위기는 한층 평화로워진다.

③ 주의 사항

- 목적과 다르게 체크리스트에서 가해 사실에 대한 것이 아니라 고립아에 대한 의견이 많이 나오기도 한다. 이것이 공개될 경우 그 학생은 더욱 위축될 수 있으므로 가해 사실에 대한 것만을 중심으로 의견을 정리한다.
- 체크리스트 결과를 공개한 뒤, 가해 학생이 '이거 누가 썼냐'며 찾으러 다니는 경우가 있다. 따라서 체크리스트 결과는 상담이 끝난 뒤에 다시 교사가 가져가는 것이 좋다.

그럼에도 불구하고 누가 자기에게 나쁜 말을 썼는지 화내며 찾으려는 학생에게는 "체크리스트는 반 애들이 너의 행동을 어떻게 보고, 어떤 조언을 해 주었는지 확인하기 위한 것이다. 지금 행동은 친구들의 도움으로 반성하려고 노력하기는커녕 계속 센 척을 하며 살겠다는 의도 아닌가? 계속 이렇게 나온다면 폭력대책자치위원회에서 함께 얘기될 것이다"라며 차단해야 한다. 평화롭게 해결하기 위해 노력하는 학생들의 의지를 꺾는 분위기가 되어서는 안 되기 때문이다. 교사가 주도권을 가지고 교육적 자세를 유지해야 학생의 반성을 끌어낼 수 있다.

라) 조직을 통해서

"여기에서 말해도 되나?"

학급운영위원회가 열리는 자리였다. 혹시 우리 반에 괴롭힘이 있는지,

힘들어하는 아이가 있는지를 묻는 담임교사의 질문에 위원 학생 한 명이 입을 열었다. 용기 있는 발언에 뒤를 이어 폭로가 이어졌다. 교사는 나름 예민하게 보고 있다고 자부했지만 역시 사각지대에서 은밀하게 일어나는 학교폭력은 발견하지 못했다. 작년 피해자와 같은 반이었던 가해자들은 다른 반으로 진급했어도 교실에서 지속적인 폭행과 금품 갈취를 이어 갔다. 위원들은 복도 끝 인적이 드문 곳에서 일어난 괴롭힘에 대해 피해자로부터 들은 사실과 가해자들이 교실로 자주 찾아와 피해자를 찾았다는 목격담, 과거의 괴롭힘 사실에 대해 말했다.

단서를 찾을 수 있었던 것은 교사가 학교폭력에 대해 겸손한 자세를 유지했고 학생들의 조직을 꾸준히 운영했기 때문이다. 교사가 다 보려고 노력했다 하더라도 "아이들이 더 잘 안다, 사각지대가 존재한다, 끊임없이 점검해 나가야 한다"는 겸손함을 유지할 때 놓친 단서를 찾아낼 수 있다. 평화로운 학급을 위해 역할을 맡고 있는 위원회 등은 정기적인 모임을 하게 된다. 이 과정에서 서로 의견을 나누게 되면서 친밀한 교류가 활성화된다. 담임교사는 이 조직을 통해 학급의 발전 단계p. 109를 점검하거나, 학교폭력의 징후를 발견할 수 있고, 화해 이후 폭력이나 갈등이 잘 마무리되었는지 확인할 수도 있다.

2. 진실 파악하기

진실을 파악하는 몇 가지 방법을 소개한다. 세 가지 방법은 사실 명확히 구별하기 힘들다. 어떤 경우에는 한 가지 방법만을, 어떤 경우에는 모든 방법을 사용해야 할 것이다. 그래도 구별한 것은 문제의 성격이나, 문제를 맞닥뜨린 교사의 상황이 모두 다르기 때문이다. 대략적으로 설명하자면 ① 과학적 검증은 모든 경우의 바탕이 되고, ② 교류의 방법이 가장 확실한 결과를 낼 수 있을 것이다. ③ 실천의 방법은 교사가 뚜렷한 방향을 잡기 힘들 때 돌파해 가기 위한 것이다.

가) 과학적 검증

가해 학생을 불러 놓고 교사들이 가장 많이 하는 질문은 아마도 "도대체 왜 그랬니?"일 것이다. 질문을 던지는 교사도 어떤 답을 기대하고 하는 말이라기보다는 그래도 학생을 이해해 보려는 시도이거나, 어떻게 이렇게까지 했나를 다그치기 위한 것이다. 그럼 학생들이 가장 많이 하는 대답은 무엇일까? 아마도 "잘 모르겠어요(=그냥요)"와 "장난으로 그랬어요"일 것이다(장난이라는 말에는 어떤 이유도 들어 있지 않으므로 "그냥요"와 같은 말이 된다).

대부분의 학생들은 자신이 왜 이렇게까지 행동했는지 잘 설명하지 못한다. 그런 아이들에게 규칙과 처벌을 강조하거나, 도덕적으로 맞는 이야기로 감화하는 것은 한계가 있다. 잘못에서 벗어날 수 없다.

교사들이 문제에 접근할 때 "이랬을 것이다"라는 '가설'을 가지고 접근하는 것이 좋다.[6] '가설'을 세우고 이를 학생과의 면담을 통해 확인하며 검증한다. 그래서 교사는 학생이 왜 이런 잘못된 행동을 했는지를 학생에게 설명해 주어야 한다. 그래야 학생은 자신의 행동을 제대로 성찰하고 같은 잘못을 반복하는 삶에서 벗어날 수 있다.

우리는 사람은 어떤 욕망에 의해 움직인다고 생각하며, 그중 가장 뿌리 깊은 욕망을 '인정욕망'으로 본다. 우리는 학생들의 행동의 이면에 '인정욕망'이 있다고 해석한다. 학생들은 학교에서 어떤 식으로든 남에게 '인정받기 위한 전략적인 행동'을 한다. 그리고 안타깝게도 폭력적인 방법을 통해서라도 남에게 인정받으려는 잘못된 전략으로 살아가는 학생들이 많다는 것이다.

---

6. 교사가 되도록 학생들의 행동을 과학적으로 볼 필요가 있다. 복잡한 상황을 이해할 때 누구나 어떤 가설을 가지고 접근한다. 폭력 사건이 일어났을 때 어떤 교사들은 '친구관계에서 다툰 일'이라는 가설로 모든 상황을 얼버무리려 한다. 이런 접근은 불평등한 관계에서 고통을 받은 피해 학생에게 또 한 번의 상처를 주게 된다.

① 가설 세우기

몇 가지 상황에서 세울 수 있는 가설의 예를 들어 보았다. 가설을 세울 때 중요한 기본 전제는 다음과 같다. ① 학생들은 다른 사람들에게 인정받기 위한 욕망으로 움직이며 다분히 전략적이다(어떤 전략 속에서 살아왔다). ② 학생들 사이에서 폭력적인 행동이 인정받을 수 있는 코드로 통하고 있다.

가설을 세우는 것은 학생에게 본인의 행동이 '잘못된 전략'에 해당됨을 알려 주기 위해서이다. 이 책에서 각각의 문제 행동에 어떻게 접근하는지를 소개하지는 못했다. 중요한 것은 밑에서 서술했듯, 학생과의 토의를 통해 본인의 행동을 스스로 돌아보게 해야 한다. 그리고 개인의 문제로 그치지 말고 학급의 문제로 보고 평화로운 학급을 만들기 위한 과제로 삼아야 한다. 그러기 위해서 공감그룹 학생들과 적극적으로 '우리 학급의 문제'를 해결하기 위한 방법을 논의하는 것이 좋다.진실과화해위원회 p. 203

〈교사가 세울 수 있는 가설의 예〉

가설: 학생이 이런 인정욕망과 전략을 가지고 있을 것이다.

(가) 고립아가 주변 학생들에게 폭력적인 반응을 보인다.

가설: 스스로를 고립시키고 함부로 할 수 없는 사람으로 보이는 것(전략)이 아이들과 교류하며 약점을 드러내는 것보다 낫다(욕망).

(나) 학급 안에서 대놓고 다른 아이들을 무시, 비난하거나 때리는 행동을 반복한다.

가설: 학급 안에서 폭력적인 행동을 통해 인정받으려고(욕망) 나보다 약자를 공격하여 불평등한 관계를 만들려고 한다(전략).

〈다양한 상황에 적용〉

- 학급이나 학년에서 최고의 서열에 오르려고 권력 투쟁을 하고 있는 경우.
- 강자의 옆에서 그런 강자의 폭력에 어느 정도 동참하며 센 그룹 안에 있으려는 경우.
- 이미 학급에 폭력적인 행동으로 서열이 만들어진 상황에서, 폭력적인 행동을 보이지 않으면 내가 바닥으로 떨어질지도 모른다는 불안감에서 나보다 약한 아이를 대상으로 삼는 경우.
- 이미 약하다는 것은 다 드러나 있지만 적어도 나보다 약한 아이를 한두 명 정도는 찾으려고 공격하는 경우.

(다) 여학생들이 어떤 여학생을 뒷담화하며 따돌렸다.

가설: 어떤 아이의 약점이나 잘못을 핑계(자기 정당화)로 뒷담화를 주도함으로써(전략), 내가 다른 아이를 따돌릴 수 있는 힘이 있음을 인정받으려고 한다(욕망).

〈다양한 상황에 적용〉

- 친구관계가 깨진 상태에서, 친구였던 아이가 나를 공격하기 전에 미리 공격함으로써 공격당할 것이라는 불안감을 해소하려고 함.
- 그룹 안에 있던 어떤 친구의 약점이나 불만을 핑계 삼아 따돌리려는 의도로 비난하고 무시함. 그 과정에서 소집단 내부에서 다른 아이를 따돌릴 수 있는 자신의 영향력과 힘을 확인함. 소집단 외부에는 나와 우리 집단의 폭력성을 드러내어 다른 아이들이 함부로 대할 수 없는 학급 내 지위를 획득함.
- 불특정 다수에게 공개적으로 한두 명의 아이를 비난, 공격하며 의도적으로 다른 아이들의 동참을 유도함. 내가 언제든지 약한 아이나

나와 반대되는 아이를 따돌릴 수 있는 힘이 있음을 공개적으로 과시하는 행위.

② 가설을 바탕으로 학생과 상담하기

자연 과학자들은 가설을 검증하기 위해 실험을 '설계'하고 결과를 '분석'한다. 교사가 학생들의 인간관계에서 생기는 문제에 대해 세운 가설은 그런 식으로 검증하는 것이 불가능하다.

교사의 가설은 진실로 가기 위한 열쇠 같은 것이다. 교사는 가설을 가지고 학생과의 만나 학생이 자신의 인정 욕망과 전략을 돌아보게 하며, 교육활동을 통해 변화를 유도한다.

• 학생과의 만남

교사가 학생을 대면하여 조사할 때, 한 번의 만남이 매우 중요하다. 학생의 말뿐 아니라 학생이 적극적인지 소극적인지, 무언가를 감추려 하지는 않는지, 억울해하는지, 화가 나 있는지 두려워하는지 등 감정과 태도 등을 매우 적극적으로 살펴야 한다. 학생이 자신에게 일어난 일을 잘 설명하지 못하는 경우가 많고, 무언가 감추거나 거짓말을 하는 경우가 있다. 따라서 교사는 상담 시 필기구를 준비하여 학생의 이야기를 정리해 다시 학생에게 되돌려 주며 확인하는 것이 좋다. 이렇게 상담을 마친 뒤 학생에게 사안에 대해 글로 써서 가져오도록 하면 그냥 써 오는 것보다 더 진실된 글이 나온다.

• 학생과 토의상담하며 진실을 찾는다

교사는 어떤 가설을 가지고 학생과 만난다. 교사가 가지고 있는 가설은 아직 불명확하거나 틀릴 수 있기 때문에 학생과 교사가 이 문제에 대해 서로 토의를 해 나가는 것이다.

이것은 학생의 감정을 수용해 주면 스스로 해결할 수 있다고 믿는 비지시적 상담과 다르고, 경찰이 처벌을 목적으로 범죄 사실을 취조하는 것과 다르다.

이것은 학생의 잠재력과 변화 가능성을 믿고 토의를 통해 더 나은 방향을 모색해 가는 '토의상담'에 해당한다.

▶ 교사와 학생이 한 발짝씩 다가간다.

어떤 상황이 교사가 보기에 너무 명백하더라도 가설은 틀릴 수 있으므로 판단은 유보한다. 가해자는 "장난이에요, 오해예요"라는 식으로 책임을 피하려 하고, 피해자는 약자임이 드러나는 게 싫거나 가해자가 두려워 "괜찮아요, 별거 아니에요"라는 식의 연기를 하기도 한다. 따라서 진실을 드러내기 위해서는 교사가 가설을 바탕으로 학생이 한 진술에 대해 합리적인 의심을 가져야 한다. 학생과의 토의상담은 교사가 가지게 된 합리적 의심을 해소하며 서로 한 발짝씩 다가가는 과정으로도 볼 수 있다. 학생이 스스로의 행동을 설명하지 못한 빈 곳을 교사의 가설을 바탕으로 채워 넣는다.

▶ 교사가 단정하며 주장한다.

가해자가 거짓말이나 뻔뻔스러운 태도를 유지하며 교사와의 상담을 방해하는 경우에 사용할 수 있다. 교사가 단정적으로 말하는 경우라도, 상담을 중단하려는 것이 아니라 가해 학생의 거짓말과 연기를 중단시키기 위한 것이다. 겉핥기식 대화를 벗어나 진실을 찾는 토의를 이끌어 내야 하기 때문이다.

"A가 네 뒷담화를 하고 다녔을까 봐 불안해서 먼저 뒷담화한 거지?"

"A가 너보다 약해서 괴롭힌 거지? 다른 애들한테 세 보이려고?'"

"그저 네가 세다는 걸 보여 주기 위해서 A를 SNS에서 저격한 거지?"

가해 학생이 연기를 중단하고 진실된 태도를 보인다면 다시 토의상담으로 돌아간다.

〈피해 학생이 괴롭힘 행동을 장난이라고 말하면 대등한 친구관계처럼 보이기 때문에 스스로를 속이고 있을 것이다〉

"다른 애들은 모두 B가 너를 괴롭힌다고 하는데 너는 친구로서 잘 지낸다고 하니, 선생님이 이상해서 말이야."

"정말 장난으로 그런 거예요, 오해하신 거예요."

"그런데 B가 때린 곳이 멍이 들어서 긴팔 옷 입고 다닌다는 얘기도 있던데?"

"아…."

"일단 그 말은 맞아?"

"네, 맞긴 한데… 저는 정말 괜찮아요…. 진짜로 막 그렇게 세게 때린 건 아니에요."

"그럼, 평소에 B랑 밖에서도 만나서 놀아? 친하다면 말이야."

"아뇨… 밖에서까지 노는 건 아니고요…. 주로 학교에서 만나서 놀죠…."

"그래, 학교에서는 만나면 주로 어떻게 놀아?"

"그냥, 쉬는 시간에 만나면 같이 다니기도 하고…."

"그러니까 애들이 말하는 이거 말하는 거야? '쉬는 시간에 B가 데리고 다녀서 우리도 같이 노는 줄 알았는데 B가 엄청 심하게 때리는 걸 봤다.' 보통은 이런 걸 노는 거라 부르진 않는 것 같은데?"

"아니 저도 때릴 때도 있어요, 그때 그거는 맞기 놀이 하자고 해서…."

"그래, 그런 과정이 있었구나. 애들이 노는 걸 오해했을 수도 있겠네. 근데 맞기 놀이는 누가 하자고 한 거야?"

"B가 하자고 했어요."

"그럼 B가 계속 이기기만 한 거야? 그런 건 아닐 거 아니야. 애들이 네가 맞고 있다고 생각했을 정도면 좀 심하게 때린 거 같은데?"

"네… 장난으로 하는 거긴 한데, B가 좀 세게 하는 그런 게 있어요."

"그래? 그럼 기분이 나쁠 때도 있겠구나."

"네, 그렇긴 한데… 그래도 놀다가 그런 거니까…."

"말하기가 좀 그렇다는 거지? 그래…. A야 선생님은 기분이 나빠도 표현을 하지 못한다면 대등한 친구관계가 되기는 힘들다고 생각해. 너도 그렇게 생각하니?"

"네, 그건 그렇죠."

"그래서 선생님은, 이렇게 팔에 멍이 들 정도로, 그리고 그걸 가리고 다닐 정도로 심하게 때렸는데 '장난이었어요'라고 말하면 네가 마음이 좀 편해질지는 모르겠어. 하지만 한 번쯤은 네가 'B와 정말 대등한 친구관계가 맞나?'라고 생각해 보는 게 필요할 거 같아. 만약 B가 너를 괴롭히는데도 네가 괜찮다고 하며 같이 다닌다면, 이건 너를 위해서도 B를 위해서도 좋지 않겠지."

가) B의 행동에 대해 어떤 느낌이 들었는지 글로 써 보도록 한다.

나) 피해 학생의 글을 읽고 B가 자기 행동을 성찰하고 사과하는 글을 써 보도록 한다.

다) 가해 학생과 피해 학생의 글을 공유하고 앞으로 우정의 관계를 맺기 위해서는 어떤 다짐이 필요할지 약속하도록 한다.

라) 필요하다면 진실과화해위원회를 열어 학급 구성원과 해결 방향을 논의한다. 진실과화해위원회 p. 203

나) 교류로 파악하기(퍼즐 맞추기)

문제가 생기면 교사들은 학생들에게 진술서를 받는다. 학생들이 써 놓은 내용만 보면 무슨 일이 일어났는지, 왜 일어났는지 도무지 파악하기가 어렵다. 시간의 선후 관계, 사건의 인과 관계 등을 파악하기가 힘들다. 보고 들은 것, 생각한 것, 행동한 것이 뒤죽박죽 섞여 있다. 학생들은 상황에 대해 충분히 확인하기 전에 판단하고 행동한다.

따돌림사회연구모임에서는 진실에 다가가기 위해 기존과는 다른 '사실 확인서' 양식을 만들었다. 이를 '사안 조사서'라고 하지 않고 '사실 확인서'라고 한 이유는 교사에게 조사 권한이 없기 때문이다. 어떤 문제가 발생하면 관련 학생의 담임교사가 1차적으로 조사할 수밖에 없다. 그 문제가 학교폭력 사안인지, 선도 조치가 필요한 사안인지, 훈계하거나 가벼운 벌을 주면 되는 사안인지 파악하기 위해서도 기초 조사가 필요하다. 그러나 학교폭력의 경우 학교폭력 전담 기구만이, 선도 사안의 경우 담당 부서만이 조사 권한을 가지고 있다. 제도와 현실이 따로 노는 상황에서 교사에게 조사 권한이 없으므로 '사실 확인'이라고 표현한 것이다.

일시	말한 것과 행동한 것	보고 들은 것 (오감으로 체험한 것)	생각한 것

있었던 일을 위 표에 작성하게 하면 진실을 파악하는 데 도움이 된다. 사람은 대개 무엇을 보고 들은 뒤 그에 대해 해석(판단)하고 해석을 바탕으로 행동한다. 학생들은 이를 자각하지 못한다. 진술서를 쓰게 하면 즉

흥적으로 생각나는 것들을 기록한다. 위 표에 작성하게 하면 학생들은 보고 들은 것, 생각한 것, 말한 것과 행동한 것을 구분하여 적기 위해 애쓰게 된다. 물론 보고 들은 것을 쓰는 칸에 생각한 것을 쓰거나, 말한 것을 쓰는 칸에 생각한 것을 쓰는 학생이 많지만 그것은 교사가 학생과 대화하는 과정에서 수정하면 된다.

위 표에서는 말한 것과 행동한 것을 먼저 적도록 했다. 자신의 행동이나 말에 대해서는 쉽게 기억하는 반면 그런 행동이나 말을 왜 했는지는 곰곰이 생각해 보아야 정리할 수 있기 때문이다. 먼저 자신의 행동이나 말을 적게 하고, 보거나 들은 것에 대해 어떻게 해석했기에 그런 행동을 하게 됐는지 생각해 보게 하면, 학생 스스로가 상황을 좀 더 객관적으로 이해하게 되고 이해할 수 없었던 다른 학생의 행동도 이해하게 된다.

관련 학생 각각에게 사실 확인서를 작성하게 한 뒤에는 아래 순서에 따라 지도한다.

① 학생이 작성한 사실 확인서를 보고 엉뚱한 칸에 쓴 내용이 있는지 살핀다.
② 보고 들은 것, 생각한 것, 말과 행동이 서로 연결되는지 살피고 비어 있는 부분이 있으면 채우게 한다.

일시	말한 것과 행동한 것	보고 들은 것 (오감으로 체험한 것)	생각한 것
9. 19.	1교시 후 쉬는 시간에 영주에게 이렇게 말했다. "야, 선희 쟤 진짜 짜증 나. 수영이더러 내가 수업 시간에 나댄다고 했대. 지가 뭔데 지랄이야?"	9월 18일 밤 8시경, 수영이가 나에게 카톡을 보냈다. 내용은 이랬다. "소율아, 선희가 아까 나한테 말했는데 너 수업 시간에 너무 나대서 싫대. 나는 선희랑 안 친한데 나한테 왜 그런 말을 했는지 모르겠어. 걔 좀 이상해."	

위와 같이 썼다면 선희의 말을 듣고 어떤 생각을 했는지 적게 한다.

③ 보고 들은 것과 생각한 것(해석) 사이에 문제가 없는지 확인한다. 예를 들어,

"수영이가 너에게 한 말은 사실일까? 혹시 수영이가 선희의 말을 오해했을 가능성은 없을까? 선희가 그렇게 말한 게 맞다면 네가 기분 나쁠 수 있지만 진짜로 그렇게 말했는지 확인하는 게 우선이 아닐까?"

보고 들은 것을 해석할 때는 신중해야 하며 그렇지 않으면 오해와 실수를 할 수 있음을 인지시킨다.

④ 생각한 것과 말하고 행동한 것 사이에 문제가 없는지 확인한다. 예를 들어,

"선희의 말이 잘못이라고 해서 선희에게 욕을 해도 되는 걸까? 그런 상황에 처한 사람은 누구나 상대방에게 욕을 할까? 욕을 하면 선희가 반성하고 진심으로 사과하게 될까? 욕하는 것 외에 다른 방법은 뭐가 있을까?"

많은 학생들이 "이렇게 생각했으니 이런 행동을 하는 게 당연한 것 아닌가?"라고 말한다. 상황에 대해 동일하게 생각한 사람도 행동은 다르게 할 수 있다는 것을 인지시킨다. 이 과정을 통해 어떻게 행동하는 게 올바른지, 더 지혜로운지 생각해 보게 할 수 있다.

⑤ 사실 확인서를 다시 작성하게 한다.

①~④ 과정을 통해 수정하거나 새롭게 확인한 사실을 반영하여 사실 확인서를 다시 작성하게 한다. 사실 확인서의 재작성은 교사가 해도 된다.

⑥ 모든 학생의 사실 확인서를 바탕으로 교사가 사안을 정리한다.

시간 순서대로 있었던 일을 정리하되, 각 학생의 의도나 욕망을 반영하고 인과 관계를 반영하여 기록한다. 모든 학생의 진술이 일치되는 내용을 중심으로 정리하고 서로 진술이 엇갈리는 부분은 따로 기록한다.

- 진술이 일치되는 부분

일시	있었던 일
3. 18. 점심시간	1. 과학 선생님이 4교시 수업을 5분가량 일찍 끝내 주어 1-1 여학생들은 급식실 앞에 제일 먼저 줄을 섰다. 2. 잠시 후 1-4 차영은이 와서 1-1 여학생 중 가장 앞에 서 있던 허선주 앞에 서서 새치기를 했다. 차영은은 식사를 빨리 하고 싶었고 1-1 여학생들이 순하기 때문에 무시해도 된다고 생각했다. 3. 차영은은 미리 맡아 놓았던 자리에 온 것처럼 행세하면서 남학생 줄에 서 있던 1-4 김진현에게 자리를 맡아 달라고 한 뒤 1-2 김진희를 데리러 갔다. 4. 차영은은 김진희와 함께 나타나 1-1 허선주 앞에 섰다. 차영은은 화장실에 다녀오겠다며 자리를 떴고 김진희만 남았다. 5. 새치기에 기분이 나빴던 1-1 정연진은 김진희에게 새치기하지 말고 뒤로 가라고 말했다. 1-1 여학생들 다수가 이전에 김진희와 차영은의 새치기를 목격한 적이 있었고 그래서 더 기분 나빴던 참이었다. 6. 김진희는 자리를 맡아 놓았다고 말했고 그 말을 들은 1-1 이정빈은 그게 무슨 개소리냐고 했다. 김진희의 태도가 뻔뻔하다고 생각했기에 이정빈도 말을 거칠게 했다. 7. 지나가던 어떤 교사가 김진희에게 새치기하지 말고 뒤로 가라고 말했고, 김진희는 표정을 찡그리며 1-1 여학생들에게 "뒤로 간다고"라고 말했다. 그 자리에서 나와 뒤로 가면서 "존나 띠껍네"라고 말했다. 김진희는 창피당해서 기분이 나빴고 그래서 거칠게 표현했다.

- 진술이 엇갈리는 부분

일시	있었던 일
3. 18. 점심시간	김진희와 차영은은 이정빈이 먼저 욕을 해서 자기들도 욕을 했다고 말했다. 상황을 목격한 1-1 학생 1명도 이정빈이 "씨발, 맞짱 떠"라고 말했고 이어서 김진희가 "뭐라 했냐? 씨발년아"라고 말했다고 한다. 반면에 이정빈은 차영은이 뒤로 가면서 "씨발년이 지랄이야"라고 말하고 김진희가 "야, 야, 씨발년아"라고 말해서 자기도 "뜰래?"라고 말했다고 한다. 1-1 학생 4명도 김진희와 차영은이 먼저 욕을 했다고 말했다.

ⓘ 관련 학생 모두를 불러 서로가 작성한 사실 확인서를 살펴보게 하고 내용을 수정한다.

이 과정을 통해 학생들 모두가 객관적인 시선으로 사안을 바라볼 수 있게 된다. 다른 학생들은 보고 들은 것에 대해 어떻게 해석했는지 알게 되고 다른 학생의 행동이 어떤 이유와 욕망에서 비롯된 것인지 이해하게 된다. 자신이 미처 알지 못했던 새로운 측면을 알게 된다.

교사는 모든 학생의 진술이 일치되는 부분과 진술이 엇갈리는 부분을 확인시켜 주고 진술이 엇갈리는 부분을 좁히기 위해 학생들과 대화한다. 진술이 엇갈리는 부분을 최대한 줄이고 사안을 종합적으로 정리한다.

⑧ 잘잘못을 가려내고, 해결 방안을 도출한다.

교사는 누가 무엇을 잘못했는지 알려 주고 잘못한 학생이 잘못을 인정하도록 유도한다. 누가 무엇을 잘못했는지 정리하고 나면 어떻게 해결하는 것이 좋을지 제안한다. 가해 정도가 심각하여 학교폭력으로 볼 수 있을 경우 학교폭력대책자치위원회에 넘겨 해결해야 하며, 그렇지 않은 사안이라면 관련 학생[7]들 내에서 해결한다.

가해자는 관련 학생들 앞에서 공개적으로 사과하는 것이 좋다. 가해자가 수치스러움 때문에 공개 사과를 꺼릴 수도 있는데 잘못을 인정하고 사과하는 것을 용기 있는 행동이라고 말하며 설득한다.

피해자에게는 무엇이 고통스럽고 힘들었는지 말할 기회를 주고 바라는 것을 말하도록 한다. 가해자와 피해자 이외의 학생들에게는 느낀 점을 말하게 하고 반성할 점이 있다면 반성하게 한다. 앞으로 이런 문제가 발생하지 않으려면 각자 또 함께 무엇을 해야 할지 논의하는 시간을 갖는다. 교사는 가해자에게 어떤 벌을 줄 것인지 안내하고 가해자와 피해자가 이러한 조치에 동의하는지 확인한다.

학교폭력대책자치위원회로 넘어간 사안이라고 하더라도 학급 내에서 사과와 용서를 통한 화해 과정을 진행하는 것이 좋다. 단, 학교폭력대책자치위원회 진행 상황을 고려하여 담당 부서와 상의하면서 진행해야 탈이 없다.

---

7. 관련 학생이라 함은 가해자, 피해자, 목격자, 사안에 대해 전해 들은 사람을 말한다. 학급에서 일어난 일이고 학급 학생들에게 노출된 사안이라면 학급 학생 모두를 관련 학생으로 본다.

다) 실천으로 돌파하기

학교폭력이 의심되는 단서를 찾았지만, 과학적으로 검증하거나 퍼즐을 맞출 만큼 시간적 여유가 없을 수 있다. 또한 단서가 너무 불분명해 방향을 잡기 힘들거나, 교사의 권위가 떨어져 있어 피해자들이 교사를 신뢰하지 않을 수도 있다. 괴롭힘이 몰래 일어나 목격자가 드러나지 않고 피해자가 피해 사실을 숨기는 등 진실을 드러내기 힘든 상황은 얼마든지 있을 것이다.

그러나 교사는 부딪힐 수밖에 없다. 어떤 방법으로든 돌파하는 것만이 폭력의 고리를 끊을 수 있는 길이다. 이 역할을 할 수 있는 사람은 교사밖에 없기 때문이다. 어떤 체계적인 방법을 쓸 여유가 없거나, 앞이 보이지 않을 때는 '무엇이든' 실천해 보고 반응을 보며 다음 대책을 세워 본다.

'단서'를 찾았다.	⇨	그러나 방향이 보이지 않는다	⇨	'툭 던져서' 반응을 본다. 숨겨진 사실을 물위로 드러내며 진실을 파악한다.	⇨	돌파하여 해결한다.

교사는 일부의 정보만 가지고 파고들었을 뿐인데 숨겨진 진실이 드러날 수도 있다. 이것이 '실천'의 방법이다.

① 학기 초 고립 위기의 학생이 보일 때

단서 중학교 1학년, 입학하자마자 놀림의 기운이 돈다. 놀림을 당하는 H, 괴롭힘인지 유치한 아이들의 장난인지 구분이 안 간다. 초등학교 때도 H가 고립아가 아니었을까 의심이 간다. 그렇지만 친구들이 주변에 있긴 있다. 장난인지 학교폭력인지 알고 싶다.

교사의 행동 3월 아침조회 시간에 '속마음을 말해요'를 진행했다. '내가 학급에서 인정받고 싶은 것', '반 친구들이 내게 이렇게 대해 줬으면 하는 것', '내가 바라는 반의 모습'에 대해 쓰고 발표했다. H는 뒷번호라 뒷번호부터 발표하자고 했다. 늘 당찼던 평소 모습과는 다르게 무슨 내용을 썼는지 H는 부끄러워했다. 교사가 H의 동의를 얻어 "H 대신에 H의 마음을 읽어 줄 착한 친구?"라고 묻자 S가 나왔고, H 등 뒤에서 H가 쓴 글을 읽어 주었다.

"내가 싫어하는 것은 우리 형에 대해 놀리는 거야. 우리 형 놀리지 말아 줘."

이 말을 들은 아이들은 대부분 고개를 끄덕였다. 같은 초등학교 출신들이 많아 공감하는 아이들이 많았다. 교사는 H가 초등학교 때부터 형을 괴롭히는 아이들 때문에 힘들어했다는 것을 알게 되었고 그 부분을 1년간 지속적으로 관찰해야겠다고 생각했다.

② 교사의 권위가 떨어진 상태에서 진실을 찾으려 할 때
단서 3월 반장 선거에서 학급의 '짱'으로 보이는 학생이 기권표를 찍은 학생을 폭행했다. 학사 업무에 바쁜 교사는 이를 제대로 파헤치지 못했다. 급식 도우미를 하겠다고 손을 든 학생이 '짱'인 학생과 그들의 무리 6명이었다. 나머지는 한 명도 손을 들지 않았다. 5월이 되어도 반 학생들은 말이 없다. 몇 명 아이들에게 동조하듯 웃을 뿐 누구 하나 말하려 하지 않는다. 학생들은 교사의 말을 듣지 않는 것 같다. 미궁에 빠졌고 홀로 되었음을, 권위가 떨어졌음을 느꼈다.
교사의 행동 수업 중에 대답하도록 하기 위해 '대답동아리'를 만들었다. 대답하는 아이에게 눈치를 주는 분위기가 있을 것 같아 "대답동아리이기 때문에 대답하는 것"이라는 알리바이를 준 것이다. 대답동아리의 목표는 대답하는 아이들의 수를 확대하는 것이라고 했다. 그러자 방해하는 대답을 하는 아이들이 등장했다. 방해꾼도 있었지만 교사는 물러서지 않았다. 홀로 돌파하는 것에 한계를 느낀 교사는 공감그룹을

만들어 힘을 모으는 데 주력하기로 했다. 이들과 계속 뭔가를 만들며 (의미 있는 장소로 소풍 가기 등) 반전을 노렸다. 여론은 조금씩 움직였고 반에 활력이 붙기 시작했다. 공감그룹을 중심으로 반의 분위기가 반전되자 힘을 과시하던 그룹의 괴롭힘 행동이 수면 위로 올라오기 시작했다. 교사는 기회를 놓치지 않았고, 공감그룹과 함께 가해 학생들이 공개적으로 사과하도록 이끌면서 다시 평화의 이야기를 만들 수 있었다.

③ 뭔가 시켜보니 드러나네?

단서 복도에서 한 아이가 한 아이의 뺨을 때렸다. 장난으로 가장하여. 맞은 아이는 장난 같아 보이지 않았다. 때린 아이에게 물었다. "너 쎈 척하는 거지?" 교사는 하나 더 물었다. "너처럼 쎈 척하는 아이 너희 반에 많지?" 아이는 고개를 숙이고 "죄송합니다"라고 말한다.

교사의 행동 때린 아이를 데리고 와서 학급의 카스트를 그리게 했다. 아이는 교무실 문을 힐끔 쳐다보며 눈치를 살핀다. 수업 종이 치고 아이를 수업에 들어가게 한 뒤 그 반 반장을 불렀다. 그 반 반장에게 "네가 용서를 받을 길은 진실을 말하는 것이다"라고 말하고 카스트 그림을 그리도록 했다. "43명을 모두 그릴 수 있어요"라고 말한 반장은 카스트의 구조 속에 반 아이들을 모두 넣었다. 그들 간의 관계를 적도록 했다. 왜 서열이 높은지 낮은지도 알려 달라고 했다. 땅속 개미굴을 발견하듯 끔찍한 진실들이 속속들이 드러났다.

교사는 세 명의 교사와 공조하여 1, 2서열의 아이들 그룹과 중간그룹, 7, 8서열의 아이들 그룹을 나누어 진술하도록 했다. 교사는 힘 합쳐 노력하면 카스트의 구조를 평등한 구조로 만들 수 있다고 말했다. 반장이 그려 놓은 관계의 일부분을 교사가 공개하니 학생들은 괴롭힘의 사실을 적극적으로 작성하기 시작했다.

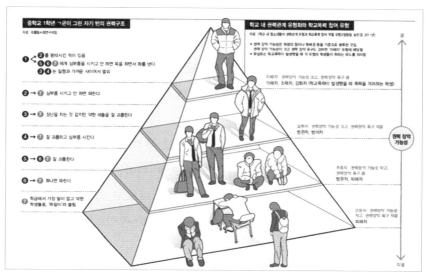

교실 안 권력 관계[8]

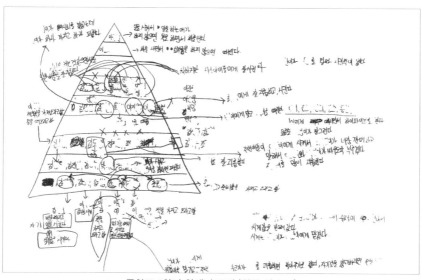

중학교 1학년 학생이 그린 '학급 카스트'

---

8. "학교폭력만 봐도 모른 척한다는 학생 35% → 62% 늘어나"(『한겨레』, 2012. 1. 10.)

④ 피해자가 가해자 감시하에서 벗어나지 못할 때

단서 영어 시간에 지적받은 병수가 교실 밖으로 뛰쳐나갔다. 나가면서 눈짓으로 민혁이에게 나가자고 말한다. 민혁이는 지적받지도 않았는데 따라 나갔다. 평소에도 민혁이는 병수를 따라다닌다. 같은 운동부라서 그런 것 같다고 아이들은 말한다. 하지만 다른 반 운동부 애들은 따로 다니기도 한다. 그것이 교사는 이상하다.

교사의 행동 민혁이를 교탁 쪽 교실 끝으로 부른다. 창문 커튼 속에 들어가 눈짓으로 말한다. 무슨 일 있느냐고. 민혁이는 눈짓을 금방 읽고 아무 일이 없다고 말한다. 그때 감시하듯 쳐다보고 있는 병수의 눈빛을 확인하고 민혁이가 병수의 감시하에 있음을 확인했다. 어떻게 해야 하지?

공감그룹이나 목격자가 될 만한 아이들에게 전화를 돌리기 시작했다. "민혁이가 힘들어 보인다, 돕고 싶다, 병수를 따라다니는 이유는 무얼까" 등의 질문을 던졌다. 그러자 평소 병수가 민혁이를 무시하는 행동들을 하고 있음이 밝혀진다. 교사는 알고 있는 단서를 바탕으로 체크리스트를 만들어 아이들에 답을 구했다. 몇 가지 사실이 더 나왔지만 운동부 내에서 일어난 괴롭힘에 대해 목격한 이는 없다.

피해 사실을 말하기 어려워하는 민혁이의 어머니에게 전화를 걸었다. 교사가 직감한 사례들을 말해 주고 민혁이가 운동에 전념할 수 있도록 하기 위해서라도 진실이 밝혀져야 한다고 설득한다. 민혁이 어머니는 병수와 고등학교까지 운동을 계속해야 하니 처벌은 원치 않는다고 했다, 민혁이도 마찬가지였다. 아이가 고통스러워하는 것 같다고 말했다.

어머니에게 '병수에게 하고 싶은 말'을 민혁이가 쓰도록 설득해 줄 것을 부탁했다. "네가 내게 ~하게 했을 때 내 마음이 ~했어"라는 식으로 써 달라고 했다. 3일이 지나 피해자의 진술이 나왔다. 교사는 체크리스트와 피해자 진술을 가지고 진실과화해위원회를 열었다.

⑤ 괴롭힘이 장난으로 인정되는 분위기일 때(교류 안 됨)

단서 불특정 다수에 대한 지속적인 비난이 장난처럼 지속되었다. 워낙 많은 아이들이 놀려대서 누가 특히 놀리는지 잘 보이지 않았다. 많은 아이들이 웃으면서 마치 괴롭힘이 아니라 반의 재미인 것처럼 보였다. 한 아이만을 대상으로 하지는 않았고 교과교사들도 그 정도는 괴롭힘이라고 보기 어렵다고 말했다. 대상이 된 한 명을 불러 물었다.

"정말 괜찮아? 선생님이라면 기분이 나쁠 것 같아."

"저는 그 별명마저 없으면 존재감이 없어지니까, (불러도) 괜찮아요."

괜찮은 게 아니었다.

교사의 행동 체크리스트를 실시했다. '특정 아이를 비난하는 경우', '특정 아이를 놀리는 경우', '특정 아이에게 별명을 부르는 경우', '수업 분위기를 망치는 경우'에 해당하는 아이들을 쓰고 어떤 행동을 했는지, 그때 자신의 느낌은 어땠는지 쓰도록 했다. 곁에서 웃어 주던 아이들은, 사실은 그런 행동이 멈추기를 바랐고, 피해를 준다고 보고 있었다. 또한 그들 중 몇 명은 장난 속에 괴롭힘이 포함된 사실도 알고 있었다. 교사는 체크리스트에 응답이 많이 나온 아이들을 불러 토의상담을 실시했다. 자신들을 한심해하는 눈으로 보던 아이들에 대해 할 말이 있다고 하면서 미안하다고 사과하고 웃어 주지 않기를, 잘못에 조언해 주기를 부탁했다. 이에 대해 공개 발표하면서 비난 분위기를 중단할 수 있었다.

3. 진실과화해위원회

가) 원리

- 대체로 공개된 사건에 대해서는 공개주의를 원칙으로 한다.[9]
- 센 척하는 아이에서 반성하는 아이로 인정욕망의 변화를 유도한다.
- 학급 구성원들의 구조적 성찰을 통해 평화학급으로 한 단계 성장시

키는 것을 목표로 한다.

- 가해 학생이 잘못을 인정하고 피해 학생이 명예를 회복하도록 진심 어린 '중재'를 이루어 낸다.

나) 운영 방법

① 구성원

(가) 진실과 화해 위원과 반장, 부반장이 위원 구성의 기본이 된다. 이 들의 역할은 화해와 갈등 조정을 위해 노력하는 것이다. 평소 정의로운 아이들, 설득력 있게 마음을 헤아려 발언할 수 있는 아이들이면 좋다. 학 기 초에 선발하거나, 학급 부서로 만들 수도 있다. 반장, 부반장은 대표성 이 있으므로 참여하게 한다. 사안의 성격에 따라 위원은 추가된다.

(나) 가해자와 피해자: 가해자는 반드시 있어야 한다. 체크리스트에서 확인된 가해자 혹은 그룹일 수도 있다. 피해자도 참석하는 것이 좋다. 그 러나 가해자가 반성을 제대로 할지 짐작하기 어렵거나, 피해자가 두려워 하는 경우 진술만 확보하고 동석을 피하는 것도 방법이다. 이후에 가해자 가 자신의 잘못을 공개하고 사과하는 순간에는 반드시 피해자가 동석해 야 한다.

*(가)과 (나)의 구성을 기본으로 사안에 따라 (다)~(바)를 고려할 수 있다. 구 성이 복잡해지면 진행이 번거로울 수는 있지만, 더 큰 효과를 기대할 수 있다.

(다) 폭력 피해 경험이 있는 아이들: 피해 학생이 참석하지 않았을 때 피해자 입장을 잘 설명할 수 있고 가해자를 설득할 수 있다. 피해 경험이

---

9. 가해 학생의 동의가 전제되어야 하겠지만 진실과화해위원회의 논의 과정과 결과를 공개한다 면 평화학급으로 한 단계 나아갈 수 있다. 특히 학급 아이들이 알고 있는 학교폭력 사안이라 면 피해 학생의 명예회복, 가해 학생의 인생각본의 수정, 방관 학생들의 역할 인식을 위해 '공 개'의 방식은 학급 구조에 대한 성찰을 가능하게 하여 평화 분위기를 높이는 데 효과적이다. 공개는 교사 혹은 진실과 화해 위원이 회의 결과를 요약하거나 가해 학생의 다짐에 대해 격 려하는 식으로 밝히는 방법이 있다.

있는 아이의 진심 어린 발언은 가해 학생의 인식을 변화시킬 수 한다.

(라) 센 척을 하지만 교사에 대한 인정욕망도 있는 아이: 교사에 대한 인정욕망이 있다면 센 아이라 하더라도 함부로 발언하지 않으며, 이 기회를 통해 평화의 욕망을 발휘할 수도 있다. 센 척만 하는 줄 알았던 아이가 학급 평화를 위해 노력하는 모습을 보이면, 그 아이에 대한 아이들의 인식이 변할 수 있다. 센 모습이 아닌 정의로운 모습으로 인정받는 길을 열어 줄 수 있다. 가해 학생이 쉽게 굴복하지 않을 것 같을 때, 이들의 참여로 다른 아이들이 좀 더 편하게 발언할 수 있다. 물론 이 학생들이 가해 학생을 두둔할 수도 있으니 사전에 교사와 회의의 목적에 대해 이야기를 나눌 필요가 있다.

(마) 시민 논객: 회의 과정을 지켜보며 회의 후 자신의 생각을 말하게 하는 시민 논객을 둘 수도 있다. 시민 논객이 있으면 공개의 효과가 클 것이다. 회의 진행 과정에서 피해자가 명예를 회복할 수도 있지만, 가해자가 더욱 센 척을 어필하면서 회의가 길어질 수도 있다. 상황에 따라 적절히 고려해 본다.

(바) 가해자와 피해자의 친구들: 가해자의 친구 중에 평화의 가치가 있는 아이가 있다면, 교사가 미리 설득해서 발언을 생각하게 한 뒤 회의에 참석하도록 하면 가해자의 반성을 유도하는 데 큰 효과가 있다. 피해자의

반성문 함께 읽기

친구 중에 피해자가 어떻게 괴로워했는지 증언할 수 있는 친구가 있어 그 친구가 참가하면, 피해자의 마음을 대변해 줄 수 있다. 힘의 역학이 비등한 상황에서 일어나는 분쟁일 때 그들의 친구들이 회의에 참여할 수 있다. 친구들이 각 측의 입장을 대변하는 한편 객관적인 시선에서 상대 측은 어떠했을 것이라는 입장을 발언하도록 했을 때 당사자들이 친구의 목소리에 귀 기울이는 것을 많이 보았다. 정말 자신을 위해 하는 말임이 느껴지는 발언은 효과가 크다. 그리고 고마워한다.

② 운영 방법과 주의 사항

(가) 준비

체크리스트의 결과를 정리한 것, 가해 학생과 피해 학생에게 받은 사실 확인서 등을 모아 회의 자료를 만든다. 사안이 심각하고 가해 학생의 반발이 예상되는 경우 미리 공감그룹 학생들과 회의 방향에 대해 고민을 나눈다. 진실과화해위원회의 핵심 목표는 가해자든 피해자든, 모두를 '이롭게' 하기 위함임을 반드시 공유한다.

(나) 교사의 역할

교사는 위원들과 함께 힘을 모아 가해 학생의 진실된 반성을 이끌어내도록 유도하고, 자꾸 다툼이 생기는 친구관계에 대해 학생들이 자유롭게 조언하도록 사회자 역할을 맡는다.

(다) 회의 흐름

- 교사가 회의 자료를 바탕으로 사안을 공개한다.
- 위원들은 해당 학생이나 교사에게 궁금한 점이 있으면 묻는다.
- 가해 학생에게 가해 사실이 맞는지 확인한다.
- 피해 학생에게 가해 학생의 행동으로 인해 괴로웠던 점을 묻는다. 피해 학생이 참석하지 않은 경우, '가해 학생의 행동에 의해 내 마음이 이렇다'라고 하는 피해 학생의 편지를 미리 받아 읽는다. 위원들이

진실과화해위원회

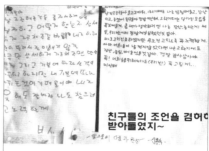
친구들의 조언을 겸허히 받아들였지~
진실과화해위원회 회의 후 돌아보기

피해 학생의 말을 듣고 느낀 점을 이야기하도록 한다(지지, 격려).
- 가해 학생에게 피해 학생의 이야기에 어떤 마음이 들었는지 묻는다. 위원들이 가해 학생의 말을 듣고 우정 어린 충고를 하도록 한다(조언, 격려).
- 가해 학생이 행동을 반성하기 위해서는 어떤 절차가 필요한지 위원들과 논의한다.
- 피해 학생과 가해 학생이 회의를 통해 느낀 점을 나눈다.
- 교사는 가해 학생의 과제를 다시 알려 주고, 학급의 평화를 위해 노력한 모든 참가자를 격려하며 회의를 정리한다.
- 회의 이후, 교사는 가해 학생에게 과제에 필요한 자료를 제공한다.
- 가해 사실에 대해 반 학생들이 알고 있을 경우, (가해 학생의 동의하에) 회의 결과를 공개하여 화해와 협력의 과정 중임을 밝히는 것이 좋다.

(라) 주의 사항
- 가해 학생이 위협적인 모습을 보인다면 위원들은 "너를 위해 하는 조언이다", "네가 더 큰 벌을 받지 않게 하기 위해서이다"라는 말과 손을 잡아 주는 행동을 통해 가해 학생을 진정시킨다. 위원들에 대한 사전 교양을 통해 위원들이 용기를 낼 수 있는 팁을 제공한다.

- 가해 학생이 폭력임을 인정하지 않을 경우, 위원들에게 학교폭력의 법적 정의를 보여 주며 "이것이 학교폭력인지, 아닌지"를 묻는다. 위원들은 모두 "학교폭력"이라고 답할 것이다.
- 위원들이 돌아가면서 모두 발언할 수 있도록 하는 것이 좋다.

다) 실제 사례

① 쉽게 굴복하지 않는 가해 학생의 진실과화해위원회
  같은 반에 운동부가 2명 있는데, 1명이 다른 1명을 지속적으로 괴롭혀왔다는 걸 알게 되었다. 피해 학생과 부모가 학교폭력대책자치위원회에 회부하기를 원치 않고 있다.

대화	진행 요령
선생님 이 자리는 본인의 행동을 돌아보는 자리지만, 이 자리에서 뭔가 여기 앉아 있는 친구들의 조언을 잘 듣지 않는다면 학교폭력대책자치위원회로 올라갈 수 있는 전 단계라고 할 수 있어요. A가 신중하게 왜 이 자리에 앉게 되었는가를 생각했으면 좋겠어요.	가해 학생(A)이 진지하게 임할 수 있도록 한다.
A 왜 나만 불렀냐고… (중얼중얼 욕 섞어 가며…).	
선생님 그 얘기 하지 마시고. A가 자꾸 뭐라고 하는데 그런 자립니까?	학생의 센 척을 제지한다. 가해 학생이 이 자리에서 반성하는 것이 본인을 위해 좋다고 설득한다.
A 운동부끼리 알아서 한다는데… 왜 그러냐고… 운동부끼리 알아서 한다는데 참견이냐고요.	
선생님 적겠습니다. 왜 참견이냐고요? 여기서 나온 모든 발언들은 적겠습니다. 이 자리는 B만을 위한 자리가 아닙니다. 이 자리는 A를 위한 자리입니다. 여기 있는 내용이 사실인지 A한테 묻겠습니다. B한테 먹을 것을 사 오라는 것을 본 적이 있는 친구들이 있습니다. 사	

실입니까?

A 아닌데요.

선생님 이 중에 A가 B한테 한 행동 중 이것은 심하다, B를 친구라고 하기에 평등하게 대하지 않는다고 보였던 장면이 있는지 말씀해 주세요.

수현 국어 수업을 들으러 가던 중인데 제 앞에 B와 A가 있었어요. A가 B의 어깨 쪽을 찼어요.

승호 음악 시간에 B가 자리를 옮겨 A 어깨를 주물러 줬어요.

선생님 그게 자발적이었나요?

승호 친구로서 하긴 하겠지만, 싫으면서 억지로 하는 것이 있는 것 같았어요.

민수 같은 장면을 봤는데 웃다가 안 좋은 표정을 지었어요. 마음에 걸렸어요.

선호 어제 교실에서 B가 무슨 잘못을 했는지는 모르겠어요. A가 노트에 B한테 머리를 대래요. 그러더니 쳤어요.

원호 B가 잘못했을 때 A가 혼내는 걸 봤어요.

A 같이 운동해 보세요. 운동을 해 봐야 알아요.

선생님 A가 들어 보니 친구들이 말했던 것들이 맞나요?

A 노트에 친 것은 기억이 안 나요.

선생님 그럼 너는 어디까지 인정할 수 있는 거야?

A 심부름 빼고는 다요.

선생님 A가 B한테 뭐라고 하는데 B는 좋지 않은 표정이다, B가 불쌍하다고 썼는데….

A 그건 운동하다가 그런 거예요. 맨날 걔 때문에 운동하기 싫다니까요. 걔가 운동하는 걸 봐야 해요. 선생님이. 완전 맞을 짓만 골라서 해요.

선생님 근데 너한테 맞아야 해?

A 네. 다 피해가 가요. 운동을 걔가 지 성질대로 한다

가해 사실을 확인한다.

가해 학생이 거짓말을 하는 경우 위원들을 통해 바로잡을 수 있도록 유도한다.

위원들이 가해 학생에게 객관적인 이야기를 들려준다(사전에 교감이 필요하다).

니까요. 코치님 말하는데 아픈 표정 짓고 코치님이 얘기할 때도 아이씨 그러는데 개버릇없게 굴고… 맞을 짓만 골라서 해요.

선생님 그래서 B 때문에 화가 난 적이 많다?

A 그때 코치님 표정을 봐야 된다니까요. 저희가 피해가요.

선생님 이것은 코치님께 확인이 필요하겠네. B는 A가 운동을 할 때 잘하긴 하는데 코치 말에 순종적이지 않다고 얘기했어요. 그런데 이게 A가 B를 무시해도 되는 이유인가요?

A 무시를 언제 해요? 무시한 게 아니고 운동부에게 피해된다고요. 저희도 다 혼나고 그랬어요.

선생님 운동부 내에서는 혼날 수 있죠. 학교에서 A가 어깨 주무르기를 요구한다거나 어깨 쪽을 찬다거나 할 수 있는 건가요?

A 그건 제가 인정했잖아요.

선생님 운동부에서 B 행동이 원인인 것처럼 얘기해서 다시 질문한 거예요.

A 그건 그거고, 운동부에서 B는 그냥 얘기한 거예요.

선생님 A의 행동이 학교폭력인가요? 아닌가요?

수현 B가 장난으로 생각하면 장난이고 장난이라 생각 안 하면 학교폭력이에요.

민수 B의 의사가 중요해요.

대호 B가 자기가 힘든 것을 둘이 만나서 이야기하면 오해를 풀 수 있지 않나요?

승호 B가 A를 무서워해요. 둘이 만나면 기죽으니까 아무 말 안 할 것이고 무리수가 많이 생길 거예요.

선생님 맞아요. B가 말을 잘 안 하려고 해서 괴로우면 엄마께 말씀드리라고 했더니 이 글을 써 왔어요. B가 매우 힘들었는데 A에게 말을 못 했어요. 더 이상 못

가해 학생이 자기 정당화 논리를 편다면, 그것이 폭력의 원인이 될 수 없다고 반박한다.

가해 학생의 행동이 폭력이었음을 공식적으로 확인한다(피해자의 입장에서).

견뎌서 쓴 글이기 때문에 A가 오해하지 말고 미안한 마음으로 읽었으면 좋겠어요. 그동안 A가 B의 마음을 너무 몰라줬기 때문에. A 준비됐어요?

A 네.

선생님 "심부름을 시켰을 때 나는 하기 싫었는데 시켜서 도망가고 싶고 하기 싫었어. 안 하면 맞을까 봐 하긴 했어. 물건을 잃어버렸을 때 같이 찾기 귀찮고 힘들었어. 장난으로 때린 적 여러 번 있었던 것 같은데 나는 맞았을 때 아프고 괴로워서 화나는데 무서워 말도 못해 답답하기도 했어. 시키는 일을 안 하면 맞을 것 같고 그래서 무조건 다 했지만 할 때마다 내 자신이 한심하게 느껴졌어. 다른 것은 없으나 친구에게 심하게 상처를 받아 마음이 아팠어(널 친구로 본 거야). 누구에게 말할 수 없는 상처이기 때문에 나에게 너무 힘든 일이었어"라고 적었어. 여러분 느낌이 어떤가요?

'네가 이렇게 해서 내 마음이 이랬다'는 내용의 피해 학생 B의 편지를 읽는다.

승호 심부름 시켰을 때 저희가 못 봤다고 했잖아요. B는 당했으니까 B가 말했겠고 이건 90% 이상은 사실이죠. 글에서 다 나와요. 무서워서 말 못 한 것, 한심하다고 느낀 것. 이런 것 보면 제가 B라면 솔직히 B가 A를 무서워하니까요. 불쌍해요.

민수 B한테 A는 두려움의 대상인 것 같아요.

선호 많이 힘들어 보여요.

태수 A를 무서워하는 것 같아요.

수현 자신이 한심했다고 하는데 B가 이걸 직접 쓴 만큼 괴로울 것 같아요.

대호 내 자신이 한심했다고 나오잖아요. 누구한테 얘기를 못하니까. 자기를 비판하는 거잖아요. 그럼 더 위축되고 약해지고 위험해지잖아요. 진짜 괴로운 것 같아요.

선생님 A는 읽어 보니 느낌이 어때요?

위원들이 피해 학생의 심정에 공감하며 이야기하도록 돕는다.

A 맞는 말이에요.

선생님 미안한 감정은 안 들어요?

A 짜증 나요.

선생님 짜증 난다는 말이 무슨 뜻인가요?

민수 A가 방금 짜증 난다고 했는데 자기의 행동이 짜증 나는 건지, 이 글이 짜증 난다는 건지요?

A 둘 다 짜증 나요.

선생님 여러분, A가 이 일을 어떻게 생각해야 옳을까요?

승호 B를 아래에 있는 게 아니라 똑같은 사람 대하듯이 했으면 좋겠어요.

선생님 이런 행동이 나온 것은 B를 자기보다 못한 아이로 봤기 때문이 아닐까 생각이 들어요. 어쨌든 B의 마음을 이제 알았는데 어떤 마음이 들어요?

A 미안해요.

선생님 진짜로? A는 B한테 바라는 게 있어요?

A 없어요.

선생님 전혀 없어요?

A 힘들면 말하지. 몇 번이나 말했어요. 힘들면 말하라고. 그런데 그때 얘기 안 하고. 짜증 나요. 지가 지금 저한테 말 안 해서 지금 더 화나요.

선생님 A는 B가 힘들다고 말을 안 해서 화가 난다고 합니다. A가 어떤 모습을 보여 줘야 할까요? 여기서 짜증을 내면 B가 더욱 힘들어질 것 같아요. 벼랑 끝에 있는 B한테 "너 왜 말 안 했어?"라고 화를 내면 B는 더 위태로워져요. 성격이 다 A 같지는 않아요. A는 자기 표현을 하지만 그게 어려운 친구들도 있어요.

민수 B가 A를 위해 혹은 두려워서 다른 친구들에게 말 안 했을 것 같아요. 만약에 A를 위해서 말 안 한 것이라면 B는 A를 친구로 생각했을지도 몰라요.

A 자기가 뭔데 저딴 말을 해요? (욕)

가해 학생이 반성의 말을 꺼내도록 유도한다.

가해 학생이 센 척을 버리지 못했을 때, 교사는 위원들과 함께 피해 학생의 입장을 대변한다.

교사는 가해 학생을 직접 훈계하기보다, 위원들이 발언하도록 유도한다(돌아가면서 발언을 시켜도 상관없다).

선생님 네가 그렇게 욕하고 하면 이런 자리가 필요 없는 거지. 바로 학교폭력대책자치위원회로 가는 거지. 욕하지 말고 하고 싶은 말을 정확히 하세요.

A 없어요. 지네가 뭔데 지랄이에요?

선생님 야, 너 무서워서 누가 얘기하겠냐? 네가 말 듣는 애는 승호랑 원호 정도니 그 애들만 말했으면 좋겠냐? 승호도 많은 일을 알고 있고 선생님한테도 말했어. 그러나 네 눈치 보느라고 얘기 똑바로 못하고 있잖아. 너 무서워서 너한테 얘기하겠어? B가 더 힘들기 전에 막자는 거잖아. 친구들의 뜻이 안 보여? 반성하고 사과하고 착한 길 알려 주려는 것 안 보여? 승호가 A의 방금 발언에 대해 생각을 얘기해 보세요.

승호 A가 욕한 거요? A가 많이 잘못했어요. 이게 A를 위한 자리인데 그러는 건 아니죠. 우리는 그걸 잘 잡아 주려고 하는 건데요. A는 지금 화나 있는 상태라서 다르게 들리는 것 같아요. 그리고 A가 미안해하는 건 약간은 느껴져요. B한테 힘드냐고 물어봤다고 했는데 그때 B가 뭐라고 했는지 궁금해요.

선호 승호 말에 동의해요.

대호 저희는 도와주려고, 막으려고 하는 거잖아요. 그런데 저희를 공격하면 곤란하죠. 많이 곤란하죠.

선생님 자치위원들의 말을 A는 염두에 두세요. 뒤에서 욕하거나 폭력을 쓰면 절대 안 됩니다. 그러면 이 증거 그대로 바로 학교 측에 넘기고 폭자위 엽니다. A는 반성의 기회를 주었는데도 그것을 거부했다는 사실을 말하겠습니다. "네가 이제 얘기해서 진짜 짜증 난다"랑 "네가 이렇게까지 힘들 줄은 몰랐다. 정말 미안해"랑은 달라요. A가 지금보다 훨씬 더 미안해했으면 좋겠어요. 그래야 B가 자기한테 느꼈던 한심함을 이겨 낼 수가 있어요. 앞으로 "네가 이렇게 해 주었으면 좋다" 부

가해 학생이 위원들을 공격하는 경우, 강하게 제지한다.

가해 학생이 센 경우 주눅 들지 않고 말할 수 있는 공감그룹 학생이 필요할 수 있다(위원들의 사전 모임을 통해 여러 변수에 대해 논의한다).

분에 쓴 B 글을 읽어 봅시다. 승호가 읽어 주시죠.

승호 "자신의 일은 자신이 해 주었으면 좋겠어. 뭐 잃어 버렸을 때 되도록 혼자 해 주었으면 좋겠어. 장난으로 때리는 것은 보는 사람은 즐겁지만 당하는 사람은 괴로우니까 하기 전에 한번 생각해 줬으면 좋겠어. 어떤 일을 하든 니가 하기 싫을 때는 시키지 말았으면 좋겠고, 내가 빌려주지 못할 때 그것 때문에 화를 내지 말고 나의 마음을 이해해 주었으면 좋겠어."

"앞으로 이렇게 했으면 좋겠다"는 피해 학생의 글을 읽는다.

선생님 친구관계를 끊자는 말은 없어요. A가 전학 갔으면 좋겠다는 말도 없고 처벌받았으면 좋겠다는 말도 없어요. B는 단지 자기가 존중받기를 바랄 뿐이에요. A가 한 행동은 학교폭력일까요? 아닐까요?

자치위원들 학교폭력이에요.

선생님 학교폭력이 일어나면 학교에서는 학교폭력대책자치위원회로 가게 되어 있어요. 오랫동안 괴롭힌 것이라 사안이 큽니다. 저는 A가 좀 더 B의 마음을 이해하고 마음 깊이 사과했으면 좋겠는데 자치위원들한테 하는 말이나 선생님이 되묻는 말에 고갯짓조차 안 했어요. 그게 마음이 아파요. 여러분은 A가 어떻게 하는 모습을 보였으면 좋겠는지, 학교에서 이 일을 어떻게 처리했으면 좋겠는지 의견을 얘기해 주세요.

가해 학생이 피해 학생에게 사과하는 절차를 받아들이도록 한다.

원호 저하고 준희가 했던 것이랑 똑같이 하는 게 좋겠어요. 전에 저도 이런 일 있었잖아요. 그때랑 똑같이요.

선생님 그게 효과가 있었나요?

원호 창피했어요. 그래도 다시 안 하게 되었어요.

승호 준희도 그렇게 한 이후에 달라졌잖아요. 저희의 손을 안 떠났으면 좋겠어요. 저희가 원하는 것은 A가 진심으로 B에게 사과하는 거예요. 공개적으로도 했으면 더 좋고, 만약 A가 그게 안 되면 B한테 진심으로 사과했으면 좋겠어요.

이전에 학급에서 가해 행동에 대해 사과한 학생이 있다면, 참석

선생님 친구들이 자신의 경험도 함께 이야기해 주었어요.

선호 이번에는 반성의 기회를 주고 한 번 더 일어나면 학생부로 넘기는 게 나을 것 같아요.

태수 저도 같은 생각이에요.

수현 처벌보다는 자신의 행동에 대해 생각을 해 보는 시간을 주어야 할 것 같아요. 만약에 한 번 더 일어난다고 하면 저희 선에서 떠난 거예요.

선생님 희준이도 공개 사과하고 나니까 달라진 것이 있어요?

희준 깨달았어요.

승호 일단 B는 A를 아직 친구라고 생각하고 다시 한 번 받아 줄 마음이 있고, A도 다시 진정한 친구로 잘하면 둘 다 기분 좋게 웃을 수 있을 것 같아요. 또 A는 아직 마음의 준비가 잘 안 되어 있기 때문에 공개적으로 사과하는 건 아닌 것 같아요.

원호 A가 용기를 가지면 좋겠어요.

영재 어쨌든 사과를 제대로 했으면 좋겠어요.

선생님 A는 미안한 마음이 있는 것 같긴 합니다. 승호 판단이 맞는 것 같고요. 선생님은 걱정이 됩니다. 왜 말했느냐고 B한테 뭐라고 할까 봐. 그러나 A, 친구들 앞에서 약속해 주세요. 준희가 말한 것처럼 너로 인해 아파했던 친구잖아. B가 말 안 한 부분에 대해 뭐라고 할 거야?

A 안 할 거예요.

선생님 자치위원들한테 욕한 거에 대해 사과를 했으면 좋겠어. 자치위원을 공격한다는 건 잘못을 계속 저지르겠다는 얘기거든?

A 미안해요.

선생님 그렇게 손톱 물어뜯으며 말해야 해? 전에 대호

시키는 것을 고려해 본다.

가해 학생이 피해 학생에 대해 추가 보복 등이 없을 것임을 다짐하게 한다.

가 너한테 사과했던 모습 기억 안 나? 네 마음이 전해
져야 그게 사과인 거야. 자, 그 두 부분에 대해서는 두
말하지 않기로 하겠습니다. A는 진심으로 B에게 사과
할 준비되셨습니까?

A 제가 알아서 사과할게요.

선생님 아니요. 그건 안 돼요. 자치위원들 의견과 B 어
머님의 의견을 듣고 A의 사과 절차를 정합니다. 그것
을 받아들이지 않으면 교칙대로 처벌합니다. 여러분
의견을 조율합시다.

자치위원들 A가 B에게 편지글을 써서 반에서 진심으로
사과하는 것으로 하면 좋겠어요. 하지만 B가 원하지
않는다면, 선생님이 어떻게 처리했는지 반 애들한테
이야기를 해 주시면 어떨까요?(공개 사과)

선생님 일단 그렇게 마무리 짓고 B 어머니와 B에게 의
견을 묻도록 하겠습니다.

위원들을 공격한
것을 사과하게
한다.

위원들과 사과
방법을 정하도록
한다.

② 힘의 관계가 분명하지 않은 학생들인데 자주 다퉈서 문제가 되는
경우

A와 B가 사소한 다툼으로 시작해서 싸움이 되는 경우가 많다. B는 고
립아 성향의 학생으로 A가 B를 건드려 주로 문제가 된다.

교사는 사회자의 역할을 하며 위원들이 자연스럽게 우정의 조언을 하
도록 돕는다.

대화	진행 요령
이섭 애들이 사소한 일로 싸우는 것 같아.	Q. 자꾸 싸우는
태민 둘 중 한 명이 욱해서 싸우는 것 같아. 욱하지 않	상황을 어떻게 생
으면 될 텐데….	각해?
용진 A는 아무 이유 없이 계속 B를 놀리니까 싸움이	
일어나. 나 같아도 화날 것 같아.	

민철 별명을 안 부르면 되는데 계속 별명을 불러서 싸우는 것 같아. 별명을 부르지 마.

B 나한테 먼저 놀리면 나도 놀리게 돼. 하지 말라고 했을 때 안 했으면 좋겠어.

A 안 놀리려고 하는데 B도 놀려. 오늘 일도 B가 침을 뱉어서 그랬어.

Q. 오늘은 또 왜 싸우게 된 거야?

준영 언제 그랬는데?

A 생각해 보니까 내가 먼저 놀리고 도망가서 B가 그랬던 것 같아.

태민 (A를 보며) 내가 너 대변자이지만 먼저 놀리면 안 돼. 정말이야. 학기 초에는 안 그러다가 왜 그래? 먼저 놀리면 안 되는 거야.

준영 우리 반 애들이 약간씩 계속 놀리니까 A도 그런 분위기 때문에 놀리는 것 같아.

Q. 계속해서 싸움이 되는 이유가 뭐야?

재호 사실 B가 울고 선생님께 이르고 그러잖아.

A 그런데 B가 많이 바뀌었어. 이젠 의자도 안 들고 화도 덜 내잖아.

민철 나는 B가 툭툭 치지 않았으면 좋겠어.

준영 수업 시간에 말을 걸거나 가위바위보 하자고도 안 했으면 좋겠어.

용진 그렇지만 그건 친해지고 싶어서잖아. 그런 마음을 헤아려 주면 안 될까?

현수 애들이 같이 놀아 주면 좋겠는데 그렇지 않은 경우도 있어서 그런 것 같아.

B 그래, 나도 너희들이랑 친해지고 싶어. 사실 6학년 때는 많이 심각했어. 그때 아이들하고는 상종도 안 했어. 하지만 지금이 그때보다 나은 건 사실이야.

A 애들이 따돌리는 건 아니야. 정현이는 B가 어슬렁대면 욕하기도 하고 나를 비롯해 상현이도 놀리긴 하지만 그렇다고 따돌림은 아니야.

재호 상현이가 하는 건 장난 아니야? 상현이는 모든 애들한테 다 장난쳐.

B 상현이한테는 내가 먼저 장난을 걸지. 예전부터 친했던 게 있고 상현이는 하지 말라고 하면 안 하니까 괜찮아.

재호 그런데 나도 영식이가 걸레라고 하니까 기분 나쁘더라. 장난이라고 넘기기엔 생각할수록 기분은 나빠.

선생님 기분 나쁜 별명을 불렀기 때문에 싸우게 된 것이고, 우리 반 아이들이 전반적으로 친구에 대해 놀리는 분위기였기 때문이라는 것이네. 교사의 중간 정리

A 찬규가 뭐라고 하면 웃고 넘어가는데, B가 농담하면 지적하거나 무안을 주지. 승이는 "맞아 맞아" 그러면서 맞장구를 치기도 해. 그런 건 좀 안 했으면 좋겠어. 용진이처럼 도와주었으면 좋겠어. Q. 우리 반 아이들이 B에게 어떻게 하는데?

용진 수업 시간에 특히 그렇지?

이섭 국어 시간에 애들이 야유를 하기도 하지.

A B가 엉뚱한 말을 해서 그런 것도 있어.

재호 그런데 정말 몰라서 그런 말 하는 거야?

B 진짜 모르는 것도 있고, 모르는 척한 것도 있어.

선생님 왜 그럴까? (질문을 통해 피해 학생의 심정 이해하도록 유도)

신욱 6학년 때 기억 때문에 애들이랑 더 친해지고 싶은데, 그게 안 되어서 애들한테 관심받고 싶어서이지 않을까?

태민 B 이미지가 좋게 바꾸어지도록 우리가 노력했으면 좋겠어.

A B한테 나댄다고 안 했으면 좋겠어. 사실 우리도 나댈 때 있잖아. Q. 앞으로 급훈대로 "모두의 이름으로 행복한 우리 반"이 되려면 어떻게 해야 할까?

재호 둘이 붙어 있으면 싸우니까 떨어뜨려 놓자.

이섭 B가 친구들에게 인정받거나 나댄다는 이미지로 생각하는데 그러지 말고 애들이랑 놀면서 A랑 함께 좋

게 바꾸어 나갔으면 좋겠어. A도 B에게 더 이상 시비 걸지 않았으면 좋겠어.

태민 놀리더라도 서로 한 번씩 놀리고 끝내. 한 번 더 놀리지 말고! 두 번 놀려서 반복되잖아.

재표 A랑 B가 친하면서도 많이 싸우는데 장난이라고 생각하고 기분 좋게 끝냈으면 좋겠어. 그리고 무엇보다 애들이 차별을 안 했으면 좋겠어. 창대와 철희가 말하는 건 웃기다고 하고 B가 말하는 걸 다르게 취급하는 것은 잘못된 거야.

신욱 A는 B를 놀리지 말고 같이 친하게 지냈으면 좋겠어. 나도 재표와 같은 생각인데 B를 그냥 있는 그대로 이해해 주고 차별 안 했으면 좋겠어.

재호 쉬는 시간에 B가 애들이랑 어울리려고 하면 안 받아 주는 아이도 봤어. 그러지 않았으면 좋겠어.

신욱 애들이랑 같이 나가서 축구 하자.

B 나 축구 잘 못하는데….

재표 B가 툭툭 내뱉는 말이 사실 자기 마음에 없는 말이 많은 것 같아.

B 어….

재표 그러지 말고 있는 말을 그대로 표현하면 좋겠어.

현수 그래도 벌칙이 있어야 하지 않을까?

용진 3반 애처럼 교무실에 서 있게 하면 어떨까?(상습적인 폭력을 행사해 자기가 직접 만든 '저부터 폭력을 쓰지 않겠습니다'라는 팻말을 들고 1학년 교무실 앞에 8시 10분부터 서 있는 벌을 받고 있다).

태민 아… 그거 진짜 창피한데….

A 애들 다 보는데?

아이들 그거 좋겠다.

선생님 이렇게 회의했는데 놀리면 정말 사람 아니지?

태민 (A를 쳐다보며) 그죠…. ㅋㅋ

(위원들의 우정의 조언들이 나오기 시작하면 잘 정리해 기록한다)

Q. 그냥 이렇게 회의하고 나면 A는 정말 안 놀릴까?

*교사는 회의 결과를 학급 아이들에게 공개했고, 회의에 참가한 아이들을 중심으로 B에게 관심과 지지를 주기 시작했다. A와 B의 다툼은 이후에도 계속되었지만, 아이들의 지지가 있었기에 금방 화해가 이루어질 수 있었다.

4. 화해하기

가) 화해란 무엇인가?

학교폭력의 문제 해결은 결국 화해가 되어야 한다. '용서'라는 말은 좀 허황되다. 용서는 잘못이 씻겨 없어진다는 뜻인데 신과 같은 절대자만이 할 수 있는 일이다. 한 번 일어난 일은 사라지지 않는다. 용서보다는 화해라는 말이 공동체를 이루고 살아가는 우리에게 더 어울린다.

화해는 네 가지의 단계가 있다.

1단계 진실이 온전히 밝혀지지 않은 상태에서 갈등을 종료시키는 것이다. 왜 이런 일이 일어났는지는 모르겠고 사과나 반성도 일어나지 않았지만, 어쨌든 이 자리를 계기로 더 이상 이 문제에 대해 왈가왈부하지 않겠다는 약속을 하는 것이다(공격은 중단하고. 이제부터는 서로 신경 쓰지 말고 지내라).

2단계 사건의 진실이 모두 밝혀진 상태에서 가해자가 자신의 잘못을 인정하고 피해자에게 사과한 상태이다. 피해자는 가해자를 온전히 믿을 수 없지만 어쨌든 이것으로 이 문제를 종료하는 것을 받아들이기로 한다(아무개가 자기 잘못을 인정하여 사과문을 썼어. 완전히 신뢰가 가지는 않더라도 이 문제는 여기서 종료하도록 하자).

3단계 사건의 진실이 모두 밝혀진 상태에서 가해자는 자신의 잘못을 진심으로 뉘우치고 단순한 사과가 아니라 내가 앞으로 이렇게 변화하겠다는 구체적인 약속까지 다짐한 상태이다. 피해자 역시 가해자의 사과가 진심으로 느껴지고 '다시는 이런 일이 일어나지 않겠구나' 안심을 하게 된 상태이다(아무개의 사과가 진심으로 느껴지니? 네, 앞으로는 그러지 않을 것 같아요. 그래, 다행이다. 이걸로 우리가 한층 성장했다).

1~3단계가 보통 우리가 알고 있는 화해이다. 바쁜 학교, 교사의 권한이 부족한 현재 상황에서 3단계까지 화해를 이끌어 내는 것만으로도 힘들다. 이제 우리는 사실 화해의 단계가 하나 더 있다는 것을 제시하고자 하는데, 이것은 이미 우리의 문화 속에 녹아 있는 것이다. 바로 '함께 울고, 함께 웃으며 잊어버리는 것'이다.

나) 함께 웃을 수 있는 것이 진정한 화해

4단계 1~3단계의 과정이 모두 끝난 뒤에야 가능한 상태로, 상대방의 못난 점, 잘못한 점까지 감싸 안을 수 있는 것이다. 같이 웃고 끝내는 것인데, 웃는다는 것은 다 잊는다는 것이기도 하다. "잘못한 건 잘못한 것이지만 내가 죄인 취급하진 않을게." 지나간 일을 계속 떠올리며 복수심이나 죄책감에 갇히는 것이 아니라 웃고, 잊고 우리 공동체가 한 발짝 더 앞으로 나가는 것이다.

화해의 한자 중 '해' 자에는 두 가지가 있다. 우리나라에서는 주로 '解'를 쓰는데 '풀이하다, 깨닫다'는 뜻이 있다. 본래 중국에서는 '諧' 자를 쓰는데, 여기에는 '농담하다, 웃는다'는 뜻이 있다. 우리가 '해학'이라고 할 때 쓰는 '해' 자와 같다. 즉, 진정한 화해는 서로 간에 있었던 일에 대해 함께 웃을 수 있는 상태라는 뜻이 된다.『흥부전』에서 흥부의 못난 점을 이야기하면서 함께 웃는 것이 대표적인 '해학'의 예가 된다. 홍부의 못난 점을 이야기하며 웃는 것은 비웃음이 아닌 연민의 웃음이며, 너도나도 이 어려운 세상에서 이렇게 살고 있구나 하는 깨달음이기도 하다.

사실 우리 일상 속에 늘 일어나는 일이기도 하다. 친구들 사이에 어떤 문제가 해결되었다는 것을 우리는 어떻게 알 수 있는가? 예전에 있었던 다툼, 갈등을 이야기하며 "그때 이런 일도 있었지, 그땐 진짜 미안했지, 우리 참 못났었지"라며 서로 웃을 수 있다면 이미 그 일은 지나간 일이 된 것이다. 아마 우정은 더 깊어졌을 것이다.

우리는 학교폭력 문제의 해결이 진실을 밝히고 화해를 이루는 '진실화해'에 있다는 입장으로 실천하면서, 일상과 문화 속에 녹아 있던 화해라는 개념을 학교폭력 문제 해결에 적용해야 한다는 점을 발견하게 되었다.

그런데 학교폭력은 오랜 기간 동안 평등한 관계에서 우정을 쌓아 온 친구관계 속에서 발생하는 것이 아니다. 힘의 서열이 분명한 불평등한 관계일 수도 있고, 1년이라는 짧은 기간 동안 학급으로 묶였다 흩어지는 인간관계에서 발생한 문제를 4단계의 화해까지 풀어내는 것은 대단히 어려운 일이다. 『홍부전』과 같은 소설이 아닌 학생들 사이에 일어난 실제적 문제를 어떤 식으로 함께 웃고 잊을 수 있는 경지까지 해결할 수 있을까?

사실, 학교폭력 문제를 4단계의 화해까지 해결하는 것은 이상에 불과할지 모른다. 그럼에도 우리가 이 단계를 언급하는 이유는 사람에게 '이상을 제시하는 것'이 중요하기 때문이다.

다) 이상적인 화해의 모습을 제시하자

사람은 허구적 목표를 지향하고 사는 것 같다. 완벽한 진실, 영구적 평화, 전쟁 없는 세상과 같은 말은 모두 이 세상에 존재하지 않는 것일지 모른다(또는 글로벌 리더, 한류 스타와 같은 말들도). 그러나 어쨌든 인간은 이런 목표를 가지고 산다. 목표에 도달하지 못하더라도 우리가 사는 방향을 잡아 주고 끊임없이 노력하게 만들기 때문이다.

어떤 것이 진정한 화해인지를 교사가 머릿속으로 구상한 상태에서 아이들에게 제시한다면, 아이들은 당장 그런 정도의 화해가 일어나지 않는다 하더라도 일단 그런 상태에 대해 상상할 수 있게 된다. 그리고 이러한 '함께 웃을 수 있는' 화해는 우리 문화 속에 끊임없이 등장하고 아이들도 충분히 상상할 수 있는 것이다. 교사와 가해자, 피해자 모두 모인 상태에서 우리가 가 닿을 수 있는 어떤 경지에 대해 미리 제시하면 노력해야 할 방향이 보이게 된다(이와 같은 제시를 '규제적 원리'라고 할 수 있다). 적어도 상황이 악화되는 것을 막을 수 있다.

이 장에서는 부족하게나마 궁극적 화해에 가까운 사례를 어떤 과정으로 만들어 나갔는지를 보여 주려고 한다. 따사모를 비롯해 교사들의 실천이 모여 우리가 학생들 사이에서 일어난 폭력의 문제를 해결하여 궁극적 화해까지 도달할 수 있는 길을 밝혀 교육과정으로 구성할 수 있다면 공교육의 문제 해결 능력은 비약적으로 발전할 것이다.

라) 사례 1. 화해를 만들어 간 사례(단서 찾기에서 진실화해까지)
‑ 1학년 여학생 대화모임

① 단서 찾기

피해 학생의 부모님이 직접 학교에 찾아와 항의했다. 교사는 학폭 업무 담당이었고, 피해 학생의 부모님은 담임교사를 믿을 수 없으니 학폭으로 가해자를 징계해 달라고 요구했다. 피해 학생 A를 같은 반 여학생 3명이 따돌리고 있으며 그중 원래 A와 친했던 B가 따돌림을 주도하고 있다는 것이었다. 쩨려보거나 수군거리는 행동, 은근히 비난하는 행동을 반복하여 A가 극심한 고립감을 느낀다는 내용이었다. 은근한 따돌림이 당하는 사람에게 얼마나 큰 고통을 느끼게 하는지 공감하며, 일단 조사가 필요하니 믿어 달라고 말한 뒤 부모님을 돌려보냈다. 피해 학생 부모님은 학교에 대해 강력한 불신을 느끼고 있었으며 이는 사건 해결을 어렵게 한 조건이 되었다.

② 진실 찾기

사실 담임교사가 1학년부와 협조하여 진술서를 모두 받아 놓은 상태였다. 담임교사는 큰 문제가 아니었는데, 오히려 A의 부모가 과도한 반응을 보이며 문제가 커졌다고 생각했다.

등장인물이 10명이 넘어 사건의 진실을 알기가 더욱 어려웠다. 중요하지 않은 인물을 배제하고, A를 중심으로 한 그룹과 B를 중심으로 한 그룹 간의 갈등이라는 가설을 세우고 그룹 상담을 시작했다. 가설을 세우고 면담을 통해 검증하며 교훈을 찾는 식으로 양쪽 그룹과 면담을 이어 갔다. 꼬박 한 달에 걸친 면담을 통해 정리된 진실은 다음과 같다.

- 진실
- 초등학교 때 친한 그룹이 있었는데 그중 A와 B만 같은 반이 되었다.
- A는 어린아이 같은 면이 많아, 불만이 있으면 말을 하지 않고 불만을 표현하는 적이 많았다(삐진다).
- B는 성격이 센 편인데, 성격이 비슷한 친구들과 어울리고 싶어 했다.
- 어느 날 A가 또 무언가에 삐져서 말을 하지 않는다고 생각한 B는 그냥 A와 그만 다니기로 했고, A도 좀 당황했지만 곧 다른 아이와 다니기 시작했다.
- 초등학교 때부터 친했던 그룹 아이들은 A를 좋아했는데, 성격이 센 B가 A를 쫓아냈다고 생각하여 B를 복도에서 만나도 인사하지 않고, 째려보는 등 악감정을 드러냈다.
- B는 옛 초등학교 그룹 애들이 인사하지 않는 건 A가 자신의 뒷담화

를 했기 때문이라 의심해서, A와 옛 초등학교 그룹에 대해 불만을 쌓기 시작했다.

- A와 B가 갈라선 지 2주 뒤 B는 참지 못하고 A를 단톡방에 초대해 해명을 요구했다.

- A는 무슨 해명을 요구하는지 알지 못했고(B가 A의 뒷담화를 의심한 다는 걸 알지 못함), 당황해서 계속 답을 안 한 상태로 방학이 되었다.

- 방학 중 보다 못한 A의 어머니가 단톡방에서 A의 이름으로 대화를 하다가, A의 어머니임을 밝히고 B그룹 애들과 만나자고 했다. B그룹 애들은 반발했고, A의 부모는 B그룹 애들의 건방진 말투 등에 화가 난 상태로 담임교사에게 해결을 촉구했다.

- 2학기 들어 B그룹 애들을 비롯해 담임교사 및 학년부의 조사를 받게 되었고, B그룹 애들은 A 때문에 억울하게 혼났다는 생각으로 A를 은근히 따돌리고 비난하기 시작했다.

*이 과정을 순서대로 정리하여 A그룹, B그룹 모두에게 동의를 받았다. 사안에 대한 인식이 동일해야 집단적으로 성찰할 수 있기 때문이다.

③ 교훈 찾기

- 초등학교 때부터 이어져 온 A와 B의 관계는 어느 날 문득 아무 말 없이 정리되었다.

  : 이것은 비극이라는 점을 강조했다. "1년 반을 함께 어울렸던 친구 관계가 아무런 충돌이나 해명도 없이 반나절 만에 정리되었다. 너희 들은 이런 태도를 쿨하다고 생각할지 모르지만, 사실은 서로 나쁜 사람이 되기 싫어 갈등을 피한 것이다."

  → 우정의 관계에서 충돌을 피할 수 없다. 오히려 잘 싸우고 잘 푸는 것이 우정을 유지하는 비결이다.

- 아무 말 없이 갈라선 뒤, 바로 불안과 의심이 쌓이기 시작했다.

: "불만을 이야기하지 않고, 그냥 관계를 끊어 버리는 것은 쿨한 것이 아니다. 불안과 의심이라는 폭탄을 마음속에 묻어 놓는 것이다." 채 2주도 안 되는 시간 동안 옛 친구였던 아이들은 서로를 의심하고 비난하기 시작했고, 갈등은 걷잡을 수 없이 커졌다.

→ 말을 하지 않는 것에서 오해가 생긴다. 내가 좀 나쁜 사람이 되더라도 불만을 이야기해야 한다.

④ 대화모임 진행

진실 찾기와 교훈 내용을 바탕으로 활동지를 만들었고, A에게 고통을 준 B그룹의 사과문이 필요했다. A는 표현을 하지 못했지만, B의 따돌림으로 많은 고통을 겪었고 B가 이에 대해 진심으로 사과하지 않는다면 화해는 불가능했기 때문이다.

대화모임은 학폭담당 교사의 주도로, A그룹, B그룹, 담임교사, 1학년 부장이 참여했다. A의 부모가 강력히 참여를 원했지만 "A가 어린이가 아닌 청소년으로서 자신의 문제를 해결하기 위해서는 스스로의 힘으로 문제를 바라봐야 한다, 부모님의 참여는 도움이 되지 않는다"라고 설득했다.

▶ 진실과 교훈 찾기

– 교사가 그동안 양쪽 그룹 상담을 통해 정리한 진실과 교훈을 다시 한 번 공유했다. 오랜 시간 면담을 통해 정리된 결과였지만 모두가 모인 자리에서 공식적으로 확인하는 절차가 필요했다.

▶ 사과하기

– B가 사과문을 읽다가 "미안해"라는 운을 떼며 울음을 터뜨렸다. 여학생들 사이의 갈등은 원래 우정에서 시작되는 경우가 많다. 친구에게 고통을 준 자신의 모습, 갈등을 극복하지 못하고 이렇게 반대편에

서게 된 우리의 모습을 바라보니 미안하고 서글퍼 울게 된 것 같다. 그리고 이런 슬픔의 감정은 쉽게 번져 나간다.

- A도 복받쳐 울기 시작했다. 너무 늦은 사과에 대한 속상함이기도 했고, 한때 친했던 우리에 대한 안타까움이기도 했고, 고마움이기도 했을 것이다. A 역시 자기가 적극적으로 불만을 표현하지 못한 것에 대해 미안하다고 했다.

복받쳐 올라오는 눈물은 숨길 수 없는 진실된 감정이다. 이렇게 서로가 솔직한 감정을 드러낸 뒤 화해의 길이 열리게 된다. 교사는 이때, 화해의 이상향을 제시해야겠다고 생각했다.

"미안해라는 말은 참 가치 있는 말인 것 같습니다. 용기 있는 말이기도 하고요. 이렇게 서로가 미안하다는 말을 건네며 흘린 눈물을 보며 참 소중한 순간이란 생각이 듭니다. 화해란 무엇일까요? 우리가 어떻게 하면 화해가 이루어졌구나라고 얘기할 수 있을까요? '예전에 우리에게 이런 일도 있었지, 맞아 그랬었지, 우리가 참 부족했다'며 나중에라도 서로 웃으며 이야기할 수 있으면, 진정한 화해가 이루어졌다 얘기할 수 있을 겁니다. 우리가 지금 당장 진정한 화해를 이루기는 어려울지도 모릅니다. 하지만 지금 이 자리에서 진정한 화해를 위해 소중한 한 발짝을 떼었다고 생각해요. 마지막으로 이 자리에 모인 모든 사람들이 서로에게 우정의 약속을 하겠습니다."

▶ 우정의 약속하기
- 우정의 약속하기는 갈등의 당사자였던 학생들이 앞으로의 다짐을 적는 것이다. 문구 자체가 중요한 것은 아니다. 더 이상 전쟁을 확대시키지 않고 여기서 그만두겠다는 일종의 평화 선언이다.
- '진실 찾기'와 '교훈'을 통해 자신을 성찰한 결과도 우정의 약속에 나

타났다. A의 경우, 앞으로는 불만이나 표현을 더 적극적으로 할 것을, B의 경우, 친구들에게 상처 주는 행동을 하지 않을 것을 약속했다.

⑤ 대화모임 이후
- A의 부모님은 B의 사과를 받고 싶다고 요구했었다. B는 원래 사과할 마음이 없었지만, 대화모임 이후 마음에 여유가 생기면서 A의 어머니와 만나 그동안 죄송했다는 사과 표현을 했다. A가 학교생활에 대해 안심하게 되었고, B가 공손히 사과를 하여 A의 부모님 역시 사안 처리에 만족했다. A그룹과 B그룹, 모든 부모님의 사인을 받아 담임 종결 사안으로 처리했다.
- A와 B그룹은 그 뒤로도 따로 다녔지만, 서로 간의 추가적인 갈등이나 긴장은 생기지 않았다.

마) 사례 2. 사과교육을 통해 화해에 가까워진 사례
   -교권 침해 학생 사과교육

교사가 학생에 의해 교권 침해를 당했을 때, 피해 교사들은 어떻게 이 문제를 돌파할 수 있을까. 이 주제에 대해서 따돌림사회연구모임에서는 '진실화해'와 '권리교육'을 주제로 현재 집필 중이다. 교육계는 교사를 공격의 대상으로 삼고 있는 교권 침해 학생 지도에 대해 해답을 찾지 못하고 있다. 선도위원회에서 처벌을 한다 하더라도 교사에게는 지울 수 없는 상처가 되며, 화해와 용서가 이루어지는 사례는 드물다.

보통 사건이 일어나면 원인을 찾고 시시비비를 가린다. 학생이 잘못했다고 인정하면 반성문을 쓰게 하는데 반성문의 주요 내용은 '죄송합니다'라는 것이다. 그 반성문은 학생을 지도한 교사가 읽고 학생의 반성 여부를 판단한다. 그렇다면 죄송하다는 것은 누구에게 하는 말인가. 담임에게? 아니면 학생부 선생님에게? 만약 피해 당사자에게 죄송하다고 한다면 피해 당사자에게 주는 사과문이 되어야 한다.

학생 간 괴롭힘의 경우도 마찬가지이다. 가해 학생은 잘못에 대한 인정 후 반성문을 쓰거나 자기가 개인적으로 사과하겠다고 말한다. 이를 지도한 교사는 학생의 말만 믿고 반드시 그러라고만 할 뿐 그 뒤로 확인하지 않는 경우를 여러 번 보았다. 개인적으로 사과하겠다고 했던 아이들 중 과연 얼마나 그 말을 지켰을까. 반성하지 않고 반성하는 척을 했던 아이들은 사과를 하지 않는다. 잘못은 일부 인정하지만 사과는 할 수 없다고 생각한다. 사과를 하면 자신은 지는 것이라고 생각한다. 피해자가 신고할 것이라고 생각하면 마지못해서 잘못을 인정하는 척하는 등 자신이 피해를 입지 않으려고 계산적인 행동을 하기 때문이다.[10] 그래서 학생들을 사과시키는 일이 교사에게는 더욱 어려운 일이 된다.

교사에게 욕을 하는 대부분의 학생들은 남 탓을 하거나 핑계를 대어 교사에게 원인이 있음을 주장한다. 요즘은 학부모까지 가세하여 교사의 말과 행동을 문제 삼는다. 징계나 법적인 처벌이 있을 것 같으면 가해자들은 더욱 예민해져서 사과를 하지 않으려 한다. 교사를 서비스 직종으로 여기는 정서에서 교사는 분명 약자가 된다. 그런데 교육이 서비스이고 교직은 서비스직이라고 한다면 공교육은 필요 없다. 교사 자신이 교육과 교직의 정체성에 대한 원칙을 확고히 지키고 있어야 한다.

학생이 사과할 줄 모른다면, '사과'를 가르쳐야 한다. 예의를 모르는 학생에게 '사과'가 인간에 대한 예절이자 평화롭게 살기 위한 장치라는 것을 반드시 가르쳐야 한다. 학생들이 평화롭게 살도록 사과교육을 하는 것은 교사의 몫이다.

---

10. 김경욱, 「사과에 대하여」, 2015. 11. 20(따돌림사회연구모임 홈페이지에 수록).

① 사건 개요

매번 맡은 구역 청소를 하지 않고 도망가던 학생이 있었다. 담임교사는 도망가는 현장에서 기다리다가 학생의 옷자락을 붙잡았다. 순간 학생에게서 차마 입에 담을 수 없을 정도의 욕설이 튀어나왔다. 평소 학생과의 관계가 돈독했다고 여겼던 교사의 충격은 이루 말할 수 없었다. 게다가 다른 학생들이 보고 있던 복도에서 일어난 사건이었다.

교권보호위원회가 열렸지만 학부모는 연락을 피했다. 어떠한 사과도 받지 못한 채 학생과 대면해야 하는 교사는 학급에 들어갈 수 없었다. 교권보호위원회에서는 높은 단계의 교권 침해로 분류할 경우 교육청 보고 절차가 많아 꺼려 했다. 결국 낮은 단계의 교권 침해로 분류하여 선도위원회로 넘어갔고 교내 특별교육 5일 처분이 결정되었다. 32시간을 준비해야 하는 상담 교사는 막막해했다.

문제를 해결하고자 전문적학습공동체 선생님들을 중심으로 따돌림사회연구모임 자료를 활용해 특별교육에 나서기로 했다.

② 학생과의 특별교육 상담

비합리적 신념 확인 상담 도중 학생에게 '사랑하면 원하는 것을 해 줘야 한다'는 비합리적 신념이 있는 것을 확인했다. 선생님이 원하는 것을 들어주지 않았던 것은 자신을 미워해서였다는 신념에 대해 다시 돌아보도록 했다.

사실 확인서 제시 목격자의 진술과 본인의 진술, 선생님의 진술을 토대로 당시 상황과 당사자들, 주변인들의 언행을 상세하게 시간순대로 기록한 사실 확인서를 보여 주었다. 이에 학생은 동의하는 사인을 했다.

사과교육 자료 「사과에 대하여」 함께 읽기 100마디의 훈계보다 의미 있는 1장의 자료가 더욱 효과가 있을 때가 있다. 김경욱의 「사과에 대하여」 자료를 교사가 한 문장, 학생이 한 문장씩 읽었다. 학생이 이해하지 못하는 단어를 풀어 주는 것이 곧 상담이 되었다. 「사과에 대하여」 글에서 가장 인상적인 구절은 무엇인지, 왜 그렇게 느꼈는지를 이야기해 보고 사과를 해야 하는 이유와 무엇이 진정한 용기인지에 대해 대화를 나누었다.[11]

  잘못을 인정하고 사과를 한다는 것은 매우 용감한 사람만이 할 수 있다. 당장의 사과할 때 겪어야 할 어색함과 부끄러움을 극복한 사람만이, 자기와의 싸움에서 이긴 사람만이 그럴 수 있다. 사과를 제대로 하려면 자신의 잘못을 인정할 뿐만 아니라 자신의 잘못을 구체적으로 이야기하면서 해명할 것은 해명해야 한다.

  따라서 잘못의 인정은 사과의 출발이며 사과는 화해로 가는 길인 셈이다. 물론 사과한다고 화해가 잘 이루어지는 것은 아니다. 화해란 그 사람의 진실과 사과를 피해자가 받아들여야 하기 때문이다.

  사과하거나 다시는 잘못을 하지 않기로 약속하거나 피해자가 원하는 보상이나 사과 또는 공개 사과를 통해 상대방의 명예를 회복해 주어야 한다.

  피해자의 상처를 치유할 수 있는 사과를 하려면 자신의 잘못을 확고히 인정해야 한다. 그리고 상대방의 피해가 어떤 것인지를 자신이 확실히 알고 있다는 것을 표현해야 하고 재발 방지를 약속해야 하고 나아가서는 피해자와 화해하기를 요청해야 한다. 이때 자신이 약자나 패배자의 모습으로 보이는 것까지 감수해야 한다.

---

11. 사과교육 자료로 아론 라자르의 『사과 솔루션』(지안출판사, 2009)을 참고할 수 있다.

그러나 우리는 사과를 일종의 인간에 대한 예절이자 평화롭게 살기 위한 장치라고 생각해야 한다. 일본이 우리나라에 사과하지 않는 것을 생각해 보라.

_김경욱, 「사과에 대하여」(일부)

사과문 쓰기 사과를 할 마음은 있으나 사과문을 쓰기 어려워하는 학생을 위한 양식인 '사과문 쓰기' 양식을 제시했다. (1)~(6)은 사과문 작성에 필요한 질문 양식과 학생이 답을 잘 쓰도록 어떤 교육이 필요할지 적어 놓았다.

(1) 내가 한 행동과 말로 인해 발생한 피해를 진솔하게 사실대로 쓰세요.
– 피해를 받은 사람: 해당 교사뿐 아니라 주변 학생들까지 생각하도록 지도.
– 나의 행동: 자신이 한 행동을 구체적으로 작성하도록 함(이전에 작성한 사실 확인서를 보여 줌).
– 나의 말: 자신이 한 말들을 구체적으로 작성하도록 함.
– 나의 느낌: 그 당시 자신의 느낌을 적도록 함.
– 상대의 감정 추측: 자신의 말과 행동에 해당 교사, 주변 학생들은 어떤 감정이었을지 상세하게 적도록 함. 감정에 대해 다양하게 사고하도록 지도.

(2) 학생생활규정에서 나는 어떤 규칙에 어긋나는 행동을 했는지 찾아보세요.
– 자신의 언행이 학교의 어떤 규정에 위반되는지 스스로 찾게 함. 그 규정이 왜 학교에 존재하는지 질문을 통해 자신은 사회적 존재이며, 자신의 권리를 지키는 것 이상으로 타인의 권리를 침해해서는 안 된다는 것을 배우게 함. 그 뒤 자신의 언행에 대한 책임은 어떻게 지게

되는지 찾게 함.

(3) 실수가 있었다면 그럴 수밖에 없었던 이유를 해명하세요.
- 본인에게 해명할 기회를 주는 글임. 자신이 그런 언행을 한 이유는 있겠지만 그것이 폭력을 정당화할 수는 없음은 분명히 밝혀야 함. 상대방에 대한 오해가 그 이유일 수도 있으며, 그리고 폭력적인 방법만이 아닌 다른 해결책을 찾았어야 한다는 것에 동의하도록 교육.

(4) 고의로 피해를 준 사실이 있다면 그 이유를 쓰고 진심으로 사과해 주세요.
- 학생 대부분 고의가 아니었다고 말할 것임. 이 질문은 학생 마음속에 내재되어 있는 욕망에 대해 고백하도록 하는 질문임. 다른 사람들 앞에서 내가 화가 났다는 것을 보여 주고 싶었다, 내가 평소에 만만하게 보이는 것에서 벗어나고 싶었다는 식의 인정욕망이 드러나는 답을 듣는다면 그 학생은 다시 잘못을 반복하지 않을 수 있음.

(5) 나로 인해 피해를 회복하기 위해 내가 책임지고 해야 할 일을 쓰세요.

(6) 앞으로 다시 이런 일이 발생하지 않도록 내가 할 일을 구체적으로 쓰고 재발 방지 약속을 해 주세요.
- 위에서 나로 인해 피해 입은 '사람들'에 대해 작성했다면 그 사람들 각각에게 책임질 구체적인 언행에 대해, 재발 방지를 위한 약속에 대해 기술하도록 함.
• 학생이 쓴 응답을 모아 사과문으로 깨끗이 작성하도록 교육함.

첫 사과문(before) 선생님 제가 그때 한 행동은 죄송했습니다. 저는 선생님이 지도해 주신 게 감사하다고 느꼈습니다. 다음부터는 이런 일이 안 벌어지도록 학교생활을 똑바로 하겠습니다. 죄송했습니다.

사과교육 후 작성한 사과문(after) 저는 청소 시간에 청소를 안 하고 도망가다가 담임선생님께 욕을 하고 때리려고 하였습니다. 그때 저는 빨리 집에 가야 하는데 못 가게 옷을 잡으셔서 화가 났습니다. 그때 선생님은 어린 학생에게 무시당하는 기분이 들었을 것입니다. 애들이 보는 앞이라 자존심과 명예가 상하셨을 것입니다. 다시는 이런 일이 발생하지 않도록 여러 학생들과 선생님들 앞에서 제 잘못을 말씀드리고 진심을 담아 사과드립니다. 그동안 저를 도와주셨던 것들을 생각하며 반에서의 제 할 일 똑바로 하겠습니다. 정말 그때 너무도 죄송했습니다. 그동안 청소를 빠져서 반 애들한테도 미안합니다.

③ 사과를 행동으로 옮기기

학생이 「사과에 대하여」 자료의 내용을 공감하여 피해자의 명예를 가장 잘 회복시키는 방법이 '공개 사과'라는 점을 인정한다면, 그리고 잠시 자신이 부끄럽더라도 이를 뛰어넘는 것이 진정한 용기라는 것을 제대로 배운다면, 학생은 스스로 공개 사과를 하겠다고 말할 것이다. 이 학생 역시 교장 선생님의 재차 확인에도 반 아이들 앞에서 사과를 하겠다고 말했다. 그리고 반 아이들 앞에서 특별교육 담당 교사들, 담임교사, 교장, 교감 선생님이 참석한 가운데 진지한 태도로 사과문을 낭독했다.

며칠 전까지 교사들의 공분을 샀던 학생이었지만 공손한 태도와 진심 어린 사과문은 담임교사의 마음에 다가왔고 그 학생을 계속 맡을 수 있겠다고 생각하게 되었다.

④ 이후 효과

피해 담임교사　욕설 장면은 강렬했지만 반성하는 아이이기에 기회를 주기로 했다. 동료 교사들이 교사 개인의 일로 여기지 않고 학생을 교육하는 것은 모든 교사들 몫이라는 마음으로 교육적 조치를 함께 해 나간 점에 대해 위로를 받았다. 이를 기점으로 학급에 학생 간, 교사 학생 간 권리를 침해하지 않기 위한 학급 평화규칙을 새롭게 정하기로 했다.

특별교육에 참가한 선생님들　학습 능력이 떨어지는 그 학생이 사과문을 쓸 수 있을까, 공개 사과가 이루어질까 의구심을 갖던 선생님들이 사과 교육이 통했다는 점에 대해 자부심을 갖게 되었다.

교장, 교감　학생의 자발적 반성을 경험한 뒤, 특별교육을 담당한 전문적 학습공동체 교사들에게 교권 침해가 발생했을 때 필요한 학생 교육 자료를 만들도록 요청했다. 교사들은 방학 동안 모여 따돌림사회연구모임의 '약속교실 교육 자료'를 학교 상황에 맞게 조금 변형시켰다. 특별교육을 자원하는 교사들이 같은 교육 자료로 선도 조치 전 학생 사과교육을 진행하도록 체계를 만들었다.

반 학생들　해당 학생은 학급에서도 센 아이로 분류되는 학생이어서 불편한 마음을 갖는 학생들이 많았다. 일단 처음 보는 공손한 태도에 놀랐고, 약자로 보일 수 있는 상황에서 용기를 낸 것을 더욱 인정하는 분위기였다. 자연스럽게 격려의 박수가 나왔다. 이 학생으로부터 시작되는 교권 침해의 분위기가 있었는데 다른 학생들에게 경각심을 심어 주는 계기가 되었다.

5장
결(結)-이야기의 마무리

 1년간 평화로운 학급을 만들기 위해 노력해 왔다면, 이야기의 마무리가 필요하다.

 이야기의 마무리가 이루어지는 학년 말, 어떤 결말을 만들 수 있을까?

 한 해 동안 학급 안에서 아이들이 보여 왔던 모습들, 센 척, 따돌림, 무리짓기, 뒷담화 등이 모두 한 편의 연극 같다는 생각이 든다. 그러나 학년 말이 되면 더 이상 연기를 할 필요가 없어진다. 학급의 분위기는 어수선하면서도 썰렁하다. 아이들은 이미 끝난 올해의 이야기를 곱씹으며 내년에 시작될 새로운 이야기에 대해 기대하거나 불안해한다.

 마치 연극이 끝나고 난 뒤의 배우들처럼, 조금 늘어지기도 하고, 무기력한 공백 상태. 교사들에게는 엄청나게 바쁜 시기이지만, 아이들에게는 아무 할 일이 없는 바로 이 시기가, 학급이 평화를 향해 도약할 수 있는 마지막 기회이다.

 1년간 누군가는 강자로, 누군가는 약자로 살아왔다. 이미 전쟁은 끝났고, 승자와 패자는 가려졌다. 너도 고생했고, 나도 고생했다. 우리 모두 고생했다. 이제 마지막이니 다 내려놓고, 우리 진실된 모습으로 부족했던 모습을 고백하며 함께 울고, 노력한 모습에 박수 치며 함께 웃어 보자.

 아이들뿐 아니라 교사도 아이들을 지도하기 위해 엄격하거나 강한 모습을 보여 왔을 수 있다. 이제는 교사도 그럴 필요가 없다. 교사가 먼저 '시'라는 형식을 빌려 자신의 부족함과 진솔한 속내를 드러낸다면, 아이들은 '답시' 쓰기 활동을 통해 학급 아이들과 마지막으로 진실된 이야기를 나눌 수 있을 것이다.

장난스러운 롤링페이퍼 같은 활동 대신, 친구들 한 명 한 명에 대해서 우정의 말을 전하는 카드를 쓰고, 한 명에 대한 우정의 카드를 모아 붙여 '우정의 모자이크'를 만든다면 뜻깊은 선물이 될 것이다.

교사가 1년간 평화를 위해 노력해 왔다면, 1년간의 활동을 이야기(기-승-전-결)로 묶어 하나의 책으로 만들 수 있다. 과거에 이를 학급 문집이라 불렀으나, 단순한 글모음이 아닌 평화를 위해 노력한 학급의 이야기를 담아야 하기에 이름을 '학급 서사집(이야기책)'으로 바꾸기로 했다.

'학급 서사집'을 통해 학생들은 1년의 이야기에 대해 '평화'를 주제로 기억하게 될 것이다. 그리고 교사와 학생 모두 내년의 이야기를 맞이할 준비를 하게 된다.

마지막 종업식(졸업식) 날, 성적이나 출결로 받는 상이 아닌 학급의 평화를 위해 노력한 학급 아이들의 공을 치하하는 '학급상'을 수여한다면 아이들에게 멋진 선물이 될 것이다.

'결' 부분의 모든 활동을 다할 수는 없을 것이다. 숨막힐 듯 돌아가는 학년 말, 학급 아이들과 어떤 활동을 펼치는 것은 쉬운 일이 아니다. 그러나 이 책에서 단초를 얻어 각 학교와 교사의 상황에 맞게 재구성한다면 학급의 이야기를 '평화'를 주제로 마무리할 수 있을 것이다.

'시'로 하는 마무리

교사가 1년간의 감상을 한 편의 글이나 시로 담을 수 있다. 시란 신비한 면이 있다. 마음속의 주관적인 느낌을 비유하듯, 또는 있는 그대로 쓰고 그 시를 학생들 앞에서 낭독하는 시간을 가져 보면 어떨까. 실제로 해 보면, 교사의 진실된 메시지가 여과 없이 학생들에게 전달되고 학생들이 이에 공명하는 값진 경험을 얻을 수 있다. 아래 예로 든 시를 쓴 교사도 국어 전공이 아니며 오히려 시의 형식을 잘 모르므로 쉽게 시를 쓸 수 있었다. 시는 교사와 아이들 모두를 솔직하게 만드는 힘이 있다.

1. 교사가 시를 써서 낭독한다

이 시의 배경-학급을 평화롭게 만들자고 하며 아이들을 다그치고, 아이들 사이의 폭력 문제를 해결하기 위해 교사는 강한 모습을 보여 왔다. 그러면서 교사는 자신의 부족한 모습(다혈질, 독선적인 면 등)을 드러내며 아이들과 점점 멀어져 갔다. 학급은 평화로운 분위기로 마무리되었지만 교사와 학급 아이들 사이의 골이 생긴 상태였다. 교사는 먼저 자신의 부족한 모습을 드러내며 아이들 역시 마지막으로 진솔한 모습을 드러내어 서로 화해하고, 내년을 기약하자는 메시지를 전하고자 했다.

2016년을 닫으며

강균석

한 해가 끝나면 늘 못한 일투성이다

하지 못한 말
미루다 결국 못 했던 노력
힘들어서 도망쳤던 갈등

평화
평화로운 학급

평화로운 학교
평화로운 사회
평화로운 세상

그것을 만드는 과정이 너무 평화롭지가 않다
고통과 좌절로
분노가 생기고 그걸 삼켜야 하는 패배감
도망가고 싶은 마음

평화로운 학교를 만들려고
몇 년을 노력하지만
마음은 아직도 폭력과 평화 사이를
갈팡질팡 오간다
아무도 알아주지 않는
좁은 길을 더듬더듬
걸어가며
왜 나는 더 단단해지지 못할까

내가 나 하나를 다스리지 못하면서
아이들에게
자신을 다스리고 더 큰 사람이 되라며
호통을 치는 모습을 보며
거짓말로 느껴졌을까

내가 잘나서 선생이 아니라
선생의 역할을 하기 위해 약점을

고쳐야 하는구나

그렇게 내가 모자란 사람이란 걸
받아들이는 게 이렇게까지
오래 걸린다

그렇게 세상은
모자란 사람들의 모자란 노력들이 모여
빈 곳을 채워 주는 것이구나

모자란 사람들이
모자란 만큼 옆으로 손을 뻗어 잡고
왼손과 오른손에 사람의 온기를 느끼며
그제서야 앞으로 갈 수 있는 것

지환이가 평화로운 학급의 반장의 역할을 하겠다며
나서지 않았다면
태윤이가 이번에는 꼭 부반장을 하고 싶다며 돕겠다며
하지 않았다면
은수 동욱이 해성이 그리고 승호가
선생님과 함께 열 번 스무 번도 넘는 회의를 기꺼이 참여하며
평화신문을 만들고
인터뷰를 하고
우리 학급의 과제가 뭘까
선생님과 함께 상의하고 토론하지 않았다면
고은이가 부드러운 카리스마로 반장 역할을 톡톡히 해내지 않았

다면
　성주가 묵묵한 성실함으로 부반장의 자리를 지켜 주지 않았다면
　사랑이가 출석부에 사인 받고 가져다 놓고 역할 하지 않았다면
　지은이가 수업태도 기록장을 귀찮을 텐데 월별로 정리해 주지 않
았다면
　유현이가 별 불만도 없이 유인물을 가져다주지 않았다면
　예원이가 분필통에 분필 채우는 일 하지 않았다면
　성욱이가 학급 열쇠를 끝까지 안 잃어버리고 잘 관리해 주지 않았
다면

　모자란 사람들이
　모자란 노력을 모으지 않았다면
　여기까지 올 수 없었구나

　우리 반은 그래도 누군가 희생양 삼아
　욕하고 무시하고 따돌리는 놀이 같은 거 하지 않고
　우리 반은 그래도 편을 지어 뒷담화하고 따돌리는 분위기라
　누구랑 같이 다녀야 할지 불안한 그런 반도 아니고
　우리 반은 그래도 센 애들이 휘젓고 다녀서
　몇 대 맞아도 무서워서 말 못 하는 그런 정도의 아이도 없고
　우리 반은 그래도 자기 못난 모습을 좀 보여도
　어느 정도 받아 주는 그래도
　서로가 좀 편안한 그런 반이 되었다

　우리 반도 아직 아무하고 짝을 해도 아무렇지 않은
　그 정도로 편하진 않다

우리 반도 아직 속에 억울한 게 있어도 말 못 하고 삼키는
그런 사연이 있다
우리 반에 과연 걔는 어차피 안 된다며 너도나도 포기해 버리는
그런 일이 과연 없었을까

2학년 3반이라는 하나의 이야기가
이렇게 끝나고
너도나도 새로운 이야기를 기다리며
불안과 기대를 가진다

친한 애와 같은 반이 되기를
불편한 애와 같은 반이 되지 않기를
혹시 친한 애가 없어 혼자 밥 먹는 일이 없기를
나쁜 소문 나서 따돌림당하지 않기를
아무 일 없이 그저 평범한 애로 봐주기를
아무도 나에게 말 걸어 주지 않기를

어느새 우리는 진실된 나의 모습은 감추되
상처받지 않을 수 있는 가면을 쓰고
연기하는 배우가 되는 데 익숙해졌다.

진실은 쌩얼 같은 것이라서
함부로 보여 주면 안 되는 것이라나
그런 걸 들이대는 순간
나는 약자로 보일 것이다

어쩔 수 없다 세상이 다 그런 것이려니
자신을 잘 감추는 게
맞을지도 모른다

하지만 한 번쯤 바보같이
내 진심을 드러내 보이는 것도 괜찮다
우리의 이야기는 끝이 났고
이미 승패는 가려졌다
강자는 강자로 살기 위해 노력했고
약자는 약자로 살아남기 위해 노력했다
선생은 평화로운 이야기를 만들고자 여러 가지로 노력했지만
학생들의 마음을 얻는 데는 실패했다
그렇지 않은가

안타깝고 서글프지만
한 번쯤은 그냥 웃어 보자
그랬지
우리가 그랬었지
시간이 지나면 추억이겠지

한 번쯤 울어도 괜찮겠다
아무 내색 안 했지만
힘들 때가 많았다
밝고 쾌활하게 굴었지만
속으로 고민 많았다

조금 모자라지만
그래도 꽤 평화로웠던
우리 반의 마지막 이야기는
진실된 눈물과 웃음이었으면 좋겠다

2. 학생들의 답시를 받는다

교사가 시를 낭독하고, 학생들이 답시 쓰기 활동을 한다. 아이들은 시가 계속될수록 교사의 진심을 받아들였고, 진지한 모습으로 시를 쓰기 시작했다. 교사는 순회하며 특별히 진지하게 시를 쓰는 학생들을 눈여겨 보았다가, 답시를 아이들 앞에서 읽어 달라고 부탁했다.

행복하지도 안 행복하지도 않은 2학년이
끝났다
정 없는 교실 재미없는 학급이 끝났다.
3학년이 되어 이것저것 하다 보면
끝날 중학생 시절
아름다운 생활이었겠지?
한 권의 소설책처럼 행복한 결말이길 원한다.
이 소설의 끝을 다시 써 보려 해…
〈내 친구들아 사랑행♡〉

항상 웃고 다른 사람들에게 맞춰 주는 여학생이었는데 마지막으로 불편했던 속내를 표현해 주었다. 그냥 아름답게 포장된 글보다 더 가치 있는 글이라 생각된다. 학급에 여학생 그룹 사이의 갈등이 1년 내내 이어졌다. 그 과정에서 받은 스트레스가 표현된 글이다.

끝

　　드디어 2학년이 끝났구나
　　이제 중학교 인생에 마지막 기회가 다가오는구나
　　그러니 2학년을 끝낸다

　이 학생은 우리 학급의 고립된 남학생이었고 학급 안에서 우정의 관계를 맺지 못했다. 내년에 대한 기대감을 묻는 질문지에는 "내년에는 아무도 나에게 말을 걸지 않았으면 좋겠다"라고 썼다. 그러나 교사가 시를 낭독하며 학급의 1년을 평화를 위해 노력한 이야기로 규정하고 진심을 드러내자 눈빛이 진지해졌다. 학생의 시 속에서 '중학교 인생에 마지막 기회'라고 쓴 부분이 감동적이었다. 이 학생이 내년의 이야기에 대해 작은 희망을 품게 되었기 때문이다.

　　시작과 끝 그 속에 나

　　2016년을 시작하며 수없이 했던 다짐들
　　2016년을 시작하며 수없이 했던 기대들
　　2016년을 시작하며 수없이 했던 불안들
　　2017년을 시작하며 느꼈다 작년이랑 똑같은 다짐과 기대와 불안을
　　하고 있지 않은가
　　사실 2016년을 시작할 때와 난 달라진 것이 없다 느꼈다
　　현실만 생각하며 살았다
　　어느새 나는 진실된 모습을 감추고
　　상처받지 않는 가면을 쓰고
　　열심히 하는 척하는 배우가 되는 데 익숙해졌다

내 진심은 보석 같은 거라 보여 주면 훔쳐갈 거라 생각해서 감췄다
2016년이 끝난 지금
바보같이 진심을 드러낸다
바보같이 실실 웃어 본다
바보같이 난 변한 건 없는 것 같다
아 나는 바보였구나
나의 날개는 펴지고 있고
한없이 올라가고 있다
언젠간 제법 위에 있을 때쯤
그 위에서 지금 친구들을 만났으면 한다

평화기자단으로 1년간 열심히 했던 학생이며, 평화로운 학급이라는 가치에 대한 공감대가 가장 높았던 학생이다. 또래보다 어른스럽고 주관이 뚜렷한 학생으로 늘 교사의 든든한 지원군이 되어 주었다. 이 학생은 교사의 시를 진지하게 받아들여 마지막으로 진실된 모습과 미래에 대한 기대를 보여 주었다. 답시 쓰기 활동이 끝나고 그날 저녁에 진실된 시를 써줘서 고맙다는 문자를 따로 보냈다.

평화로운 ~을 만들기는 100년이 걸려도 어려울 것 같다.

평소 조용히 의사 표현을 많이 안 하는 편이었는데, 냉소적인 내용의 글을 적어 주었다. '평화로운 학교는 불가능할 것이다'라는 부정적 생각을 하는 학생도 있는데 절반의 성공이다. 일단 '평화'라는 주제를 아이들이 생각하게 만들었기 때문이다(코끼리를 생각하지 마).

2016203

우리 반은 그래도 서로 눈치 보는 학급이 아니었고,
그동안 매년 있었던 반에 꼭 한 명 있었던 왕따, 괴롭힘이
없이 별 탈 없이 지냈던 그런 학급이었던 것 같다.
비록 선생님과의 각별한 사이가 되지는 않았지만
반 친구들과는 편해졌다.
선생님의 힘든 노력 덕분인 것 같다.
큰 그림이셨을 것 같다.
이렇게 우리 반의 마지막 이야기는 끝났지만
선생님의 말씀처럼
우리 반의 마지막 이야기는
진실된 눈물과 진실된 웃음이 있었기에
2016 203을 좋은 기억으로 간직했으면…

평화로운 학급, 학교를 만드는 일에 대해 마음으로는 멋지다고 생각하지만, 머리로는 불가능할 거라 생각하는 현실적인 혹은 냉소적인 면이 강한 여학생이었다. 그러나 교사가 시를 통해 우리 학급의 이야기를 '부족하지만 평화를 위해 노력한 학급'으로 규정하자 생각이 바뀐 듯했다. 평소 냉소적인 면이 있던 학생이 이런 시를 읽자 아이들도 이 학생을 새롭게 보게 됐고 더 진솔한 분위기가 되었다.

선생님과의 만남

2학년에 선생님을 만나서 여러 가지를 알고
친구들과의 시간을 잘 보낸 것 같아요

평화된 학급을 만들려고 하는 것이
괜찮은 것 같아요 평화로워서
잘 지낸 것 같아요

운동을 좋아하지만 조금 소극적인 면이 있고 남학생들 사이에서 약한
편인 학생이었다. 조용하고 성실하고 착했다. 평화로운 학급이어서 잘 지
낸 것 같다는 학생의 답시가 교사를 위로해 주는, 보상을 받는 느낌을 주
었다. 고마웠다.

일단 1년 동안 모자란 저를 가르쳐 주셔서 감사합니다.
바로 어제까지만 해도 끝난 것 같지 않았는데,
막상 끝난다고 하니까 너무 아쉽습니다.
그리고 친구들하고도 제대로 된
추억을 쌓지 못한 것 같아서 허무합니다.
그래서 오늘까지만이라도 신나게 다가가려고 합니다.

평화기자단으로 1년간 활동했다. 항상 웃고 다른 사람에게 맞춰 주지
만 늘 어딘가 할 말을 못 하거나, 외로운 면이 있는 학생이었다. 소극적인
면도 있지만 아무렇지도 않게 앞에 나가서 장기자랑하며 망가지는 면도
있었다. 감성이 예민한 이 학생도 마지막까지 힘을 내 주었다.

2학년

처음에 2학년에 올라왔을 때
어떨지 두렵기도 하고, 기대도 많이 됐었다.
완전 행복했던 것만 있었던 것도 아니었지만,

힘들기도 했었지만,
그래도 즐거웠던 기억이 많이 남는다.

수학여행 가서 다 같이 우노를 했던 것도
단합 때 비빔밥을 만들어 먹었던 것도
힘들긴 했지만 단합을 준비한 것도
기억에 많이 남는다.

좋은 기억이 많이 남아서
좋은 친구들을 사귀어서
정말 좋다.

감사합니다.
담임선생님.

　성실하고 모범적인 우리 학급의 부반장이었다. 크고 작은 갈등이 있었
지만 성실하게 털털하게 이겨 내며 자기 역할을 묵묵히 해 주었다. 답시
도 그 학생의 성격을 닮았다. 이 학생을 비롯해서 많은 학생들이 우리 학
급의 긍정적인 면을 기억하려 노력할 것이다.

　2016년을 되돌아보며

　2016년을 되돌아보며…
2016년 중2 때는 열심히 해야지
2016년 중2 때는 아무런 일도 없어야지
난 항상 매년마다 이러한 다짐을 한다

난 하지만 매년마다 이러한 다짐을 약속을
지키지 못한다. 2016년도 많은 잘못을 저질렀다
난 또 2016년이 끝나니 후회를 하고
반성한다. 난 또 다짐한다
2017년 중3 때는 열심히 해야지
2017년 중3 때는 아무런 일도 없어야지
그래도 난 매년 행복했다
그래도 난 매년 선생님들께 감사했다
이번에도 감사합니다. 담임선생님

남학생들 사이에서 좀 힘이 있고, 아이들과 교사들 모두에게 인정받고 싶은 욕심 많은 아이. 어느 정도 센 척도 하지만, 의리도 있고 정의로운 면도 있다. 스스로 작은 일이라 생각한 것에 대해 교사에게 몇 번씩 꾸지람을 들으며 불만을 품기도 했다. 그래도 내년의 이야기를 새롭게 써 보리라는 의지와 기대감을 표현해 주었다. 기회가 된다면 이 학생과 한 번 더 우리 학급의 이야기가 어땠는지 이야기를 나눠 보고 싶다.

2016년, 203의 이야기를 닫으며

평화를 위해 첫날부터 노력하기 시작한 우리들.
그런 마음을 갖고 지내다 보니
다른 반과는 다르게 큰 다툼 없이 서로서로 잘 지낸 것 같다
완전한 평화학급이라곤 말 못 한다. 모두가
친하게 지냈다고도 말 못 한다. 하지만
이 정도면 성공이다.

목소리가 크고 화장도 좀 세게 하지만, 여리고 착한 면이 많은 여학생이다. "부족하지만 모두가 평화를 위해 노력해 온 학급"이라는 이야기가 우리 학급의 집단 서사가 되었다는 사실을 알 수 있었다. 이야기의 결말을 모든 학생이 공유하게 되었으니 아이들은 새로운 이야기를 시작할 힘을 갖게 되었을 것이다.

우리 반은 평화를 추구한다
선생님도 평화의 반을 만들게 하기 위해 노력하셨다
우리 반 애들 사이에선 작은 다툼들은 여러 번 있었지만
큰 싸움도 없었고 서로 잘 놀면서 잘 지낸 것 같다.

우리 반에는 질 떨어지게 노는 아이들도, 양아치도 없어서 좋다.
1년 동안 정말 재밌었고, 추억도 많이 생겼다.
다들 3학년 올라가서도 공부 열심히 했으면 좋겠다.
오늘 이별식을 하고 내일 방학식을 하면
우리 반끼리 모여 있는 건 마지막이다.
마지막까지 즐겁게 이별식 즐기고 갔으면 좋겠다.

공부의 세계에서도, 아이들의 세계에서도, 선생님들 사이에서도 늘 좋은 평가를 받는 현명한 여학생이다. 부드러운 물처럼 학교생활을 하는 이 학생이야말로 진정한 강자가 아닐까 하는 생각을 했었다. 역시 "부족하지만 평화를 위해 노력한 학급"이라는 서사가 우리 학급의 집단 서사가 되었다는 것을 알 수 있다.

"우리 학급은 1년간 평화를 위해 노력해 왔다"라는 인식을 학급 구성원이 공유하고 기록하면 그것이 우리 학급의 공식적인 역사가 된다(학급 서사집). 소설가는 일상의 소재를 엮어 플롯이 있는 이야기를 만든다. 교

사는 1년간 우리 학급의 장면들을 '학급 평화'와 관련지어 하나의 이야기로 묶어 내는 것이다. 우리 학급의 1년을 평화를 위해 노력한 한 해로 규정할 수 있다면 학생과 교사 모두 내년을 살아갈 힘을 얻을 수 있을 것이다.

권력자들이 역사 교과서에 간섭을 하고 싶어 하는 욕심도 같은 이유에서 비롯된다. 사람들은 공식적으로 기술된 역사를 바탕으로 과거를 기억하기 때문이다. 따라서 우리 학급의 1년을 어떤 이야기로 규정하는가는 매우 중요하다. 단, 우리는 일부 권력자와 같은 욕심 때문이 아니라 평화로운 학급, 평화로운 학교, 평화로운 세상을 만들기 위한 사명감을 가지고 끊임없이 평화로운 학급의 이야기를 만들어 가는 것이다.

학급 서사집

한때 학급 문집을 만드는 게 유행이었다. 많은 열성 있는 교사들이 학급 문집을 만들었으며, 그렇게 1년의 추억이 담긴 학급 문집을 공을 들여 만들고 아이들에게 나누어 주며 올해를 마무리하곤 했다.

그러다가 학급 앨범이 유행하기 시작했다. 영상세대가 되면서 글로 된 책은 옛것으로 여겨졌고, 사진과 영상을 모은 새로운 방식의 학급 앨범을 CD로 제작하여 아이들에게 나눠 주기 시작했다. 그러나 이 유행은 금방 사라져 갔다. 만드는 과정은 학급 문집보다 더 간단했지만, 컴퓨터로 CD를 재생해 학급의 추억을 되새긴다는 아이디어는 생각만큼 매력적이지 않았다.

학급 앨범이 유행에서 사라지면서 학급 문집도 사라져 갔다. 그러다 보니, 학급의 1년을 마무리하는 활동에 대한 교사들의 고민도 같이 사라져 버렸다.

그런데 요즘에는 큰 출판사에서 학급 문집 공모전을 시작한 효과인지 다시 학급 문집을 만드는 교사들이 조금씩 늘고 있다.

사진과 영상이 많은 것을 대체해 가고 있지만, 종이로 된 책은 정말 훌륭한 매체이다. 보고 싶을 때 책장에서 꺼내어 종이를 넘기면 될 뿐, 다른 장치가 필요 없다. 고장나지도 오류를 일으키지도 않은 상태로 평생 보관할 수 있다. 디지털 정보를 빛과 소리로 바꾸어 주는 모든 장치들은, 종이에 적힌 글과 그림만큼 사람을 편하게 해 주지 않는다.

학급의 1년간의 이야기, 역사를 기록한 매체로서 종이로 된 책 이상의 것을 찾기는 앞으로도 쉽지 않을 것이다.

1. 학급 문집의 문제점

학급 문집은 본래 교지에서 비롯됐다. 교지는 1년간 각종 글짓기 대회나 시화전 등에서 수상한 학생들의 글과 작품을 묶어 낸 책이다. 학급 문집이 이와 비슷한 형태를 가지다 보니 몇 가지 문제가 생기게 된다.

평소 학급운영 과정에서 학생들의 글을 받아 놓았으면 좋겠지만, 학년 말에 문집 작업을 하려면 학생들에게 여러 가지 주제의 글짓기를 계속 시키게 된다.

물론 학급 활동을 마무리하는 글을 받을 수도 있다. 그러나 책의 분량을 채우기 위해 학생들이 쉽게 글을 쓸 만한 주제를 뽑다 보면 성찰하는 글이나 진심을 담은 글보다는, 흥미 위주의 또는 틀에 박힌 글이 되기 쉽다(10년 뒤 나의 모습은, 친구 이름으로 삼행시 짓기, 우리 반 10대 사건, 친구에게 하고 싶은 말, ○○한 선생님 BEST 등).

문집을 만들기 위해 학생들에게 글을 쓰라고 설득하거나, 강제해야 한다. 이러다 보면 가벼운 글, 냉소적인 글들로 자기 마음을 포장하는 학생들이 생겨나게 된다.

문집의 목표는 좋은 추억을 남기는 것이다. 그래서 대부분의 학생들이 그림자는 빼고 밝은 면만을 쓰려고 한다. 별로 좋은 추억이 없던 학생들도 마지막에는 자신이 학급에서 즐겁게 생활했다는 식의 포장을 하기도 한다. 좋게 헤어지고 싶은 마음의 하얀 거짓말일 수도 있지만, 이런 분위기에서 진솔한 글이 나오기는 어렵다.

2. 기승전결의 이야기를 가진 '학급 서사집'을 만들자

우리 학급이 하나의 이야기를 가지고 있다고 학급 구성원들이 믿게 된다면, 그 학급은 실패에서 벗어나게 된다. 우리가 아주 높은 단계의 평화를 누렸건, 아니면 끊임없이 실패를 겪었건 '평화를 위해 노력한 이야기'로 묶어 낼 수 있다. 이는 일관된 주제가 없이 다양한 종류의 가벼운 글을 모으는 학급 문집과 달리, 학급의 여러 에피소드를 평화라는 주제로 묶는 '학급 서사집'(또는 '학급 이야기책')이라 할 수 있다. 크게 세 가지 이야기를 상상할 수 있다.

(1) 우리 학급이 학급 안에서 생긴 따돌림, 폭력, 고립의 문제를 여러 가지 방법으로 극복하기 위해 노력해 왔고, 그 결과 이처럼 평화롭고, 평등하고, 화목한 반을 만들 수 있었다는 즐거운 이야기, 승리의 이야기, 자축.

(2) 우리 학급은 폭력이 없고 평화로운 반이 되도록 노력해 왔지만, 몇몇 해결되지 않은 문제들이 남아 있다. 그래도 이만큼 올 때까지 함께 고생했다, 내년에는 더 성장해서 새로운 이야기를 만들어 보자. 절반의 승리, 그리고 희망의 이야기. 도전.

(3) 우리 학급에 생긴 문제들이 우리의 노력에도 불구하고 잘 해결되지 않고 아직 갈등이 남아 있다. 주고받은 상처들이 아물지도 않았다. 학급을 평화롭게 만들기 위한 우리의 이야기는 이렇게 실패로 끝이 나고 말았다. 하지만 올해 우리가 했던 노력이 가치 없었던 것일까? 내

학급 서사집 차례

프롤로그 - 우리 처음 만나는 날

처음 만나는 날, 우리는 꽤 긴장했던 것 같다. 우리 반의 담임선생님이 박석규 선생님이라는 소문이 돌았기 때문이다. 몇 명 애들은 아침 등교 시간에 다른 반을 돌아다니며 조사해 본 결과 우리 반이 박석규 선생님이 될 확률이 높다고 하며 호들갑을 떨었다. 우린 잠시지만 공포에 떨어야 했다. 우리를 긴장하게 만든 것은 또 있었다. 이미 중학교 1학년 생활을 했지만 친한 아이들이 몇 명밖에 없던 아이들은 어색해했다. 이 글을 쓰는 나(형택) 같은 경우도 학익초를 나왔기 때문에 아는 친구가 학익동에 사는 애들과 1학년 때 같은 반인 애들이 전부였다. 그래서 첫날부터 친구를 사귀려고 노력했던 것 같다.

학급 서사집 들어가며

년, 내후년 앞으로도 우리는 폭력을 두려워하며 살아야 할까? 내년은 새로운 이야기가 쓰일 것이다. 한 해를 비극으로 규정하고, 바닥을 치고 올라가는 반전을 꿈꾸는 결말, 절망 속 희망.

이야기 학급운영에서는 꼭 좋은 결말이 아니라도 절망할 필요가 없다. 단지 아무런 이야기도 의미도 없는 무질서와 혼돈만 아니면 된다. 이야기가 만들어지기만 한다면 비극적 결말이라도, 아이들과 교사는 올해의 실패를 비극으로 받아들이고 내년을 준비할 수 있다. 학교는 매년 새로운 이야기가 시작되는 곳이기 때문이고, 아이들과 교사의 이야기는 앞으로 계속되기 때문이다. 인생 자체가 한 편의 이야기이다. 그 속에서 의미를 찾을 수 있다면 우리는 앞으로 걸어갈 힘을 얻을 수 있다.

3. 학급의 이야기를 기승전결에 맞추어 채워 보자

이 책에서 제시한 이야기 학급운영의 흐름에 따라 학급을 이끌어 왔다면, 1년간 학생들과 함께 했던 활동의 결과를 그대로 묶어 책으로 만들면 된다. 대략 각 장에 해당되는 활동의 내용은 다음과 같다.

가) 기(이야기의 시작)
우리 학급의 시작(평화교육을 시작했던 내용)
평화목표 세우기, 평화규칙 만들기
반장 선거(평화기자회견)
담임선생님과의 만남
자기 역할 갖기 등 평화체제 만들기

나) 승(이야기의 전개)
우리 학급의 분위기가 화목해지기 위해 했던 활동과 사건, 이 속에서

의 재미난 에피소드

　화합마당, 체육대회, 수학여행 등의 학급 행사들

　평화신문

　일기모둠, 각종 위원회 활동

　담임교사와의 만찬, 선물 찾기

　친구 모습 새롭게 보기, 일화 쓰기 활동 등

　그 외 학급의 분위기가 화목해졌던 활동들 모두

다) 전(갈등의 고조, 이야기의 전화)

　진실과화해위원회에서 논의한 학급에서 발생한 문제들: 뒷담화, 따돌림, 싸움, 갈등과 대립

　해결을 위한 노력: 성공이나 실패, 그 과정

　학급의 교류를 활성화시키기 위해 했던 노력들: 학급 응집력 분석, 숨은 아이 찾기, 대화모임, 집단 토의 등

라) 결

　우정의 모자이크

　1년을 마무리하는 교사의 시와 학생들의 답시

　선생님이 주는 인디언식 이름

인디언식 이름의 예시: 칠판에 쓰고 종업식 날 이름의 의미를 말해 준다.

학급 서사집의 완성도는 학교의 상황, 교사의 역량, 학생들의 역량에 따라 천양지차일 수밖에 없다.

가장 빠른 방법은 1년간 활동했던 다양한 활동지를 그대로 스캔하고, 사진을 추가하여 일종의 학급자료집처럼 묶어 내고 맨 앞에 교사가 머리말을 다는 것이다. 가장 느린 방법은 1년간 활동했던 다양한 활동을 타자로 쳐서 보기 좋게 편집하고, 스캔한 그림이나 학생들의 활동 사진을 각 페이지에 맞게 배치한 뒤, 교사가 이야기의 흐름에 맞게 해설을 달아, 하나의 책으로 봐도 손색이 없도록 만들어 선물처럼 아이들에게 나눠 주는 것이다. 물론 중간 정도의 수준을 선택할 수 있다.

어떤 수준이든 가능하다. 단, 학기 말의 어수선한 분위기에서 아이들이 높은 열정을 보이기 힘들다. 대부분의 일이 교사의 몫이 되기 때문에 책의 수준을 미리 정하고 작업을 하는 게 좋겠다.

4. 주의 사항

학급 서사집을 쓸 때 가장 민감한 부분은 '전'의 갈등 부분이다. 완벽한 화해가 이루어지지 않은 사안이나 여학생 사이의 뒷담화나 따돌림 등 다른 사람들에게 알려지기를 꺼리는 예민한 문제인 경우, 이 문제를 기록하는 것을 학생들이 거부할 수도 있다.

사실 학생들 사이의 갈등과 해결을 솔직히 드러내는 것이 교육적이다. 만약 우리가 갈등을 슬기롭게 해결하지 않았다면 과연 우리는 평화로운 학급이 될 수 있었을까? 밝은 부분뿐 아니라 어두운 부분 역시 우리 학급의 소중한 역사이고, 이를 책에 기록함으로써 우리는 온전한 역사를 가지게 된다.

그러나 이 부분은 강제할 수 없으므로, 교사와 준비위원들이 설득해야한다. 설득이 힘들다면 실명이 아닌 익명으로, 특수한 사안이 아닌 일반적인 이야기로 각색하여 만화나 소설 형식으로 만들면 어떨까 제안할 수도 있다. 만화나 소설 형식이 추가되면 학급 서사집이 더 풍성해 보이기도 한다. 제목만 작성하고 기사 내용이 없는(블록 기사) 여백의 형태로 남겨 둘 수 있다. 그래도 반 학생들은 사건을 기억한다. 어쨌든 갈등의 기록은 중요한 이야기이므로 어떤 형태로든 포함시키는 것이 좋다.

우정의 모자이크

1. 취지

헤어짐을 앞두고 자신에 대한 좋은 기억을 남기고 싶지 않은 사람이 어디 있을까. 만약 그것에 큰 관심이 없더라도 1년 동안 함께 생활한 친구들에게 자신이 어떤 인상을 남겼는지는 확인하고 싶을 것이다. 왜냐하면 그것 또한 인정욕망이기 때문이다. '우정의 모자이크'는 반 친구들로부터 자신이 어떤 인정을 받았는가를 확인하는 활동이자, 모든 관계가 마무리되는 단계에서 순수하고 맑은 시선으로 친구를 바라보고 작은 작품을 만들어 친구들끼리 주고받는 마지막 선물이기도 하다.

2. 기존의 롤링페이퍼와 다른 점

반 학생이 생일을 맞을 때나 학기를 마칠 때 학급에서는 롤링페이퍼 활동을 하곤 한다. 한 학생을 주인공으로 하여 종이를 돌려 반 학생들이 그 학생에게 하고 싶은 말을 적어 주는 작은 편지 형식의 활동이다. 그런데 교사의 의도와는 다르게 장난으로 쓰거나 놀리는 말, 별명, 심지어 욕 등으로 지면을 채우기도 한다. 한 가지 패턴으로 가득 채운 글들이 오히려 낙인이 되기도 한다. 고립된 아이들이나 관계가 없던 아이들에 대해 쓸 때에는 무슨 말을 써야 할지 몰라 다른 아이의 글을 그대로 쓰거나 상투적인 인사말만 반복하는 경우도 있다. 종이를 돌리다 보니 이미

쓰여 있는 글들에 영향을 받기도 하고, 시간에 쫓겨서 성의 없이 쓰기도 한다.

'우정의 모자이크'는 1년 학급생활의 마무리 활동으로 기존의 롤링페이퍼와는 다르다. 이야기 학급운영의 '승'에서 친구 새롭게 보기 활동으로, '전'에서 갈등을 겪고 난 뒤 진정한 우정을 시작하는 활동으로 진행할 수 있다. 각자가 한 친구에게 우정 카드(또는 우정의 손 편지)를 작성하되, 정성을 들여 모양을 꾸며 작은 작품 또는 선물로 만들어 주는 것이다.

내용은 함께 지내면서 고마웠던 점, 미안했던 점 혹은 서운했던 점을 에피소드와 함께 적을 수도 있고, 내년에 새로운 이야기를 시작하는 친구에게 보내는 격려와 응원, 우정을 바탕으로 한 진심 어린 충고 등을 적을 수 있다. 교류가 없는 관계였다면, 그 친구의 미래의 잠재적 가능성(조해리의 창에서 '나도 모르고 남도 모르는' 미개척의 영역에 대해 긍정적으로 써 준다면 너무나도 훌륭한 우정 카드가 될 수 있다.친구 새롭게 보기 활동 참고 p.114

주인공에 대한 시를 써도 좋고 편지 형식도 연하장 카드 같은 형태도 좋다. 그리고 색연필 등으로 우정 카드를 꾸민다. 반 아이들이 주인공에 대해 쓴 우정 카드를 모아 하나의 합체작을 만든다. 그 합체작이 '우정의 모자이크'이다.

합체작으로 완성하면, 반 친구들의 마음을 한데 모아 조화를 이루는 의미가 좀 더 분명하게 다가온다. 각자의 인생각본으로 각자의 인정투쟁으로 살아온 우리가 '평화' 학급의 각본으로 조화를 이룬 우리의 모습을 떠올릴 수 있기 때문이다.

우정의 모자이크

3. 방법

(가) 우정의 모자이크를 하는 취지와 유의할 점을 잘 설명해 준다.

(나) A4 용지에 적당한 크기의 표(예: 가로 4, 세로 5)를 그린 뒤 B4 사이즈로 확대 복사하여 칸별로 자른 쪽지(우정 카드)를 주고 칠판에 '우정의 모자이크 주인공'을 쓴다.

(다) 주인공과 관련한 에피소드, 미안한 점, 고마운 점, 서운한 점, 좋은 마음에서 주는 진심 어린 충고, 밝은 미래를 위한 조언, 지지와 격려 등을 시나 편지 형식으로 적는다.

(라) 우정 카드를 예쁘게 꾸미며서 우정의 모자이크 담당 위원이나 교사에게 전달한다. 선물로 받았을 때 주인공이 기분 나쁠 것 같은 글은 쓴 사람에게 설득 후 다시 받는다.

(마) 모두 쓰고 나면 B4 용지에 붙이고 주인공에게 준다.

(바) 우정 카드 꾸미기는 미술 시간에 협조를 구해 함께할 수 있다.

※ 잘라진 카드를 나눠 준 뒤 한 아이에 대해서만 쓰고 모을 수도 있고, 표가 그려진 B4 사이즈 한 장 전체를 주고 모든 아이들에 대해 쓰고 꾸민 뒤 모아서 한꺼번에 잘라 붙이는 방법이 있다. 정성스럽게 쓰도록 하려면 한 달 정도 시간이 필요하다.

4. 유의할 점

교사의 설명에도 기존의 습관 때문에 장난이나 놀리는 말을 쓰기도 한다. 친구에게 주는 마지막 선물이며 선물을 준 친구를 평생 기억할 것이라는 교사의 설득으로 학생들이 다시 써 줄 수 있다. 자주 등장하는 메시지들이 나올 것을 예상하여 남들이 보지 못한 부분, 나와 있었던 에피소드를 생각하여 적으면 반 아이들의 우정 카드를 합쳤을 때 풍성하고 입체감 있는 작품이 될 것이라고 말해 준다. 합체작이기 때문에 전체적인 모자이크에서 내 것만 떨어지면 창피할 수도 있다는 유의점을 말해 주는 것이 좋다. 정성스럽게 쓰도록 하려면 한 달 정도 시간이 필요하다.

개인상과 단체상

1. 취지와 내용

'우정의 모자이크'로 또래로부터 받은 인정을 확인할 수 있다면, 담임이 개인상을 시상하여 학생 개인이 교사로부터 어떤 인정을 받았는지 확인하도록 할 수 있다. 담임교사가 생활기록부에 기록할 내용을, 교사가 학생에 대한 평가가 어떠했는지를 학생과 공유하는 것이다. 어떤 학생은 화해와 협력으로 가는 데 앞장섰고 어떤 학생은 묵묵히 자신의 책무를 다했을 것이며, 처음에는 갈등이 있었지만 용기 있는 사과로 학급의 평화 단계를 한 단계 드높이는 데 기여했던 학생들도 있었을 것이다. 평화, 평등, 화목한 학급을 위해 노력했던 개인과 우리 학급이 담임교사의 이름으로 개인상과 단체상을 받는 시상식으로 학급을 마무리할 수 있다.

2. 방법

(가) 개인상의 내용은 학생 개인이 평화로운 학급을 만드는 데 활동한 점이나 학생의 미담, 자아실현을 위해 노력한 이야기 등이 소재가 될 수 있다. 교사가 학생을 평가하여 생활기록부의 행동 특성 및 종합 의견에 쓸 내용을 상장으로 공유하는 것이다. 종업식 때 학생들에게 개인상을 나누어 주며 박수로 격려한다.

(나) 단체상은 우리 반이 평화롭고 화목한 학급이 되기 위해 헌신하고 노력했다는 내용으로 칠판에 적거나 스크린에 띄울 수 있다. 학생들

제 2009-2-2 호

상 장

2 학년 2 반
김 재 현

위 학생은 친구들의 공부를 돕는 등 자신의 능력을 나누어 주었으며 친구들의 고민을 상담해주고 편견 없이 친구를 대하는 등 베푸는 마음이 아름다워 상장을 수여합니다.

2009. 07. 14.

용현중 2학년 2반 담임 곽은주

개인상

상 장

2학년 2반 학생 일동

위 학생들은 2017년 한 해 동안 폭력과 따돌림이 없고 모두가 화목하게 어울리는 평화로운 학급을 만들기 위해 다 함께 노력하였기에 이 상장을 주어 칭찬하고자 합니다.

2018년 1월 11일
2학년 2반 담임 오정분

단체상

이 특별한 날 선생님을 위해 칠판에 메시지를 적을 때처럼 칠판을 화려하게 꾸며 행사를 만들면 더욱 효과적이다.

평화로운 '결'을 위한 제언

3개월짜리 중간 담임을 맡은 적이 있었다. 3학년 기말고사와 고입 원서 전형에 바빴던 시기, 기승전결식 이야기 학급운영을 제대로 해 나가기에는 너무 짧은 시간이었다. 하지만 평화의 결말을 맺기 위해서 갈등과 혼란의 상태를 점검하고 원인과 진실을 규명하여 화해에 이르게 해야 했다. 그러자면 반드시 '전'의 과정을 거쳐야 했고 '전'의 과정을 거치기 위해 '기'에서의 평화목표를 공유하는 과정과 '승'에서의 위원회 조직 구성 등의 과정은 반드시 통과해야 하는 터널이었다.

짧은 시간 안에 학생 개개인 모두를 파악하는 것은 물리적으로 어렵지만, 오히려 기승전결식 이야기 학급운영의 방법론을 통해서 소집단과 학급의 구조를 파악할 수 있었다. 구조를 파악하고 나면 학생 개개인이 그 구조 안에서 어떻게 살아가는지 모습이 보이기 시작한다. 즉 기승전결식 이야기 학급운영은, 아이들과 평화로운 학급으로 마무리하겠다는 의지가 있는 교사라면 짧은 기간이라도 가능할 수 있다.

평화로운 학급으로 끝맺는 일은, 학사일정이 끝나는 날까지 '진실화해'를 이루겠다는 사명감이 있을 때 가능하다. 3개월 남은 학급에, 학교만 오면 모범생처럼 행동하지만 숙려제를 여러 번 신청하며 학교를 거부하던 A라는 학생이 있었다. 그 어떤 교사도 A가 왜 그러는지 원인을 찾을 수 없었다. 개인을 알기엔 짧은 시간이었지만 부모와의 교류, 또래 학생들과의 교류를 통해 퍼즐을 맞추었고 다행히 진실의 조각을 하나 찾았다.

졸업을 앞둔 겨울방학식 날 A를 괴롭게 했던 B와의 화해의 자리를 마련했다. 평소 장애 학생에 대해 특별한 애정이 많던 A는 장애 학생을 괴롭히던 B를 보는 것조차 힘들었다는 것을 B에게 말했고, B 역시 그 말을 받아 주었다. A는 불의에 맞설 용기와 소신이 없어 죄책감을 느꼈던 것이다. 이것이 A가 학교를 거부하는 진실의 전부는 아니지만 A라는 학생을 이해하는 단초가 되었고, 최소한 학교가 할 수 있는 역할은 했다고 생각했다.

진실을 찾지 못하거나 화해의 결말을 맺지 않으면 교사로서 일을 다 아물리지 못했다는 찜찜함을 떨치지 못한다. 이런 경험이 여러 해 지속될수록 담임을 맡을 때마다 상처가 되어 다른 학급을 맡을 때 위축되기도 한다. 담임으로서 교사로서, 승리하는 인생각본을 쓰기 위해서라도 권선징악의 결말을 잘 맺는, 진실화해를 이루려고 노력하는 학급운영이 필요한 것이다.

학교폭력에, 교권 침해에 상처를 받아 본 적 없는 교사가 얼마나 되겠는가. 그렇지만 평화로 가는 '기승전결식 이야기 학급운영'을 통해 아이들에게 '평화롭게 사는 법'을 가르칠 수 있는 용기를 갖게 될 것이라고 확신한다. 그 속에서 교사로서의 자부심을 느낄 수 있을 것이다. 가해자도 피해자도 없는 학급, 가해자든 피해자든 모두를 이롭게 하는 평화로운 학급을 함께 만들어 나가길 바란다.

삶의 **행복**을 **꿈**꾸는 **교육**은 어디에서 오는가?

● **교육혁명을 앞당기는 배움책 이야기** 혁신교육의 철학과 잉걸진 미래를 만나다!

한국교육연구네트워크 총서

01 핀란드 교육혁명
한국교육연구네트워크 엮음 | 320쪽 | 값 15,000원

02 일제고사를 넘어서
한국교육연구네트워크 엮음 | 284쪽 | 값 13,000원

03 새로운 사회를 여는 교육혁명
한국교육연구네트워크 엮음 | 380쪽 | 값 17,000원

04 교장제도 혁명
한국교육연구네트워크 엮음 | 268쪽 | 값 14,000원

05 새로운 사회를 여는 교육자치 혁명
한국교육연구네트워크 엮음 | 312쪽 | 값 15,000원

06 혁신학교에 대한 교육학적 성찰
한국교육연구네트워크 엮음 | 308쪽 | 값 15,000원

07 진보주의 교육의 세계적 동향
한국교육연구네트워크 엮음 | 324쪽 | 값 17,000원
2018 세종도서 학술부문

08 더 나은 세상을 위한 학교혁명
한국교육연구네트워크 엮음 | 404쪽 | 값 21,000원
2018 세종도서 교양부문

09 비판적 실천을 위한 교육학
이윤미 외 지음 | 448쪽 | 값 23,000원
2019 세종도서 학술부문

10 마을교육공동체운동:
세계적 동향과 전망
심성보 외 지음 | 376쪽 | 값 18,000원

한국교육연구네트워크 번역 총서

01 프레이리와 교육
존 엘리아스 지음 | 한국교육연구네트워크 옮김
276쪽 | 값 14,000원

02 교육은 사회를 바꿀 수 있을까?
마이클 애플 지음 | 강희룡·김선우·박원순·이형빈 옮김
356쪽 | 값 16,000원

03 비판적 페다고지는
세상을 변화시킬 수 있는가?
Seewha Cho 지음 | 심성보·조시화 옮김
280쪽 | 값 14,000원

04 마이클 애플의 민주학교
마이클 애플·제임스 빈 엮음 | 강희룡 옮김
276쪽 | 값 14,000원

05 21세기 교육과 민주주의
넬 나딩스 지음 | 심성보 옮김 | 392쪽 | 값 18,000원

06 세계교육개혁:
민영화 우선인가 공적 투자 강화인가?
린다 달링-해먼드 외 지음 | 심성보 외 옮김 | 408쪽 | 값 21,000원

07 콩도르세, 공교육에 관한 다섯 논문
니콜라 드 콩도르세 지음 | 이주환 옮김
300쪽 | 값 16,000원

08 학교를 변론하다
얀 마스켈라인·마틴 시몬스 지음 | 윤선인 옮김
252쪽 | 값 15,000원

혁신학교
성열관·이순철 지음 | 224쪽 | 값 12,000원

행복한 혁신학교 만들기
초등교육과정연구모임 지음 | 264쪽 | 값 13,000원

서울형 혁신학교 이야기
이부영 지음 | 320쪽 | 값 15,000원

혁신교육, 철학을 만나다
브렌트 데이비스·데니스 수마라 지음
현인철·서용선 옮김 | 304쪽 | 값 15,000원

대한민국 교사, 어떻게 가르칠 것인가?
윤성관 지음 | 320쪽 | 값 15,000원

아이들을 어떻게 가르칠 것인가
사토 마나부 지음 | 박찬영 옮김 | 232쪽 | 값 13,000원

모두를 위한 국제이해교육
한국국제이해교육학회 지음 | 364쪽 | 값 16,000원

경쟁을 넘어 발달 교육으로
현광일 지음 | 288쪽 | 값 14,000원

비고츠키 선집 시리즈 발달과 협력의 교육학 어떻게 읽을 것인가?

생각과 말
레프 세묘노비치 비고츠키 지음
배희철·김용호·D. 켈로그 옮김 | 690쪽 | 값 33,000원

도구와 기호
비고츠키·루리야 지음 | 비고츠키 연구회 옮김
336쪽 | 값 16,000원

어린이 자기행동숙달의 역사와 발달 I
L.S. 비고츠키 지음 | 비고츠키 연구회 옮김
564쪽 | 값 28,000원

어린이 자기행동숙달의 역사와 발달 II
L.S. 비고츠키 지음 | 비고츠키 연구회 옮김
552쪽 | 값 28,000원

어린이의 상상과 창조
L.S. 비고츠키 지음 | 비고츠키 연구회 옮김
280쪽 | 값 15,000원

비고츠키와 인지 발달의 비밀
A.R. 루리야 지음 | 배희철 옮김 | 280쪽 | 값 15,000원

수업과 수업 사이
비고츠키 연구회 지음 | 196쪽 | 값 12,000원

비고츠키의 발달교육이란 무엇인가?
비고츠키교육학실천연구모임 지음 | 412쪽 | 값 21,000원

비고츠키 철학으로 본 핀란드 교육과정
배희철 지음 | 456쪽 | 값 23,000원

성장과 분화
L.S. 비고츠키 지음 | 비고츠키 연구회 옮김
308쪽 | 값 15,000원

연령과 위기
L.S. 비고츠키 지음 | 비고츠키 연구회 옮김
336쪽 | 값 17,000원

의식과 숙달
L.S 비고츠키 지음 | 비고츠키 연구회 옮김
348쪽 | 값 17,000원

분열과 사랑
L.S. 비고츠키 지음 | 비고츠키 연구회 옮김
260쪽 | 값 16,000원

성애와 갈등
L.S. 비고츠키 지음 | 비고츠키 연구회 옮김
268쪽 | 값 17,000원

흥미와 개념
L.S. 비고츠키 지음 | 비고츠키 연구회 옮김
408쪽 | 값 21,000원

관계의 교육학, 비고츠키
진보교육연구소 비고츠키교육학실천연구모임 지음
300쪽 | 값 15,000원

비고츠키 생각과 말 쉽게 읽기
진보교육연구소 비고츠키교육학실천연구모임 지음
316쪽 | 값 15,000원

교사와 부모를 위한 비고츠키 교육학
카르포프 지음 | 실천교사번역팀 옮김
308쪽 | 값 15,000원

혁신교육 존 듀이에게 묻다
서용선 지음 | 292쪽 | 값 14,000원

다시 읽는 조선 교육사
이만규 지음 | 750쪽 | 값 33,000원

대한민국 교육혁명
교육혁명공동행동 연구위원회 지음
224쪽 | 값 12,000원

독일 교육, 왜 강한가?
박성희 지음 | 324쪽 | 값 15,000원

핀란드 교육의 기적
한넬레 니에미 외 엮음 | 장수명 외 옮김
456쪽 | 값 23,000원

한국 교육의 현실과 전망
심성보 지음 | 724쪽 | 값 35,000원

4·16, 질문이 있는 교실 마주이야기 통합수업으로 혁신교육과정을 재구성하다!

 통하는 공부
김태호·김형우·이경석·심우근·허진만 지음
324쪽 | 값 15,000원

 내일 수업 어떻게 하지?
아이함께 지음 | 300쪽 | 값 15,000원
2015 세종도서 교양부문

 인간 회복의 교육
성래운 지음 | 260쪽 | 값 13,000원

 교과서 너머 교육과정 마주하기
이윤미 외 지음 | 368쪽 | 값 17,000원

 수업 고수들
수업·교육과정·평가를 말하다
박현숙 외 지음 | 368쪽 | 값 17,000원

 도덕 수업, 책으로 묻고 윤리로 답하다
울산도덕교사모임 지음 | 320쪽 | 값 15,000원

 체육 교사, 수업을 말하다
전용진 지음 | 304쪽 | 값 15,000원

 교실을 위한 프레이리
아이러 쇼어 엮음 | 사람대사람 옮김
412쪽 | 값 18,000원

 마을교육공동체란 무엇인가?
서용선 외 지음 | 360쪽 | 값 17,000원

 교사, 학교를 바꾸다
정진화 지음 | 372쪽 | 값 17,000원

 함께 배움
학생 주도 배움 중심 수업 이렇게 한다
니시카와 준 지음 | 백경석 옮김 | 280쪽 | 값 15,000원

 공교육은 왜?
홍섭근 지음 | 352쪽 | 값 16,000원

 자기혁신과 공동의 성장을 위한
교사들의 필리버스터
윤양수·원종희·장군·조경삼 지음 | 280쪽 | 값 14,000원

 함께 배움 이렇게 시작한다
니시카와 준 지음 | 백경석 옮김 | 196쪽 | 값 12,000원

 함께 배움 교사의 말하기
니시카와 준 지음 | 백경석 옮김 | 188쪽 | 값 12,000원

 교육과정 통합, 어떻게 할 것인가?
성열관 외 지음 | 192쪽 | 값 13,000원

 미래교육의 열쇠, 창의적 문화교육
심광현·노명우·강정석 지음 | 368쪽 | 값 16,000원

 주제통합수업,
아이들을 수업의 주인공으로!
이윤미 외 지음 | 392쪽 | 값 17,000원

 수업과 교육의 지평을 확장하는 **수업 비평**
윤양수 지음 | 316쪽 | 값 15,000원
2014 문화체육관광부 우수교양도서

 교사, 선생이 되다
김태은 외 지음 | 260쪽 | 값 13,000원

 교사의 전문성, 어떻게 만들어지나
국제교원노조연맹 보고서 | 김석규 옮김
392쪽 | 값 17,000원

 수업의 정치
윤양수·원종희·장군 지음 | 280쪽 | 값 14,000원

 학교협동조합,
현장체험학습과 마을교육공동체를 잇다
주수원 외 지음 | 296쪽 | 값 15,000원

 거꾸로 교실,
잠자는 아이들을 깨우는 수업의 비밀
이민경 지음 | 280쪽 | 값 14,000원

 교사는 무엇으로 사는가
정은균 지음 | 292쪽 | 값 15,000원

 마음의 힘을 기르는 감성수업
조선미 외 지음 | 300쪽 | 값 15,000원

 작은 학교 아이들
지경준 엮음 | 376쪽 | 값 17,000원

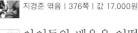 **아이들의 배움은 어떻게 깊어지는가**
이시이 준지 지음 | 방지현·이창희 옮김
200쪽 | 값 11,000원

 대한민국 입시혁명
참교육연구소 입시연구팀 지음 | 220쪽 | 값 12,000원

 교사를 세우는 교육과정
박승열 지음 | 312쪽 | 값 15,000원

 전국 17명 교육감들과 나눈 **교육 대담**
최창의 대담·기록 | 272쪽 | 값 15,000원

 들뢰즈와 가타리를 통해 유아교육 읽기
리세롯 마리엣 올슨 지음 | 이연선 외 옮김
328쪽 | 값 17,000원

학교 혁신의 길, 아이들에게 묻다
남궁상운 외 지음 | 272쪽 | 값 15,000원

프레이리의 사상과 실천
사람대사람 지음 | 352쪽 | 값 18,000원
2018 세종도서 학술부문

혁신학교, 한국 교육의 미래를 열다
송순재 외 지음 | 608쪽 | 값 30,000원

페다고지를 위하여
프레네의 『페다고지 불변요소』 읽기
박찬영 지음 | 296쪽 | 값 15,000원

노자와 탈현대 문명
홍승표 지음 | 284쪽 | 값 15,000원

선생님, 민주시민교육이 뭐예요?
염경미 지음 | 244쪽 | 값 15,000원

어쩌다 혁신학교
유우석 외 지음 | 380쪽 | 값 17,000원

미래, 교육을 묻다
정광필 지음 | 232쪽 | 값 15,000원

대학, 협동조합으로 교육하라
박주희 외 지음 | 252쪽 | 값 15,000원

입시, 어떻게 바꿀 것인가?
노기원 지음 | 306쪽 | 값 15,000원

촛불시대, 혁신교육을 말하다
이용관 지음 | 240쪽 | 값 15,000원

라운드 스터디
이시이 데루마사 외 엮음 | 224쪽 | 값 15,000원

미래교육을 디자인하는 학교교육과정
박승열 외 지음 | 348쪽 | 값 18,000원

흥미진진한 아일랜드 전환학년 이야기
제리 제퍼스 지음 | 최상덕·김호원 옮김 | 508쪽 | 값 27,000원
2019 대한민국학술원우수학술도서

폭력 교실에 맞서는 용기
따돌림사회연구모임 학급운영팀 지음
272쪽 | 값 15,000원

그래도 혁신학교
박은혜 외 지음 | 248쪽 | 값 15,000원

학교는 어떤 공동체인가?
성열관 외 지음 | 228쪽 | 값 15,000원

학교 민주주의의 불한당들
정은균 지음 | 276쪽 | 값 14,000원

교육과정, 수업, 평가의 일체화
리사 카터 지음 | 박승열 외 옮김 | 196쪽 | 값 13,000원

학교를 개선하는 교장
지속가능한 학교 혁신을 위한 실천 전략
마이클 풀란 지음 | 서동연·정효준 옮김 | 216쪽 | 값 13,000원

공자뎐, 논어는 이것이다
유문상 지음 | 392쪽 | 값 18,000원

교사와 부모를 위한
발달교육이란 무엇인가?
현광일 지음 | 380쪽 | 값 18,000원

교사, 이오덕에게 길을 묻다
이무완 지음 | 328쪽 | 값 15,000원

낙오자 없는 스웨덴 교육
레이프 스트란드베리 지음 | 변광수 옮김
208쪽 | 값 13,000원

끝나지 않은 마지막 수업
장석웅 지음 | 328쪽 | 값 20,000원

경기꿈의학교
진흥섭 외 지음 | 360쪽 | 값 17,000원

학교를 말한다
이성우 지음 | 292쪽 | 값 15,000원

행복도시 세종,
혁신교육으로 디자인하다
곽순일 외 지음 | 392쪽 | 값 18,000원

나는 거꾸로 교실 거꾸로 교사
류광모·임정훈 지음 | 212쪽 | 값 13,000원

교실 속으로 간 이해중심 교육과정
온정덕 외 지음 | 224쪽 | 값 13,000원

교실, 평화를 말하다
따돌림사회연구모임 초등우정팀 지음
268쪽 | 값 15,000원

학교자율운영 2.0
김용 지음 | 240쪽 | 값 15,000원

학교자치를 부탁해
유우석 외 지음 | 252쪽 | 값 15,000원

국제이해교육 페다고지
강순원 외 지음 | 256쪽 | 값 15,000원

교사 전쟁
다나 골드스타인 지음 | 유성상 외 옮김
468쪽 | 값 23,000원

시민, 학교에 가다
최형규 지음 | 260쪽 | 값 15,000원

학교를 살리는 회복적 생활교육
김민자·이순영·정선영 지음 | 256쪽 | 값 15,000원

교사를 위한 교육학 강의
이형빈 지음 | 336쪽 | 값 17,000원

새로운학교 학생을 날게 하다
새로운학교네트워크 총서 02 | 408쪽 | 값 20,000원

세월호가 묻고 교육이 답하다
경기도교육연구원 지음 | 214쪽 | 값 13,000원

미래교육, 어떻게 만들어갈 것인가?
송기상·김성천 지음 | 300쪽 | 값 16,000원
2019 세종도서 교양부문

교육에 대한 오해
우문영 지음 | 224쪽 | 값 15,000원

혁신교육지구 현장을 가다
이용운 외 4인 지음 | 344쪽 | 값 18,000원

배움의 독립선언, 평생학습
정민승 지음 | 240쪽 | 값 15,000원

선생님, 페미니즘이 뭐예요?
염경미 지음 | 280쪽 | 값 15,000원

평화의 교육과정 섬김의 리더십
이준원·이형빈 지음 | 292쪽 | 값 16,000원

수포자의 시대
김성수·이형빈 지음 | 252쪽 | 값 15,000원

혁신학교와 실천적 교육과정
신은희 지음 | 236쪽 | 값 15,000원

삶의 시간을 잇는 문화예술교육
고영직 지음 | 292쪽 | 값 16,000원

혐오, 교실에 들어오다
이혜정 외 지음 | 232쪽 | 값 15,000원

혁신교육지구와 마을교육공동체는
어떻게 만들어지는가?
김태정 지음 | 376쪽 | 값 18,000원

선생님, 특성화고 자기소개서
어떻게 써요?
이지영 지음 | 322쪽 | 값 17,000원

학생과 교사, 수업을 묻다
전용진 지음 | 344쪽 | 값 18,000원

혁신학교의 꽃, 교육과정 다시 그리기
안재일 지음 | 344쪽 | 값 18,000원

살림터 참교육 문예 시리즈 영혼이 있는 삶을 가르치는 온 선생님을 만나다!

꽃보다 귀한 우리 아이는
조재도 지음 | 244쪽 | 값 12,000원

성깔 있는 나무들
최은숙 지음 | 244쪽 | 값 12,000원

아이들에게 세상을 배웠네
명혜정 지음 | 240쪽 | 값 12,000원

밥상에서 세상으로
김흥숙 지음 | 280쪽 | 값 13,000원

우물쭈물하다 끝난 교사 이야기
유기창 지음 | 380쪽 | 값 17,000원

선생님이 먼저 때렸는데요
강병철 지음 | 248쪽 | 값 12,000원

서울 여자, 시골 선생님 되다
조경선 지음 | 252쪽 | 값 12,000원

행복한 창의 교육
최창의 지음 | 328쪽 | 값 15,000원

북유럽 교육 기행
정애경 외 14인 지음 | 288쪽 | 값 14,000원

시험 시간에 웃은 건 처음이에요
조규선 지음 | 252쪽 | 값 15,000원

교과서 밖에서 만나는 역사 교실 상식이 통하는 살아 있는 역사를 만나다

전봉준과 동학농민혁명
조광환 지음 | 336쪽 | 값 15,000원

남도의 기억을 걷다
노성태 지음 | 344쪽 | 값 14,000원

응답하라 한국사 1·2
김은석 지음 | 356쪽·368쪽 | 각권 값 15,000원

즐거운 국사수업 32강
김남선 지음 | 280쪽 | 값 11,000원

즐거운 세계사 수업
김은석 지음 | 328쪽 | 값 13,000원

강화도의 기억을 걷다
최보길 지음 | 276쪽 | 값 14,000원

광주의 기억을 걷다
노성태 지음 | 348쪽 | 값 15,000원

**선생님도 궁금해하는
한국사의 비밀 20가지**
김은석 지음 | 312쪽 | 값 15,000원

걸림돌
키르스텐 세룹-빌펠트 지음 | 문봉애 옮김
248쪽 | 값 13,000원

역사수업을 부탁해
열 사람의 한 걸음 지음 | 388쪽 | 값 18,000원

진실과 거짓, 인물 한국사
하성환 지음 | 400쪽 | 값 18,000원

**우리 역사에서 사라진
근현대 인물 한국사**
하성환 지음 | 296쪽 | 값 18,000원

꼬물꼬물 거꾸로 역사수업
역모자들 지음 | 436쪽 | 값 23,000원

즐거운 동아시아사 수업
김은석 지음 | 240쪽 | 값 15,000원

노성태, 역사의 길을 걷다
노성태 지음 | 324쪽 | 값 17,000원

교과서 밖에서 배우는 역사 공부
정은교 지음 | 292쪽 | 값 14,000원

팔만대장경도 모르면 빨래판이다
전병철 지음 | 360쪽 | 값 16,000원

빨래판도 잘 보면 팔만대장경이다
전병철 지음 | 360쪽 | 값 16,000원

영화는 역사다
강성률 지음 | 288쪽 | 값 13,000원

친일 영화의 해부학
강성률 지음 | 264쪽 | 값 15,000원

한국 고대사의 비밀
김은석 지음 | 304쪽 | 값 13,000원

조선족 근현대 교육사
정미량 지음 | 320쪽 | 값 15,000원

다시 읽는 조선근대 교육의 사상과 운동
윤건차 지음 | 이명실·심성보 옮김 | 516쪽 | 값 25,000원

음악과 함께 떠나는 세계의 혁명 이야기
조광환 지음 | 292쪽 | 값 15,000원

논쟁으로 보는 일본 근대 교육의 역사
이명실 지음 | 324쪽 | 값 17,000원

다시, 독립의 기억을 걷다
노성태 지음 | 320쪽 | 값 16,000원

한국사 리뷰
김은석 지음 | 244쪽 | 값 15,000원

경남의 기억을 걷다
류형진 외 지음 | 564쪽 | 값 28,000원

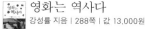
어제와 오늘이 만나는 교실
학생과 교사의 역사수업 에세이
정진경 외 지음 | 328쪽 | 값 17,000원

더불어 사는 정의로운 세상을 여는 인문사회과학 사람의 존엄과 평등의 가치를 배운다

 밥상혁명
강양구·강이현 지음 | 298쪽 | 값 13,800원

 도덕 교과서 무엇이 문제인가?
김대용 지음 | 272쪽 | 값 14,000원

 자율주의와 진보교육
조엘 스프링 지음 | 심성보 옮김 | 320쪽 | 값 15,000원

 민주화 이후의 공동체 교육
심성보 지음 | 392쪽 | 값 15,000원
2009 문화체육관광부 우수학술도서

 갈등을 넘어 협력 사회로
이창언·오수길·유문종·신윤관 지음
280쪽 | 값 15,000원

 동양사상과 마음교육
정재걸 외 지음 | 356쪽 | 값 16,000원
2015 세종도서 학술부문

 교과서 밖에서 배우는 철학 공부
정은교 지음 | 280쪽 | 값 14,000원

 교과서 밖에서 배우는 사회 공부
정은교 지음 | 304쪽 | 값 15,000원

 교과서 밖에서 배우는 윤리 공부
정은교 지음 | 292쪽 | 값 15,000원

 한글 혁명
김슬옹 지음 | 388쪽 | 값 18,000원

 우리 안의 미래교육
정재걸 지음 | 484쪽 | 값 25,000원

 왜 그는 한국으로 돌아왔는가?
황선준 지음 | 364쪽 | 값 17,000원
2019 세종도서 교양부문

 공간, 문화, 정치의 생태학
현광일 지음 | 232쪽 | 값 15,000원

 인공지능 시대의 사회학적 상상력
홍승표 지음 | 260쪽 | 값 15,000원

 동양사상과 인간 그리고 사회
이현지 지음 | 418쪽 | 값 21,000원

 좌우지간 인권이다
안경환 지음 | 288쪽 | 값 13,000원

 민주시민교육
심성보 지음 | 544쪽 | 값 25,000원

 민주시민을 위한 도덕교육
심성보 지음 | 500쪽 | 값 25,000원
2015 세종도서 학술부문

 교과서 밖에서 배우는 인문학 공부
정은교 지음 | 280쪽 | 값 13,000원

 오래된 미래교육
정재걸 지음 | 392쪽 | 값 18,000원

 대한민국 의료혁명
전국보건의료산업노동조합 엮음 | 548쪽 | 값 25,000원

 교과서 밖에서 배우는 고전 공부
정은교 지음 | 288쪽 | 값 14,000원

 전체 안의 전체 사고 속의 사고
김우창의 인문학을 읽다
현광일 지음 | 320쪽 | 값 15,000원

 카스트로, 종교를 말하다
피델 카스트로·프레이 베토 대담 | 조세종 옮김
420쪽 | 값 21,000원

 일제강점기 한국철학
이태우 지음 | 448쪽 | 값 25,000원

 한국 교육 제4의 길을 찾다
이길상 지음 | 400쪽 | 값 21,000원
2019 세종도서 학술부문

 마을교육공동체 생태적 의미와 실천
김용련 지음 | 256쪽 | 값 15,000원

 교육과정에서 왜 지식이 중요한가
심성보 지음 | 440쪽 | 값 23,000원

 식물에게서 교육을 배우다
이차영 지음 | 260쪽 | 값 15,000원

평화샘 프로젝트 매뉴얼 시리즈 학교폭력에 대한 근본적인 예방과 대책을 찾는다

학교폭력 어떻게 만들어지는가
문재현 외 지음 | 300쪽 | 값 14,000원

학교폭력, 멈춰!
문재현 외 지음 | 348쪽 | 값 15,000원

왕따, 이렇게 해결할 수 있다
문재현 외 지음 | 236쪽 | 값 12,000원

젊은 부모를 위한 백만 년의 육아 슬기
문재현 지음 | 248쪽 | 값 13,000원

우리는 마을에 산다
유양우·신동명·김수동·문재현 지음
312쪽 | 값 15,000원

누가, 학교폭력 해결을 가로막는가?
문재현 외 지음 | 312쪽 | 값 15,000원

남북이 하나 되는 두물머리 평화교육 분단 극복을 위한 치열한 배움과 실천을 만나다

10년 후 통일
정동영·지승호 지음 | 328쪽 | 값 15,000원

선생님, 통일이 뭐예요?
정경호 지음 | 252쪽 | 값 13,000원

분단시대의 통일교육
성래운 지음 | 428쪽 | 값 18,000원

김창환 교수의 DMZ 지리 이야기
김창환 지음 | 264쪽 | 값 15,000원

한반도 평화교육 어떻게 할 것인가
이기범 외 지음 | 252쪽 | 값 15,000원

창의적인 협력 수업을 지향하는 삶이 있는 국어 교실 우리말 글을 배우며 세상을 배운다

중학교 국어 수업 어떻게 할 것인가?
김미경 지음 | 340쪽 | 값 15,000원

토론의 숲에서 나를 만나다
명혜정 엮음 | 312쪽 | 값 15,000원

토닥토닥 토론해요
명혜정·이명선·조선미 엮음 | 288쪽 | 값 15,000원

인문학의 숲을 거니는 토론 수업
순천국어교사모임 엮음 | 308쪽 | 값 15,000원

어린이와 시
오인태 지음 | 192쪽 | 값 12,000원

수업, 슬로리딩과 함께
박경숙 외 지음 | 268쪽 | 값 15,000원

언어던
정은균 지음 | 268쪽 | 값 15,000원
2019 세종도서 교양부문

민촌 이기영 평전
이성렬 지음 | 508쪽 | 값 20,000원

감각의 갱신, 화장하는 인민
남북문학예술연구회 | 380쪽 | 값 19,000원

참된 삶과 교육에 관한 생각 줍기